KB145461

생활코딩!
아마존 웹 서비스

생활코딩!
아마존 웹 서비스

지은이 이고잉

펴낸이 **박찬규**   정리 **박소영**   기획 · 구성 **위키북스 편집팀**

디자인 **북누리**   표지디자인 Arowa & Arowana

펴낸곳 **위키북스**   전화 031-955-3658, 3659   팩스 031-955-3660

주소 **경기도 파주시 문발로 115, 311호(파주출판도시, 세종출판벤처타운)**

가격 25,000   페이지 488   책규격 188 x 240mm

1쇄 발행 2022년 01월 26일

ISBN 979-11-5839-301-4 (93000)

등록번호 제406-2006-000036호   등록일자 2006년 05월 19일

홈페이지 wikibook.co.kr   전자우편 wikibook@wikibook.co.kr

나의 첫
프로그래밍 교과서
**LEARNING
SCHOOL人**

핵심 서비스만 쏙쏙 배우는 AWS 10일 완성

생활코딩!
아마존 웹 서비스

이고잉 지음 / 위키북스 기획·편집

위키북스

목차와 학습 목표

1일차. AWS 기본 사용법 - 1

2일차. AWS 기본 사용법 - 2

목차와 학습 목표

7일차. RDS - 1

8일차. RDS - 2

목차와 학습 목표

9일차. Route 53 - 1

10일차. Route 53 - 2

부록.

본문 내용을 시작하기에 앞서 이 책의 도서 홈페이지 및 생활코딩 강좌 주소에 대해 알아보겠습니다.

도서 홈페이지

이 책의 홈페이지 URL은 다음과 같습니다.

- **책 홈페이지**: https://wikibook.co.kr/aws

이 책을 읽는 과정에서 내용상 궁금한 점이나 잘못된 내용, 오탈자가 있다면 홈페이지 우측의 [도서 관련 문의]를 통해 문의해 주시면 빠른 시간 내에 안내해 드리겠습니다.

생활코딩 강좌

이 책은 생활코딩에서 제공하는 수업 가운데 '생활코딩과 함께하는 AWS 탐구생활 777' 강좌와 'AWS2 - RDS', 'AWS2 - Route 53' 강좌를 정리한 책입니다. 각 강좌의 주소는 다음과 같습니다.

- AWS 탐구생활 777 : https://pages.awscloud.com/cloud-in-life-coding-everybody-2020.html
- AWS2 RDS : https://opentutorials.org/module/3860
- AWS2 Route 53 : https://opentutorials.org/module/3898

커리큘럼은 총 10일 차로 구성돼 있고, 주제별로 관련 유튜브 강좌로 연결되는 QR 코드와 URL을 제공합니다. QR 코드를 스캔하거나 웹 브라우저에서 URL을 입력해 강의 영상을 곧바로 확인할 수 있습니다.

유튜브 동영상 강좌 주소   동영상 강좌로 이동하는 QR 코드

AWS1

08

원격 제어

https://youtu.be/tqXWJa8FGkw (5분 16초)

PC를 사용 중이라면 아래 URL에서 유튜브 동영상 강좌로 쉽게 이동할 수 있으며, 학습 여부를 기록할 수 있으니 참고하세요.

- 온라인 목차: https://wikibook.github.io/aws

나의 첫
프로그래밍 교과서
**LEARNING
SCHOOL**

핵심 서비스만 쏙쏙 배우는 AWS 10일 완성

생활코딩!
아마존 웹 서비스

1일차
AWS
기본 사용법 - 1

01 | 아마존 웹 서비스 수업 소개

아마존 웹 서비스 수업을 시작하겠습니다.

이 수업은 클라우드 서비스인 **아마존 웹 서비스**(Amazon Web Service), 줄여서 **AWS**를 다루고 있습니다. 오늘날, AWS 같은 서비스를 **클라우드 컴퓨팅**이라고 부릅니다. 이러한 서비스는 방대한 기능을 제공하고 다양한 얼굴을 가지고 있어서 어렵습니다. 이들이 가진 모든 얼굴을 한 번에 파악하기는 쉽지 않은 일이에요. 다행히 이들도 처음부터 한 번에 이렇게 많은 얼굴을 갖게 된 것은 아니거든요. 이들이 갖게 된 첫 번째 얼굴부터 따져본다면 나머지 얼굴들은 이 수업에서 다루지 않더라도 여러분 스스로가 경험적으로 파악할 수 있게 될 것입니다.

클라우드 컴퓨팅의 첫 번째 얼굴

우리가 주목할 첫 번째 얼굴은 **남의 컴퓨터를 빌려서 원격 제어를 통해 사용하는 것**입니다. 인터넷 너머에 있는 남의 컴퓨터를 **구름**(cloud)이라고 비유해서 **클라우드 컴퓨팅**이라는 이름이 만들어졌습니다. 클라우드 컴퓨팅과 의미는 같지만 좀 더 오래된 표현이 바로 **호스팅**(hosting)입니다. **호스트**(host)는 인터넷에 연결된 컴퓨터 한 대를 의미합니다. 이러한 컴퓨터를 빌려줘서 서버로 사용할 수 있도록 하는 사업을 **호스팅 비즈니스**라고 합니다. 클라우드든 호스팅이든 결국 서버 컴퓨터를 빌려주는 임대 사업이라고 할 수 있습니다. AWS는 여러 가지 서비스를 가지고 있지만, 그중에 순수하게 컴퓨터를 빌려주는 **EC2**(Elastic Compute Cloud)라는 서비스가 있습니다.

HOSTING		**EC2** **E**lastic **C**ompute **C**loud

그럼 왜 직접 컴퓨터를 장만하는 대신 빌려서 사용하는 것이 더 좋을 수도 있을까요? 여러분이 처음 웹 사이트를 운영하려 한다고 상상해 보세요. 방문자는 하루에 100명이고 동시 접속자는 한 명이 넘지 않는다고 가정합시다. 이런 서비스를 시작할 때 16GB의 메모리가 장착된 최신식 컴퓨터는 너무 과한 사양이에요. 하지만 EC2 같은 서비스를 이용하면 0.5GB 메모리를 가진 초소형 컴퓨터를 임대할 수 있습니다. 그럼 뭐가 좋겠어요? 가격이 저렴하다는 것입니다. 이러한 초소형 컴퓨터는 어디 가서 구하기도 힘들거든요. 즉, 초소형 컴퓨터를 임대하면 저렴한 가격으로 서비스를 운영할 수 있다는 장점이 생기는 것입니다. 반대로 컴퓨터의 사용량이 많아지면 소위 슈퍼카 같은 고성능 컴퓨터를 필요로 하게 되는데, 바로 이러한 컴퓨터도 AWS 같은 클라우드 컴퓨팅을 통해 임대할 수 있습니다.

		0.5

예를 들어 AWS에서 244GB의 메모리를 가진 컴퓨터를 빌리려면 1년에 1800만 원 정도가 필요합니다. 직접 구축하는 게 더 저렴할 수 있지만, 일주일 정도 걸리는 일을 이러한 고사양 컴퓨터를 통해 1시간 만에 처리할 수 있다고 한번 생각해 보세요. 그럼 이야기가 달라지죠. 이 정도 사양의 컴퓨터 사용 요금을 1년으로 계산하면 1800만 원이지만 한 시간으로 따져보면 2천 원 정도가 됩니다. 즉, 1시간만 쓰고 EC2를 끈다면 PC방 1시간 이용요금과 비슷한 비용으로 작업을 끝낼 수 있습니다. 시간과 돈이 모두 절약되는 것이죠. 바로 이러한 유연함 때문에 많은 기업이 클라우드 컴퓨팅을 선호합니다. 이렇게 컴퓨터를 임대하는 사업이 클라우드 컴퓨팅의 본질이라는 것을 기억해 주세요.

```
244
18000000
2000
```

클라우드 컴퓨팅의 또 다른 얼굴

자, 또 하나의 얼굴을 살펴볼까요? 요즘에는 컴퓨터를 임대하는 것에서 더 나아가서 **컴퓨터에 소프트웨어를 설치하고 이를 대신 운영**해 주는 방향으로 클라우드 컴퓨팅이 확장되고 있습니다. 이것이 유용한 이유는 서버 컴퓨터 쪽에서 동작하는 소프트웨어들을 설치하고 운영하고 백업하는 것이 상당히 까다롭고 위험한 일이기 때문입니다.

예를 들어, AWS는 **RDS**(Relational Database Service)라는 서비스를 운영하는데, 이 서비스는 MySQL, MSSQL(SQL Server), Oracle 같은 관계형 데이터베이스를 서비스 형태로 제공합니다. 즉, RDS를 통해 여러분은 직접 데이터베이스를 설치하지 않고, 신청하면 데이터베이스 프로그램이 자동으로 설치돼 바로 사용할 수 있게 해줍니다. 물론 EC2에 직접 이러한 소프트웨어를 설치해서 사용해도 됩니다. 하지만 데이터베이스는 비즈니스의 본질인 데이터를 보관하는 시스템이기 때문에 데이터가 축적됐는데 시스템이 중지되거나 해킹당하거나 파괴되면 불가역적인 타격을 입게 될 것입니다. 반면 RDS 같은 제품을 이용하면 설치, 운영, 백업, 보안을 AWS 같은 클라우드 컴퓨팅에서 알아서 처리합니다. 직접 운영하는 것보다 실제로는 더 비용이 높을 수 있지만 보안, 인건비, 편의성 같은 것들을 따져봤을 때는 결과적으로 더 저렴해질 수 있거든요. 그 때문에 작은 기업부터 큰 기업까지 이러한 서비스를 임대해서 사용하는 것을 매력적으로 여기고 있습니다.

RDS Relational Database Service	MySQL SQL Server ORACLE EC2	

데이터베이스뿐만 아니라 오늘날은 웹, 인공지능, 빅데이터, 사물인터넷 같은 여러 분야가 서버 컴퓨터를 필요로 합니다. 이를 위한 서비스들이 클라우드 컴퓨팅 서비스에 계속해서 추가되고 있어요. 바로 이러한 측면에서 클라우드 컴퓨팅이 다양한 얼굴을 갖게 된 것입니다.

		Web, AI, BIG Data, IOT

이번 장에서는 AWS의 구체적인 서비스를 다루지는 않습니다. AWS 같은 클라우드 컴퓨팅을 처음 시작하는 분을 위해 회원가입부터 회원 탈퇴까지, 보안 설정과 요금체계, 서비스 구성과 매뉴얼을 통해 스스로 필요한 것을 알아내는 법과 같은 내용을 소개해 드릴 예정입니다. 서비스의 구체적인 소개는 다음 장을 통해 공부할 겁니다. 또는 여러분이 직접 매뉴얼을 보고서 해낼 수도 있을 거예요.

Register, Close	Security, Cost	Service, Manual

지금부터 우리는 지구상에서 가장 거대한 정보기술 인프라 중 하나인 AWS를 다루기 위한 여행을 시작할 것입니다. 이 수업이 끝나면 AWS의 여러 서비스를 다루는 길이 보이기 시작할 것이고요. AWS뿐만 아니라 다른 클라우드 컴퓨팅을 사용하는 방법을 배운 적이 없어도 사용할 수 있는 상태가 될 것입니다. 왜냐하면 본질은 다 비슷하니까요. 자, 그럼 준비됐나요! 출발합시다.

02 | 수업의 목적

어떤 일을 해내기 위해서는 두 가지가 필요하다고 생각합니다. 첫 번째는 하고자 하는 것, 한 마디로 꿈입니다. 두 번째로는 그것을 현실화할 수 있는 기능입니다. 즉, 꿈과 기능, 이 두 가지는 어떤 일을 하고자 하는 데 필요한 두 개의 축이라고 할 수 있습니다. 하지만 가끔 이 기능이 초라해질 때가 있어요. 꿈꾸는 것도 없는데 기능을 배우고 있을 때입니다. 그것만큼 우리의 소중한 기능을 초라하게 만드는 것도 없다고 생각합니다. 그런 점에서 기능을 배우기 전에 가상으로 하나의 꿈을 상상해 봅시다.

여러분이 애플의 macOS 운영체제를 쓰고 있다고 한번 상상해 보세요. 그런데 가끔 한 달에 한 번, 한 시간 정도, 윈도우 컴퓨터를 쓸 일이 생긴다고 가정해 봅시다. 그럼 여러분은 윈도우를 살까 말까 하는 고민이 엄청나게 들겠죠? 사려고 하니까 너무 비싸고 집도 너무 비좁아서 컴퓨터 하나 들여놓는 것 자체가 이만저만 부담이 아닌 상황인 거예요.

그럼 우리는 이런 꿈을 꿀 수 있지 않을까요? '원격 제어를 통해서 잠깐 쓰고, 필요가 없어지면 꺼서 더 이상 비용이 발생하지 않는 컴퓨터를 장만하고 싶다'. 누군가가 여러분에게 **클라우드 컴퓨팅**이라고 하는 것들이 이런 일을 해 준다고 말했던 기억이 갑자기 난 거예요. 그래서 지금부터 우리는 잠시 동안 빌러서 사용할 수 있는 **윈도우 컴퓨터 한 대를 AWS에서 빌려서 사용**해 볼 것입니다. 그 과정에서 여러분은 다른 서비스를 이용하는 데도 필요한 여러 지식과 경험을 만나게 될 거예요. 이를 통해 다른 서비스들도 사용할 수 있는 기초 지식을 갖추게 될 겁니다.

다시 한번 강조합니다. 여러분이 지금 윈도우 컴퓨터가 절실히 필요한 상황이라고 가정해야 합니다. 여기에 충분히 몰입하신다면, 그 몰입이 강할수록 이 수업이 재미있게 느껴질 거예요. 그럼 시작해봅시다.

AWS1 03 나에게 필요한 서비스 찾기

▶ https://youtu.be/xrz7kDP-9RQ (3분 28초)

원격 제어로 다룰 수 있는 윈도우 컴퓨터가 필요하다는 목적이 있다면 제일 먼저 AWS 사이트[1]로 가서 자신에게 필요한 제품을 찾아낼 수 있어야 합니다. AWS에는 여러 가지 메뉴가 있지만 그중에서 제일 중요한 것은 **제품**입니다. 메뉴에서 **제품**을 선택합니다.

그럼 AWS에서 제공하는 여러 서비스가 나오는데, **주요 서비스**라고 돼 있는 부분은 일종의 분류라고 할 수 있겠죠?

---

1 https://aws.amazon.com/ko/

만약 단순히 파일을 저장하고 인터넷 상에서 누군가에게 제공하는 일종의 홈페이지를 만들고 싶다면 **스토리지**라고 적혀 있는 부분을 찾으면 됩니다. 주요 서비스에서 **스토리지** 위에 마우스 커서를 가져가 보면 저장소와 파일 서버에 관련된 여러 가지 옵션들을 볼 수 있습니다.

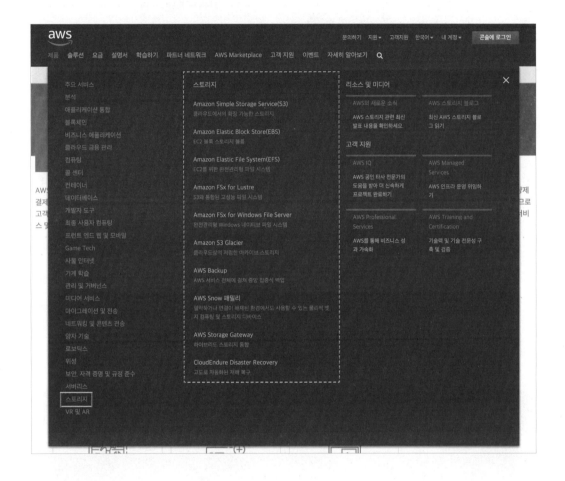

또는 관계형 데이터베이스나 NoSQL 같은 데이터베이스를 운영해야 한다면 **데이터베이스**라는 섹션을 선택하면 됩니다. 이곳에서는 여러 가지 형태의 데이터베이스를 운영할 수 있는 방법을 소개합니다.

요즘 중요하게 급부상하는 인공지능과 관련된 기술이 필요하다면 **기계 학습** 섹션에서 인공지능과 관련된 여러 가지 솔루션을 찾으면 됩니다. 마찬가지로 AWS에서 기본적으로 제공하는 여러 가지 서비스를 볼 수 있습니다.

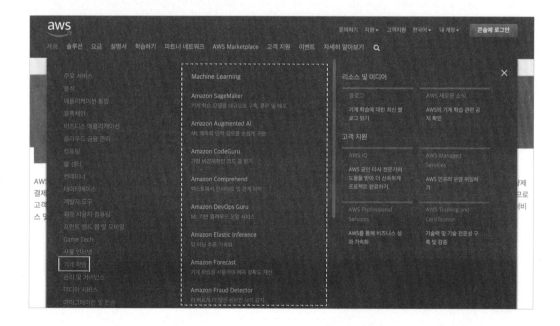

또한 사물을 인터넷으로 연결해서 프로그래밍적으로 제어하고 싶다면 **사물 인터넷**이라고 적힌 섹션에 있는 것들을 보면 되겠습니다.

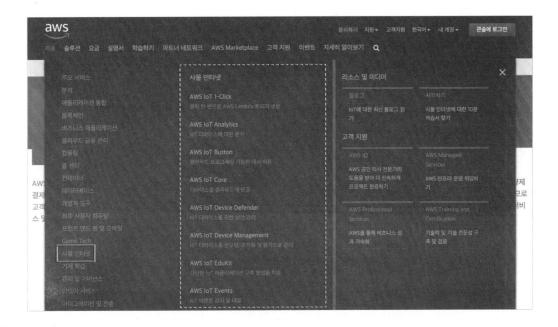

AWS를 사용하면 차차 여러 가지 비용이 발생하게 되는데, 그 비용을 관리하는 여러 가지 서비스는 클라우드 금융 관리라는 섹션을 보면 됩니다.

그리고 AWS를 이용하면서 자신이 이용하고 있는 여러 가지 서비스의 사용량이나 문제점 등을 측정하고 싶다면 **관리 및 거버넌스**라고 적한 메뉴를 통해 AWS 서비스의 상태를 관리하거나 관제할 수 있는 여러 가지 도구를 볼 수 있습니다.

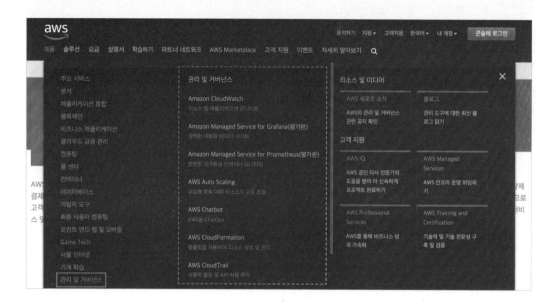

이 중에서 우리에게 필요한 것은 뭐였다고요? 원격 제어를 통해 컴퓨터를 제어하는 방법입니다. 이를 위한 여러 가지 서비스가 있지만 그중에서 **컴퓨팅**을 클릭해 보겠습니다. 컴퓨팅에는 **EC2**라는 제품이 있고, AWS의 EC2가 우리가 원하는 서비스를 제공해 준다고 누군가가 이야기했다고 가정해 봅시다. 그럼 **Amazon EC2**를 클릭해서 들어가 보겠습니다.

EC2 페이지로 들어가면 다음과 같이 EC2 서비스에 대한 소개 페이지가 나옵니다(다른 서비스도 기본적으로 이런 구조로 소개하고 있습니다). 이곳에서 EC2가 무엇인가에 대해 읽어 보고 어떤 기능을 제공하는지를 살펴보면 이 서비스가 자신이 찾는 서비스인지 아닌지 생각해볼 수 있습니다.

이렇게 해서 지금 우리에게 필요한 것은 EC2라는 서비스라는 점을 알게 됐습니다. 우리의 관심사가 자연스럽게 어디로 옮겨가야 할 것인지에 대한 이야기는 다음 시간에 살펴보겠습니다.

04 | 요금 따져보기

AWS는 무료 서비스가 아닙니다. 사용하는 만큼 돈을 내야 합니다. 그래서 어떤 서비스를 사용할 때 내가 필요한 것이 무엇인지를 찾았다면 그다음으로 해야 할 일은 당연히 요금을 살펴보는 일입니다.

AWS에서 제공하는 모든 서비스 페이지에서 **요금**(Pricing 또는 Plan)이라고 적힌 부분이 요금과 관련된 내용입니다. EC2의 메인 페이지에서 **요금**을 클릭해 봅시다.

그럼 AWS의 EC2라고 하는 컴퓨터를 임대하는 서비스의 요금 체계가 나옵니다.

먼저 요금 타입을 살펴보겠습니다. 서비스의 특성에 따라 다음과 같이 요금이 분류됩니다.

- 온디맨드
- 스팟 인스턴스
- Savings Plans
- 전용 호스팅

EC2라고 하는 서비스는 온디맨드, 스팟 인스턴스, Savings Plans, 전용 호스팅으로 4가지 요금 타입이 있습니다. 그중에서 가장 간단한 온디맨드는 쓰는 만큼 돈을 내는 타입입니다. 그리고 스팟 인스턴스, Savings Plans, 전용 호스팅이 있지만 이 수업은 EC2 수업이 아니기 때문에 넘어가겠습니다. **온디맨드 요금 보기**를 클릭합니다.

그럼 온디맨드 방식의 요금 페이지가 나오는데, 온디맨드 요금을 따져볼 때 고려해야 할 점을 알아봅시다.

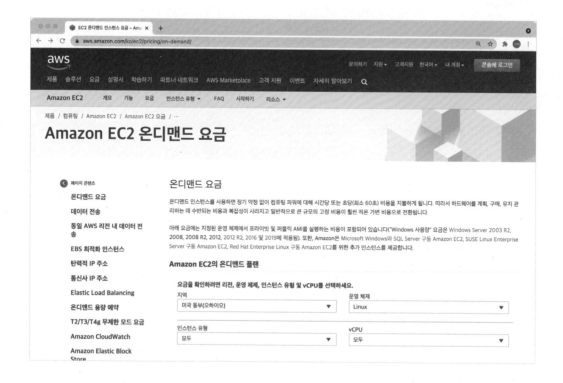

운영 체제

첫 번째로 고려해야 할 것은 사용하려고 하는 컴퓨터에 '어떤 운영 체제를 설치할 것인가?', '어떤 운영 체제가 설치된 컴퓨터를 빌릴 것인가?'입니다. 예를 들면, '리눅스를 쓰고 싶다' 또는 '윈도우를 쓰고 싶다'와 같이 선택하면 되는데, 어떤 운영 체제를 선택하느냐에 따라 부과되는 요금이 달라집니다.

리전(지역)

두 번째로 고려할 것은 **리전**(region)입니다. 리전은 **지역**이란 뜻인데요, AWS는 전 세계의 컴퓨터를 분산해서 보관하고 있습니다. 'AWS 글로벌 인프라 맵[1]'을 보면 동그라미로 표시된 것이 현재 AWS가 제공되는 지역입니다. 만약 대한민국에서 서비스를 하고 싶다면 대한민국에 있는 리전을 선택해야 합니다. 그럼 네트워크가 가까이에 위치하기 때문에 훨씬 더 빠르게 컴퓨터를 쓸 수 있습니다. 만약 여러분이 대한민국에 있는 리전을 쓸 예정인데 지구 반대편에 있는 영국과 같은 곳으로 리전을 선택한다면 통신하는 데 시간이 걸리기 때문에 서비스 또한 느려집니다.

AWS 글로벌 인프라 맵

AWS 클라우드는 전 세계 25개의 지리적 리전 내에 81개의 가용 영역을 운영하고 있으며, 앞으로 호주, 인도, 인도네시아, 이스라엘, 뉴질랜드, 스페인, 스위스 및 아랍에미리트(UAE)에 8개의 AWS 리전과 24개의 가용 영역을 추가할 계획입니다.

O 리전
O 제공 예정

---

1   https://aws.amazon.com/ko/about-aws/global-infrastructure/

그렇기 때문에 리전을 선택하는 것이고, 리전에 따라 가격 정책이 다릅니다. 운영 체제는 앞에서와 똑같이 'Windows'로 설정하고, [지역]을 '미국 동부(오하이오)'에서 '아시아 태평양(서울)'으로 변경하면 다음과 같이 금액이 달라집니다.

제품 타입

온디맨드 페이지는 리스트로 구성돼 있는데, 이 리스트는 여러분이 임대할 수 있는 컴퓨터의 제품 타입을 나타냅니다. 제품 타입마다 사용 요금이 다른데, 일례로 t3.nano라는 이름의 컴퓨터를 보겠습니다. 이 컴퓨터는 CPU가 두 개고, 메모리가 0.5GiB인 아주 가벼운 컴퓨터입니다. 이 컴퓨터를 쓰려면 시간당 0.0111USD를 내야 한다고 적혀 있습니다.

Amazon EC2의 온디맨드 플랜

요금을 확인하려면 리전, 운영 체제, 인스턴스 유형 및 vCPU를 선택하세요.

지역
아시아 태평양(서울) ▼

운영 체제
Windows ▼

인스턴스 유형
모두 ▼

vCPU
모두 ▼

사용 가능한 인스턴스 보기(206/206)

Q   〈 **1** 2 3 4 5 6 7 ... 11 〉

인스턴스 이름 ▲	온디맨드 시간당 요금 ▽	vCPU ▽	메모리 ▽	스토리지 ▽	네트워크 성능 ▽
t3.nano	0.0111 USD	2	0.5GiB	EBS 전용	최대 5기가비트
t3.micro	0.0222 USD	2	1GiB	EBS 전용	최대 5기가비트

이 금액이 얼마인지 체감하기 위해 금액을 다른 단위로 환산해 봅시다. 그럼 훨씬 이해하기 쉬울 겁니다. 1시간 곱하기 24를 하게 되면 하루 동안의 요금이 됩니다. 즉, t3.nano의 하루 동안의 요금이 $0.2664라는 뜻이고, 이에 30을 곱해 30일로 환산하면 $7.992가 되는 겁니다. 거기다가 1000을 곱하면 대략 달러(USD)를 원(KRW) 단위로 바꿀 수 있겠죠? 즉, 한 달에 약 8,000천 원 정도의 금액이 든다고 적혀 있는 것과 마찬가지입니다. 만약 여러분이 컴퓨터를 1시간만 쓰고 반납한다고 가정할 때 이를 원화로 환산하면 약 11원 정도 됩니다. 1시간 정도만 쓸 거라고 하면 굉장히 저렴하게 느껴지죠?

운영 체제: Windows / 리전: 아시아 태평양(서울)

t3.nano의 하루 요금: 0.0111USD * 24 = 0.2664USD = 266원

t3.nano의 한 달 요금: 0.2664USD * 30 = 7.992USD = 7,992원

이번에는 조금 비싼 제품을 한번 살펴볼까요? **인스턴스 유형**에서 '메모리 최적화'를 선택하면 메모리 기능이 강화된 제품군 목록이 표시됩니다. 그중 'x1.32xlarge'라는 제품을 보겠습니다. 이 제품은 메모리가 1952GiB로, 거의 2TiB에 육박하는 굉장히 강력한 컴퓨터입니다. 시간당 요금은 25.229USD로 원화로 대략 25,000원 정도 됩니다.

Amazon EC2의 온디맨드 플랜

요금을 확인하려면 리전, 운영 체제, 인스턴스 유형 및 vCPU를 선택하세요.

지역	운영 체제
아시아 태평양(서울) ▼	Windows ▼

인스턴스 유형	vCPU
메모리 최적화 ▼	모두 ▼

사용 가능한 인스턴스 보기(64/206)

〈 1 2 3 4 〉

인스턴스 이름 ▲	온디맨드 시간당 요금 ▽	vCPU ▽	메모리 ▽	스토리지 ▽	네트워크 성능 ▽
x1.16xlarge	12.615 USD	64	976GiB	1 x 1920 SSD	높음
x1.32xlarge	25.229 USD	128	1952GiB	2 x 1920 SSD	높음

이것도 1시간이 아닌 한 달로 환산해 봅시다. 한 달 동안의 사용 요금으로는 약 1800만 원, 1년으로 계산하면 2억 천만 원이라는 어마어마한 금액이 나옵니다. 하지만 이것도 1시간만 사용한다고 가정하면 2만 5천 원 정도가 되는 것이죠.

운영 체제: Windows / 리전: 아시아 태평양(서울)

x1.32xlarge의 하루 요금: 25.229USD * 24 = 605.496USD = 605,496원

x1.32xlarge의 한 달 요금: 605.496USD * 30 = 18,164.88USD = 18,164,880원

x1.32xlarge의 1년 요금: 18,164,880원 * 12 = 217,978,560원

데이터 전송

스크롤을 더 내리면 데이터를 전송하는 데 들어가는 비용인 **데이터 전송**에 대한 표가 나옵니다. 이것은 인터넷에서 AWS로 데이터를 전송하는 것을 의미합니다. 우리가 임대한 컴퓨터로 데이터를 업로드할 때는 아무리 많이 사용해도 무료입니다. 하지만 클라우드 서버에 있는 데이터를 다운로드하거나 다른 곳으로 전송할 때는 1GB까지만 무료이고, 이 이후로 9.999TB까지는 기가바이트당 0.126USD가 과금됩니다. 그리고 9.99TB부터 40TB까지는 0.122USD가 과금됩니다. 전송하는 데이터의 용량이 늘어날수록 과금되는 비용이 점점 저렴해지는 것을 볼 수 있습니다.

기타

그 밖에도 컴퓨터를 운영하게 되면 컴퓨터의 용량, 저장 공간에 따른 과금 정책, 컴퓨터의 네트워크를 사용할 때 임대하게 되는 고정 IP 등 비용이 발생하는 여러 세부사항이 있습니다.

이런 사항들을 면밀히 따져본 후, 자신이 얼마만큼 사용하게 될지 예측할 수 있어야만 AWS의 다른 경쟁 서비스와 비교해 보면서 자신에게 유리한 서비스를 선택할 수 있는 안목이 생깁니다.

이렇게 해서 요금과 관련된 기초적인 내용들을 살펴봤습니다.

AWS1

05 | 프리 티어

이전 시간에 아마존 EC2라는 서비스의 요금을 살펴봤는데, 좋은 소식이 하나 있습니다. 처음부터 어떻게 써야 할지도, 어떻게 활용될지도 잘 모르는 상황에서 무턱대고 과금이 발생하는 게 굉장히 부담되실 것입니다. AWS 같은 클라우드 서비스는 여러분이 테스트해 볼 수 있는 기간 또는 양을 제공해요. 이를 **프리 티어**(free tier)라고 부릅니다. EC2의 요금 페이지에 **프리 티어**라고 적혀 있는 것을 볼 수 있는데, **자세히 알아보기**를 클릭해서 해당 페이지로 들어가 보겠습니다. 혹은 아래 URL로 직접 방문해도 됩니다.

- https://aws.amazon.com/ko/free/

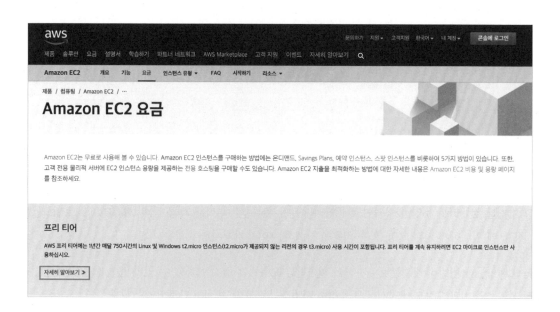

그럼 AWS 프리 티어에 대한 소개 페이지가 나옵니다.

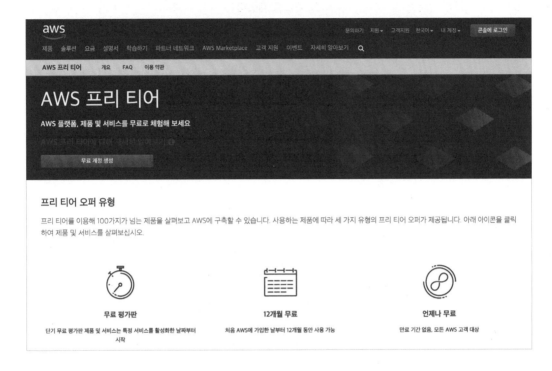

페이지 하단의 **프리 티어 세부 정보**에서 먼저 **티어 유형**을 설정해 보겠습니다. 이곳에서 **12개월 무료** 항목을 체크하면 12개월 동안 무료로 제공하는 항목들이 무엇인지 나타납니다.

이 가운데 'Amazon EC2'는 750시간 동안 무료로 사용할 수 있게 해준다는 것을 알 수 있습니다. 하지만 1년에 2억 원씩 과금이 발생하는 컴퓨터를 무료로 제공하는 것이 아니라 낮은 사양의 컴퓨터를 750시간 동안 사용할 수 있게 해준다는 뜻입니다. 다음으로 'Amazon S3'라고 하는 또 다른 서비스는 5GB를 저장하는 것까지는 무료로 사용할 수 있다고 하네요. 다른 서비스에 대한 설명도 있으니 읽어 보면 됩니다. 서비스의 특성에 따라 무료로 제공하는 구간과 양이 달라집니다.

그리고 '언제나 무료'라는 것은 12개월이 지나기 전이든, 12개월이 지난 후든 관계 없이 무료로 제공하는 항목을 보여줍니다. 예를 들어, 'Amazon Glacier' 서비스는 파일이나 대규모 데이터를 저장할 수 있는 아주 저렴한 솔루션인데, 이 서비스는 10GB까지는 12개월이 지나도 언제나 무료라는 뜻입니다.

이러한 사항들을 참고해서 여러분이 사용하고자 하는 서비스의 무료 구간을 꼭 체크해 봐야만 과금이 발생하지 않고 비용을 절감할 수 있습니다.

프리 티어는 상당히 좋은 프로그램입니다. 12개월 무료에 해당하는 것 중에서 우리가 지금 하고자 하는 Amazon EC2라는 서비스의 무료 정책이 어떠한지 자세히 살펴봅시다.

다시 EC2의 요금 페이지로 돌아가 프리 티어에 대한 간단한 소개 내용을 보겠습니다. 'AWS 프리 티어에는 1년간 매달 750시간의 Linux 및 Windows t2.micro 인스턴스 사용 시간이 포함됩니다'라고 적혀 있는데요, 이것이 의미하는 바를 알아보기 위해 AWS EC2의 요금을 한 번 살펴봅시다. 요금 페이지에서 **온디맨드 요금 보기**를 클릭해 주세요.

온디맨드 플랜의 운영 체제에는 다음과 같은 것들이 있습니다. 리눅스와 윈도우도 있죠?

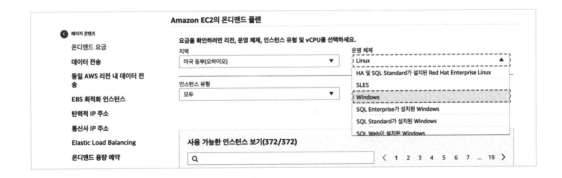

리눅스와 윈도우 모두에서 't2.micro'라는 이름의 컴퓨터가 있습니다. 운영 체제가 'Windows'일 경우, 이 컴퓨터를 한 달에 750시간까지 사용하면 시간당 $0.019라는 금액이 무료라는 이야기입니다.

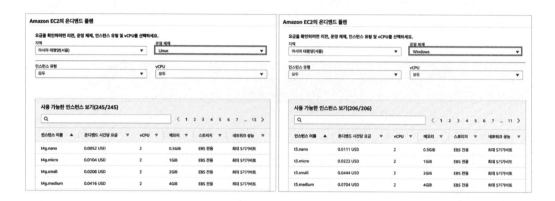

그럼 750이라는 숫자의 의미를 한번 따져 봅시다. 하루는 24시간이므로 750을 24로 나누면 30일이 나옵니다. 한 달이라는 표현을 쓰지 않고 시간으로 표현한 것은 여러 가지 이유가 있겠지만 여러 대의 컴퓨터를 켜더라도 사용 시간이 750시간을 넘지 않으면 무료라는 뜻이 포함돼 있다고 생각하면 됩니다.

이처럼 AWS에서는 서비스마다 프리 티어라고 하는 무료 구간을 제공하기 때문에 여러분이 서비스를 이용하기 전에 무턱대고 사용하는 것보다는 프리 티어를 먼저 확인하고 그 범위 안에서 사용하면 비용을 크게 절감할 수 있습니다. 이렇게 해서 프리 티어에 대한 이야기는 여기까지 하겠습니다.

지금까지 자신에게 필요한 AWS 제품을 찾았고 요금까지 살펴봤습니다. 이제 실제로 서비스를 사용하려면 **회원가입**을 해야 합니다. 그래서 이번 시간에는 AWS에 회원가입하는 방법을 살펴보겠습니다. 페이지 우측 상단의 **AWS 계정 생성** 버튼을 클릭합니다.

aws   문의하기 지원▼ 고객지원 한국어▼ 내 계정▼   **AWS 계정 생성**

제품 솔루션 요금 설명서 학습하기 파트너 네트워크 AWS Marketplace 고객 지원 이벤트 자세히 알아보기 🔍

AWS 가입: 1/5단계

회원가입에 필요한 정보를 다음과 같이 입력하고 **계속(1/5단계)** 버튼을 클릭합니다. 다음 페이지로 넘어가기 전에 추가로 '보안 검사' 항목이 나오는데, 문자를 입력한 후 한 번 더 **계속(1/5단계)** 버튼을 클릭합니다.

aws

새로운 AWS 계정으로 프리 티어 제품을 살펴보세요.

자세히 알아보려면 aws.amazon.com/free를 방문하세요.

AWS에 가입

이메일 주소
이 이메일 주소를 사용하여 새 AWS 계정에 로그인합니다.

egoing.aws@gmail.com

암호

••••••••••

암호 확인

••••••••••

AWS 계정 이름
계정의 이름을 선택합니다. 이름은 가입 후 계정 설정에서 변경할 수 있습니다.

egoing.aws

계속(1/5단계)

기존 AWS 계정에 로그인

AWS 가입: 2/5단계

다음으로 연락처 정보 페이지가 나오는데요, **계정 유형**은 개인이라면 '개인'을, 조직이나 회사면 '비즈니스'를 선택하면 됩니다. **전체 이름**에는 자신의 (영문) 이름을 적고, **전화번호**에는 맨 앞의 0을 국가 코드로 대체해 주세요. 한국은 82가 국가 코드이기 때문에, 예를 들어 자신의 전화번호가 '01012341234'라면 앞에 있는 0을 빼고 82를 붙여 '821012341234'라고 입력하면 됩니다.

국가 또는 리전은 대한민국으로 선택하고 **주소**를 입력합니다. 이때 **주소**는 영문으로 기입해야 합니다. 검색엔진에서 '주소 영문 변환'이라고 검색하면 영문 주소로 변환하는 여러 가지 서비스가 많습니다. 예를 들어, 제가 역삼동에 있다고 가정하고 '역삼동'으로 검색하면 다음과 같이 영문 주소를 알 수 있습니다.

Google

주소 영문 변환　　　　　　　　　　　✕ | ⌨ 🎤 🔍

🔍 전체　🖼 이미지　📍 지도　🏷 쇼핑　▶ 동영상　⋮ 더보기　　　　도구

검색결과 약 2,360,000개 (0.34초)

https://www.jusoen.com ▾

영문주소변환

지번주소,신주소 등의 한글주소를 **영문주소** 변환 해주는 영어주소검색,**영문주소변환**기.

https://www.epost.go.kr › search › zipcode › search5

우체국 영문주소변환

영문 **주소변환**

역삼동　　　　　　　　　　　　　　　　　　🔍

최근검색어 : 400-1 , 샘머리아파트 , 경기도 화성시 동탄 능동 주공 , 계룡리슈빌 , 서울특별시 성북구

COPYRIGHT©2015 BY 영문주소변환. ALL RIGHTS RESERVE

영문 **주소변환**　　도로명주소,지번주소,우편번호에 대해 통합검색이 가능합니다.　　검색

지역명에 번지수/건물번호/건물명을 붙여서 검색하면, 보다 빠르게 결과를 확인할 수 있습니다.

◉ 전체(14807)　○ 경기(9123)　○ 서울(5684)　　　　　　　주소전체

한글주소	영문주소	우편번호
도로명 서울특별시 강남구 테헤란로 332 (역삼동, HJ타워)	332, Teheran-ro, Gangnam-gu, Seoul, Republic of Korea	06212
도로명 서울특별시 강남구 논현로 507 (역삼동, 성지하이 츠3차빌딩)	507, Nonhyeon-ro, Gangnam-gu, Seoul, Republic of Korea	06132

이렇게 알아낸 영문 주소와 우편번호를 입력해 정보를 채우고, 맨 밑의 **약관**에 동의한 다음 **계속(2/5 단계)** 버튼을 클릭합니다.

AWS 가입: 3/5단계

AWS는 해외 결제가 가능한 신용카드가 있어야 가입할 수 있습니다. 결제 정보 페이지에서 자신의 신용카드 정보를 입력한 후 **확인 및 계속(3/5단계)**을 클릭합니다.

카드 인증 페이지가 나오면 카드 정보를 입력하고 **다음** 버튼을 누릅니다. 이때 올바른 카드 정보를 입력했는데도 카드 회사의 서버 점검 시간 등으로 해당 단계가 원활히 진행되지 않을 수 있으니 유의해 주세요.

AWS 가입: 4/5단계

마지막으로 전화번호를 확인하는 절차가 남았습니다. 저는 확인 코드를 받는 방법으로 '문자 메시지 (SMS)'를 선택했습니다. 국가 코드를 지정하고 전화번호는 앞에서 기입한 것과 같이 '821012341234' 의 형식이나 '01012341234'로 입력하면 됩니다. 보안 코드를 적고 **SMS 전송(4/5단계)** 버튼을 클릭 하면 앞에서 입력한 전화번호로 인증 문자가 옵니다.

아마존에서 온 문자의 인증 코드를 다음 화면에 입력하고 **계속(4/5단계)**를 클릭합니다.

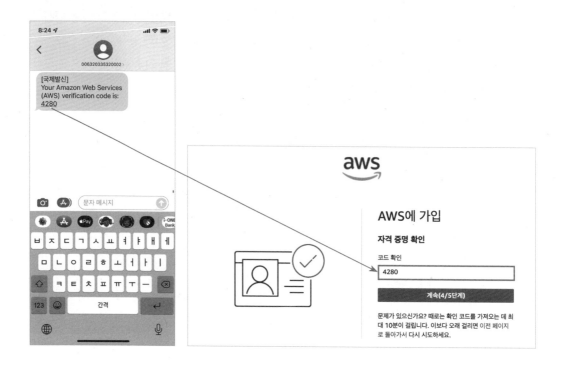

AWS 가입: Support 플랜 선택

지원 플랜을 선택하는 화면이 나오는데 '기본 지원 – 무료'를 선택한 후 **가입 완료** 버튼을 클릭합니다.

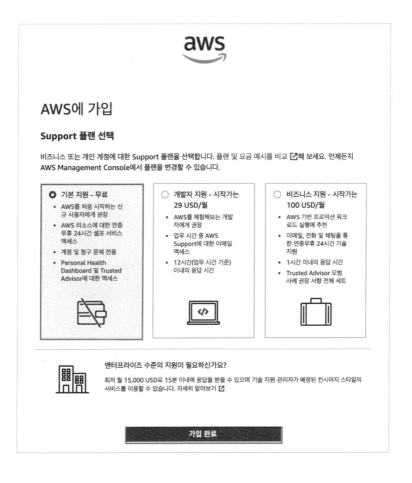

가입 완료

이로써 아마존 계정 생성을 완료했습니다. **AWS Management Console로 이동** 버튼을 클릭하면 콘솔(console)이라는 곳으로 접속할 수 있습니다.

로그인 화면이 나오면 방금 가입한 **이메일 주소**를 입력하고 **다음** 버튼을 클릭합니다. 보안 코드를 적고 **제출** 버튼을 클릭한 다음 **비밀번호**를 입력하고 **로그인** 버튼을 클릭하면 AWS 관리 콘솔로 이동합니다.

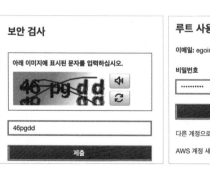

참고로 콘솔이란 AWS의 여러 서비스를 제어할 수 있는 관리자 화면을 말합니다. 콘솔로 접속하는 또 다른 방법으로 AWS 사이트에 로그인한 상태에서 좌측 상단의 AWS 로고를 클릭하는 방법이 있습니다.

이제 AWS를 제어할 수 있는 기본적인 준비가 끝났습니다. 축하합니다.

나의 첫
프로그래밍 교과서

LEARNING
SCHOOL

핵심 서비스만 쏙쏙 배우는 AWS 10일 완성

생활코딩!
아마존 웹 서비스

2일차
AWS
기본 사용법 - 2

지금부터 클라우드 콘솔을 이용해 EC2에서 컴퓨터를 만드는 방법을 살펴보겠습니다. 우선 꼭 살펴봐야 할 것은 상단 바에 있는 **Region(지역)**입니다. 저는 지금 서울에 있으니 제가 사용하려고 하는 컴퓨터는 서울에 있을 때 가장 네트워크 속도가 빠르겠죠? 따라서 **아시아 태평양 (서울) ap-northeast-2**를 선택하겠습니다.[1]

---

1 (엮은이) 이미 '서울'로 선택돼 있는 경우에는 이 부분을 그대로 건너뛰고 진행하시면 됩니다.

그런 다음, 상단 바에서 **서비스**를 선택하면 AWS 클라우드 콘솔에서 이용할 수 있는 모든 서비스가 나옵니다. 이 가운데 이 책에서는 EC2를 사용하려고 하기 때문에 컴퓨팅의 **EC2**를 클릭하겠습니다.

참고로 우리 수업은 EC2 수업이 아닙니다. 우리 수업은 AWS의 기본적인 사용법을 배우는 수업이기 때문에 EC2를 여러분이 직접 사용해 보지 않아도 됩니다.

EC2 페이지에서 좌측 메뉴의 **인스턴스**로 들어가 봅시다. 컴퓨터 한 대를 EC2에서는 인스턴스라고 합니다. 만약 컴퓨터 5대가 필요하다면 인스턴스 다섯 개를 만들면 됩니다.

우측 상단의 **인스턴스 시작** 버튼을 클릭하겠습니다. 그러면 우리가 만들고자 하는 인스턴스의 정보를 설정하는 페이지가 나옵니다.

단계 1: Amazon Machine Image(AMI) 선택

여러 가지 운영 체제가 설치된 컴퓨터의 리스트가 나오는데요, 그중에서 '프리 티어 사용 가능'이라고 적혀 있는 항목이 프리 티어를 이용해 비용을 절감할 수 있는 운영 체제라는 뜻입니다.

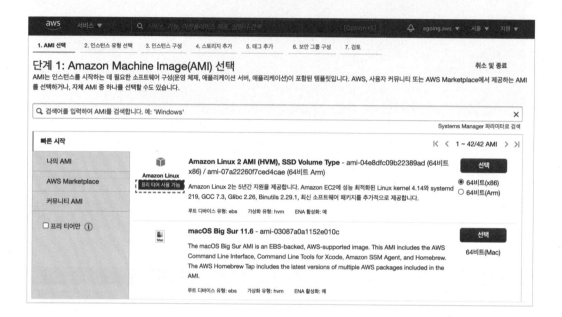

다음과 같이 상자로 강조한 'Amazon Linux'는 프리 티어가 없다는 뜻입니다.

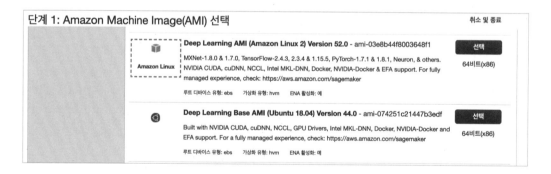

이전 수업에서 윈도우 컴퓨터가 없지만 가끔씩 필요한 상황이라고 가정했죠? 아마존은 윈도우 서버군에 있는 'Window Server 2019'를 프리 티어로 제공하고 있습니다. 이것은 우리가 GUI 방식으로 제어할 수 있는 기존 윈도우와 같은 윈도우라고 보면 되겠습니다. 이 운영 체제가 '프리 티어 사용 가능'하다고 적혀 있는 것도 확인하고 나면 **선택**을 클릭해 이 항목을 선택합니다.

단계 2: 인스턴스 유형 선택

다음 단계로 넘어가면 여러 가지 종류의 컴퓨터 사양이 나타나는데요, 이 중에서 't2.micro'가 '프리 티어 사용 가능'이라고 돼 있습니다. 반면 't2.nano'는 사양이 더 낮지만 프리 티어가 아니기 때문에 이 유형의 인스턴스를 사용하면 요금이 부과됩니다. 따라서 프리 티어인 **t2.micro**를 선택합니다.

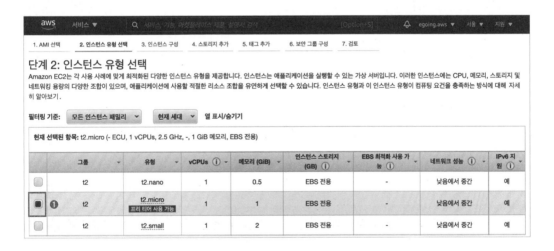

그 다음 우측 하단의 **검토 및 시작** 버튼을 클릭합니다.

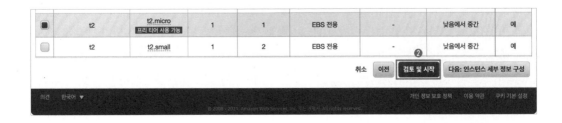

단계 7: 인스턴스 시작 검토

우리가 만들고자 하는 컴퓨터에는 'Windows Server 2019'가 설치돼 있고 사양은 't2.micro'이며 CPU 는 1개, 메모리는 '1GiB'라고 적혀 있습니다.

이 같은 세부 사항을 검토하고 **시작하기** 버튼을 누릅니다.

기존 키 페어 선택 또는 새 키 페어 생성

그럼 '기존 키 페어 선택 또는 새 키 페어 생성'이라는 창이 나타납니다. 여기서 이야기하는 키(key)는 열쇠 또는 비밀번호라는 뜻입니다. 여기서 비밀번호를 생성해야 EC2를 사용할 수 있기 때문에 **새 키 페어 생성** 부분이 선택돼 있는지 확인해 주세요. 키 페어의 이름으로는 아무거나 적어도 됩니다. 저는 'aws1'이라는 이름을 입력하겠습니다. 그리고 나서 **키 페어 다운로드** 버튼을 클릭하면 굉장히 복잡한 비밀번호가 다운로드됩니다.

기존 키 페어 선택 또는 새 키 페어 생성

키 페어는 AWS에 저장하는 **퍼블릭 키**와 사용자가 저장하는 **프라이빗 키** 파일로 구성됩니다. 이 둘을 모두 사용하여 SSH를 통해 인스턴스에 안전하게 접속할 수 있습니다. Windows AMI의 경우 인스턴스에 로그인하는 데 사용되는 암호를 얻으려면 프라이빗 키 파일이 필요합니다. Linux AMI의 경우, 프라이빗 키 파일을 사용하면 인스턴스에 안전하게 SSH로 연결할 수 있습니다. Amazon EC2는 ED25519 및 RSA 키 페어 유형을 지원합니다.

참고: 선택한 키 페어가 이 인스턴스에 대해 승인된 키 세트에 추가됩니다. 퍼블릭 AMI에서 기존 키 페어 제거 에 대해 자세히 알아보십시오.

| ✓ 기존 키 페어 선택 |
| 새 키 페어 생성 |
| 키 페어 없이 계속 |

> ⚠ 키 페어 없음
> 키 페어가 없습니다. 계속하려면 위에서 **[새 키 페어 생성]** 옵션을 선택하여 새 키 페어를 작성
> 하십시오.

취소　　**인스턴스 시작**

기존 키 페어 선택 또는 새 키 페어 생성

키 페어는 AWS에 저장하는 **퍼블릭 키**와 사용자가 저장하는 **프라이빗 키** 파일로 구성됩니다. 이 둘을 모두 사용하여 SSH를 통해 인스턴스에 안전하게 접속할 수 있습니다. Windows AMI의 경우 인스턴스에 로그인하는 데 사용되는 암호를 얻으려면 프라이빗 키 파일이 필요합니다. Linux AMI의 경우, 프라이빗 키 파일을 사용하면 인스턴스에 안전하게 SSH로 연결할 수 있습니다. Amazon EC2는 ED25519 및 RSA 키 페어 유형을 지원합니다.

참고: 선택한 키 페어가 이 인스턴스에 대해 승인된 키 세트에 추가됩니다. 퍼블릭 AMI에서 기존 키 페어 제거 에 대해 자세히 알아보십시오.

| 새 키 페어 생성　　　　　　　　　　　　　　　　　　　　　 ∨ |

키 페어 유형

◉ RSA ○ ED25519

키 페어 이름

| aws1 |

키 페어 다운로드

> 계속하려면 먼저 **프라이빗 키 파일(*.pem 파일)을 다운로드**해야 합니다. **액세스할 수 있는 안전한
> 위치에 저장합니다.** 파일은 생성되고 나면 다시 다운로드할 수 없습니다.

취소　　**인스턴스 시작**

내 컴퓨터에 다운로드된 비밀번호가 어떻게 생겼는지 보겠습니다.

저는 '텍스트 편집기'라는 프로그램으로 열어봤는데요, 굉장히 복잡하게 생겼죠? 우리가 일반적으로 기억하고 있는 비밀번호와는 차원을 달리하는 복잡한 비밀번호이기 때문에 훨씬 더 안전한 비밀번호입니다. 이 비밀번호는 절대로 누군가에게 줘서도 안 되고 절대로 노출돼서도 안 되는 굉장히 중요한 정보라는 점을 기억해야 합니다.

참고로 한번 키 페어를 다운로드했다면 그다음부터는 다시 다운로드할 수가 없습니다. 그래서 잊어버려도 안 되는 겁니다. 혹시라도 잊어버렸을 경우에는 앞에서 생성한 컴퓨터(인스턴스)를 복제한 다음, 복제한 인스턴스에게 새로운 키를 발급해 새로운 키로 접속할 수는 있습니다. 하지만 잊어버리지 않도록 조심하세요. 잊어버렸을 때는 다시 똑같은 키가 발급되지 않는다는 점만 기억하면 되겠습니다.

마지막으로 **인스턴스 시작** 버튼을 클릭하면 이제 인스턴스, 즉 컴퓨터 한 대가 만들어지기 시작합니다.

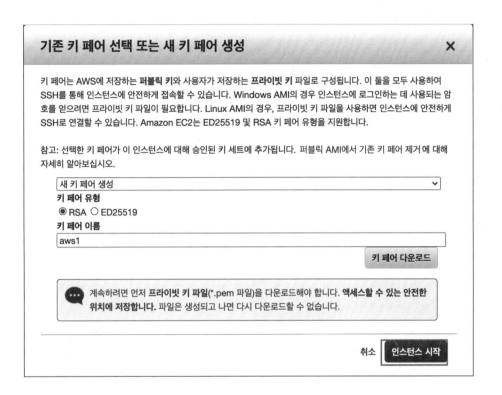

결과 확인하기

'지금 인스턴스를 시작 중입니다'라는 문구가 나오는데요, 조금 기다리다 보면 인스턴스가 생성될 것입니다. 우측 하단의 **인스턴스 보기** 버튼을 클릭합니다.

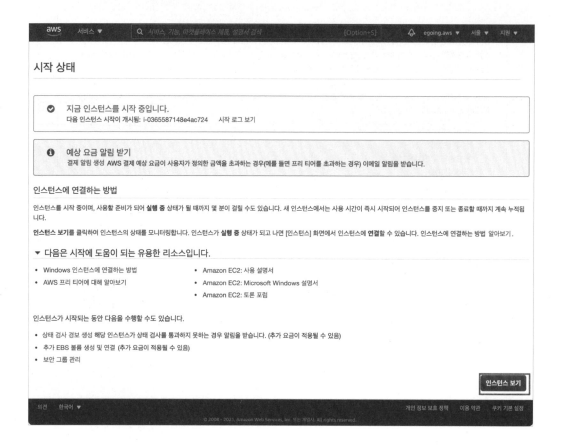

앞에서 생성하도록 지시한 컴퓨터가 만들어지고 있고, '인스턴스 상태'를 보면 '대기 중'이라고 나옵니다.

조금 있으면 인스턴스 상태가 초록색의 '실행 중'으로 바뀌게 될 겁니다. '실행 중'이 되면 앞에서 생성한 컴퓨터가 실행된 것이라고 보면 되겠습니다.

그럼 이제 원격 제어를 통해 앞에서 생성한 인스턴스 컴퓨터를 마치 내 앞에 있는 것처럼 사용할 수 있는 준비를 마친 것입니다. 다음 시간에는 원격 제어로 이 컴퓨터에 접속하는 방법을 살펴보겠습니다.

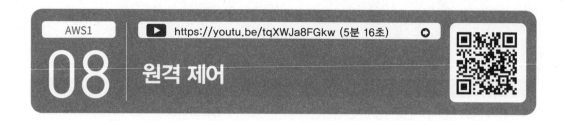

AWS1

08 원격 제어

▶ https://youtu.be/tqXWJa8FGkw (5분 16초)

이전 수업에서 만든 컴퓨터에 원격 제어를 통해 접속해 보겠습니다. 다시 한번 말하지만 이 수업은 EC2 수업이 아닙니다.

EC2의 인스턴스 페이지에서 앞서 생성한 인스턴스를 마우스 오른쪽 버튼으로 클릭하면 **연결**이라고 적힌 메뉴가 있습니다. 이 메뉴를 클릭합니다.

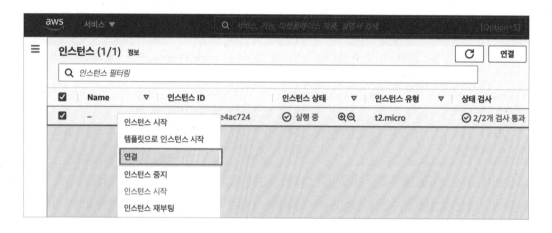

그러면 이 인스턴스에 대한 **인스턴스에 연결** 페이지가 나오는데, 중간에 있는 **RDP 클라이언트**라는 탭을 선택합니다. 그럼 다음과 같은 화면이 나옵니다.

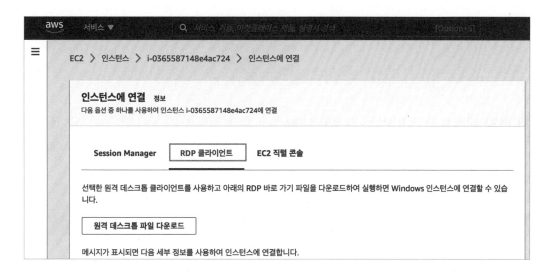

여기서 **원격 데스크톱 파일 다운로드** 버튼을 클릭합니다. 그러면 앞서 생성한 인스턴스에 접속하는 데 필요한 정보가 담긴 RDP 파일이 다운로드됩니다.

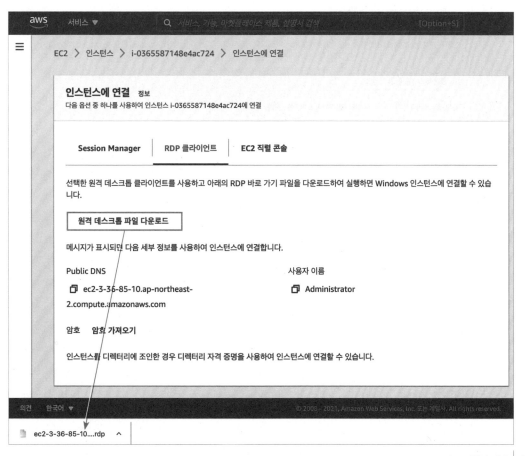

이 파일을 통해 지금 사용 중인 컴퓨터에서 원격 데스크톱에 접속하는데, 이때 지금 사용 중인 컴퓨터의 운영 체제에 따라 접속 방법이 다릅니다. 여러분이 macOS를 쓰고 있는 경우와 마이크로소프트 윈도우를 쓰고 있는 경우를 나눠서 설명해 보겠습니다.

키 파일 해독으로 비밀번호 값 알아내기

원격 데스크톱에 접속하려면 비밀번호가 필요합니다. 접속 방법을 살펴보기에 앞서 비밀번호 값을 알아내 보겠습니다. RDP 클라이언트 탭 하단의 **암호 가져오기**를 클릭합니다.

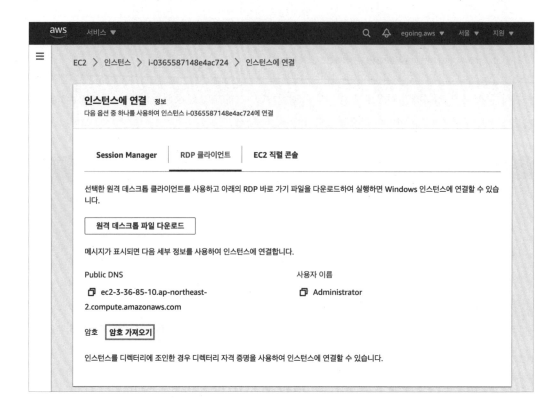

그러면 다음과 같이 새로운 페이지가 나오는데, 이곳에서 **Browse** 버튼을 클릭하고, 나의 컴퓨터에서
키 파일(aws1.pem)을 찾아 선택합니다.

그럼 다음과 같이 파일이 업로드되고, 업로드가 끝나면 **암호 해독** 버튼을 클릭합니다.

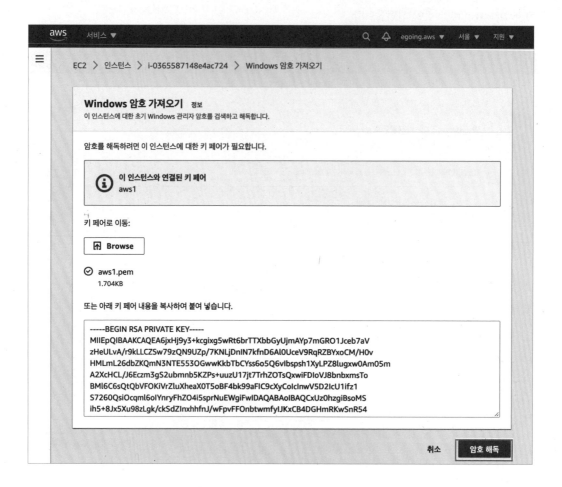

그러면 **암호**라는 항목에 비밀번호가 생성되는데, 바로 이 비밀번호가 우리가 알아야 할 암호입니다. 왼쪽의 복사 아이콘을 클릭해 값을 복사해 둡니다.

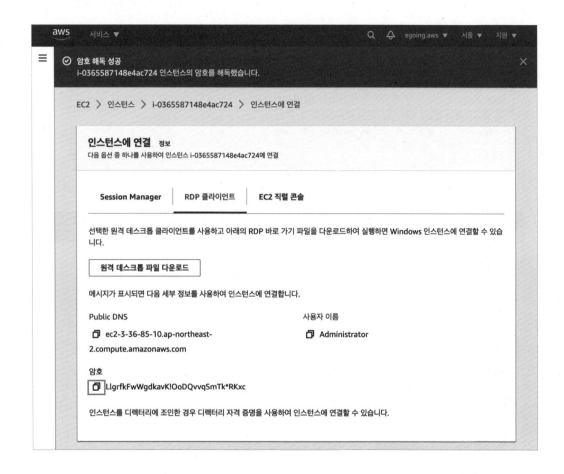

macOS에서 원격 데스크톱에 접속하기

마이크로소프트 리모트 데스크톱 설치 및 열기

macOS를 쓰는 분들은 검색 엔진에서 'microsoft remote desktop mac'이라고 입력하면 다음과 같은 'Microsoft Remote Desktop' 프로그램[1]이 나올 겁니다.

---

1 https://apps.apple.com/kr/app/microsoft-remote-desktop/id1295203466

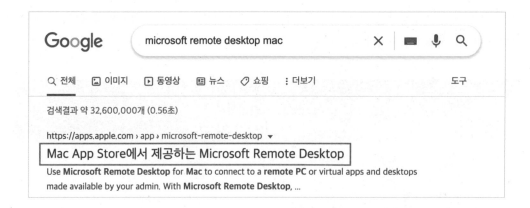

아래 그림과 같이 앱 스토어에서 제공하는 앱을 선택해서 설치하면 됩니다.

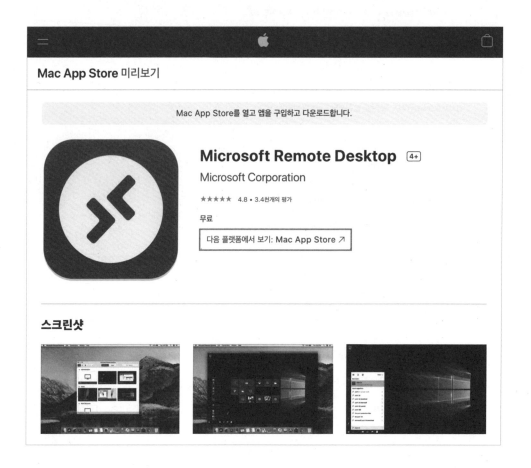

AWS에서 내려받은 원격 데스크톱 파일에서 마우스 오른쪽 버튼을 클릭한 후, **다음으로 열기** →
Microsoft Remote Desktop을 차례로 선택합니다.

그럼 다음과 같이 Microsoft Remote Desktop이라는 프로그램이 자동으로 실행됩니다.

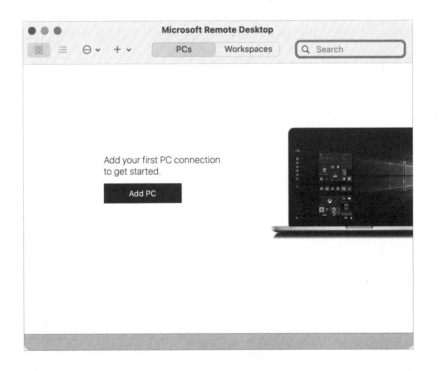

다시 한번 앞에서 내려받은 RDP 파일을 열면 비밀번호를 물어보는 창이 나타나는데, 이 비밀번호를 알고 있어야 AWS에서 만든 컴퓨터에 접속할 수 있습니다. 이때 이 비밀번호는 이전에 내려받은 키 파일(aws1.pem)을 그대로 사용하는 것이 아니라 이 파일을 가공한 것입니다.

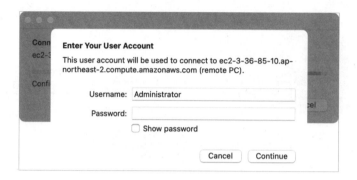

로그인 후 윈도우 컴퓨터 사용하기

앞서 키 파일 해독으로 비밀번호 값 알아내기(54쪽)에서 복사한 비밀번호를 붙여넣고 **Continue**를 클릭합니다.

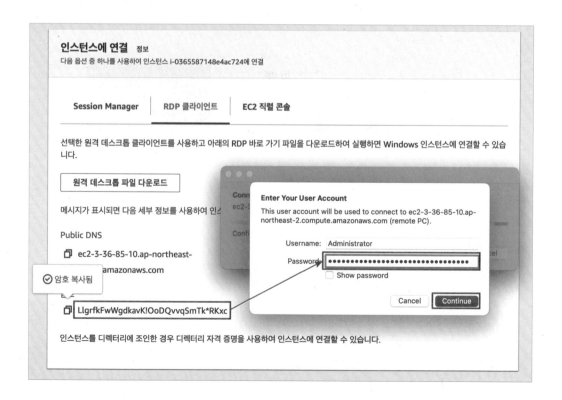

그다음에 나오는 확인 창에서도 Continue를 클릭합니다.

그러면 원격 데스크톱에 접속을 시도하는 것을 볼 수 있습니다.

조금 기다리면 지금 사용 중인 컴퓨터에 윈도우 컴퓨터가 나타납니다. 저는 지금 macOS에서 작업하는 중인데, 그럼 어떻게 되는 걸까요? 아마존에서 운영하는 데이터센터의 한 컴퓨터에 윈도우가 설치돼 있고, 우리가 그 윈도우가 설치된 컴퓨터를 원격 제어를 통해 제어하기 시작한 것입니다. Networks라는 창이 나타나면 Yes 버튼을 누릅니다.

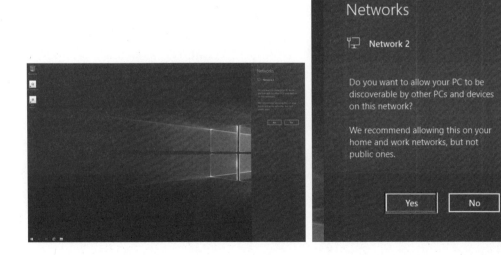

오른쪽 상단을 보면 우리가 생성한 컴퓨터에 대한 여러 가지 정보가 나타나는 것을 볼 수 있습니다. 참고로 모니터의 크기가 충분히 크지 않을 경우 보이지 않을 수도 있습니다.

지금 원격 제어를 통해 사용 중인 컴퓨터는 Windows 10처럼 보일 수 있지만 사실은 기업에서 사용하는 Windows Server라는 컴퓨터입니다. 그렇기 때문에 인터넷 익스플로러(Internet Explorer) 같은 프로그램을 사용해 보면 불편한 점이 많을 겁니다. 보안과 관련된 부분이 굉장히 까다롭게 만들어져 있어서 계속해서 무언가를 물어보고 귀찮게 할 거예요. 이 같은 부분은 나중에 EC2와 관련된 수업에서 좀 더 자세히 다루겠습니다.

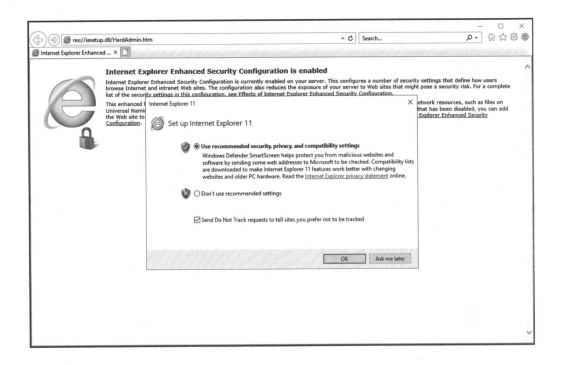

윈도우에서 원격 데스크톱에 접속하기

지금 실습 중인 컴퓨터의 운영 체제가 윈도우라면 앞에서 내려받은 원격 데스크톱 파일을 클릭해 그냥 열기만 하면 됩니다.

그 후 나오는 연결창에서 **연결** 버튼을 클릭합니다.

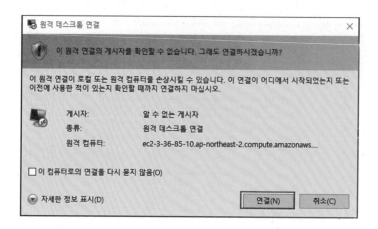

그러면 비밀번호를 입력하는 창이 나타나는데, 여기에 AWS에서 키 파일을 해독한 비밀번호 값을 붙여
넣습니다. 자세한 내용은 54쪽의 '키 파일 해독으로 비밀번호 값 알아내기'를 참고해 주세요. 암호를 입
력한 후 **확인** 버튼을 누릅니다.

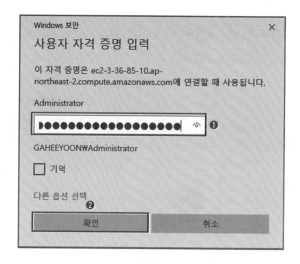

그다음에 나오는 창에서 **예(Y)**를 클릭합니다.

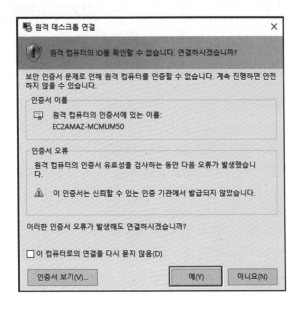

그러면 연결 로딩 창이 표시된 후 접속이 완료됩니다.

이렇게 해서 내 컴퓨터에서 원격 제어를 통해 AWS에서 빌린 윈도우 컴퓨터에 접속해서 사용하는 기본 적인 방법을 살펴봤습니다.

이전 시간에 배운 내용으로 우리는 놀라운 일을 할 수 있게 됐습니다. 내 옆에 있는 물리적인 컴퓨터가 아닌, 이 세상 어딘가에 있는 AWS 소유의 컴퓨터에 윈도우가 설치돼 있고, 그 윈도우가 설치된 깨끗한 컴퓨터를 우리는 1분 만에 얻어냈어요. 그리고 원격 제어를 통해 그 컴퓨터를 제어할 수 있게 됩니다. 바로 이것이 클라우드 컴퓨팅의 꽹장히 중요한 측면이에요. 즉, 원격 제어를 통해 컴퓨터를 사용하고 빌릴 수 있다는 것이죠.

또 하나 생각해 볼 만한 지점이 있는데, 우리가 빌린 이 컴퓨터는 현재 일종의 미터기가 돌아가고 있습니다. 그래서 컴퓨터를 사용하는 만큼 돈을 지불해야 하는 상황입니다. 지금은 프리 티어를 쓰고 있기 때문에 1년 동안은 t2.micro 인스턴스에 대해 비용을 지불하지 않습니다. 하지만 더 이상 빌린 컴퓨터가 필요 없을 때는 두 가지 방법, 즉 **중지**와 **종료**가 있습니다.

중지는 말하자면 컴퓨터의 전원을 끄는 것입니다. 전원을 끄면 전기료가 더 이상 나가지 않고 데이터는 보존됩니다. 종료는 컴퓨터를 버리는 거예요. 그러면 전기료가 나가지 않을 뿐만 아니라 데이터도 사라집니다. 따라서 이 컴퓨터를 다시 사용할 예정이라면 중지시키면 됩니다.

컴퓨터를 중지하면 사용하고 있지 않기 때문에 요금이 확 줄지만 데이터는 유지하고 있어야 하므로 약간의 비용이 발생해요. 반면 인스턴스를 종료하면 컴퓨터를 이제 사용하지 않고 동시에 데이터까지 필요가 없어져 더 이상 비용이 발생하지 않게 됩니다.

인스턴스 중지

인스턴스를 중지해봅시다. 종료할 인스턴스에 마우스 오른쪽 버튼을 클릭한 후 **인스턴스 중지**를 선택한 후, 중지를 확인하는 창이 나오면 **중지** 버튼을 클릭합니다.

그러면 해당 인스턴스의 '인스턴스 상태'에 '중지 중'이라는 메시지가 표시되고

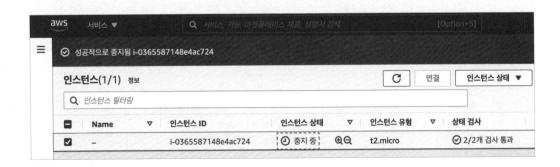

잠시 후 '중지됨'으로 바뀝니다.

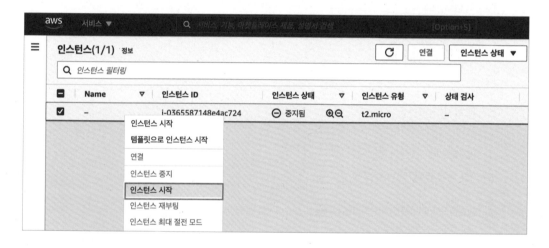

여러분이 컴퓨터를 생성하는 데 1분이 걸렸는데, 컴퓨터를 끌 때도 1분이면 됩니다. 중지한 이 컴퓨터를 다시 사용해야 한다면 해당 인스턴스에 마우스 오른쪽 버튼을 클릭하고 **인스턴스 중지** 바로 밑의 **인스턴스 시작** 버튼을 누르면 됩니다.

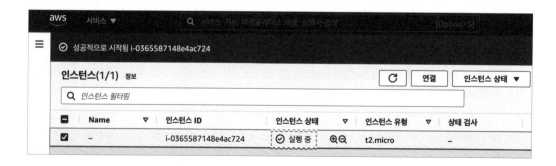

그러면 인스턴스가 다시 시작됩니다. 그리고 인스턴스 상태가 초록색의 '실행 중'으로 바뀌면 이제 다시 사용할 수 있게 되는 거예요.

이때 한 가지 조심해야 할 점은 컴퓨터를 종료하면 IP 주소가 회수되고, 다시 켜면 다른 IP 주소가 부여된다는 것입니다. 다음과 같이 인스턴스를 중지하기 전후의 퍼블릭 IPv4 주소가 다른 것을 볼 수 있습니다.

중지 전

중지 후 재시작

그러므로 이전에 설정해 놓은 방법으로는 인스턴스에 접속할 수 없고, 원격 제어하는 방법을 재설정해야 합니다. 다시 말해 이전 시간에 설정했던 것처럼 다시 진행해야 해요.

인스턴스에 마우스 오른쪽 버튼을 클릭하고 **연결** 버튼을 누른 다음,

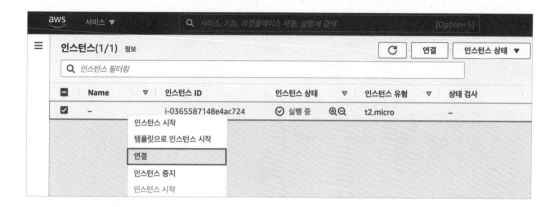

인스턴스에 연결 페이지의 **RDP 클라이언트** 탭에서 **원격 데스크톱 파일 다운로드** 버튼을 클릭해 파일을 다운로드합니다.

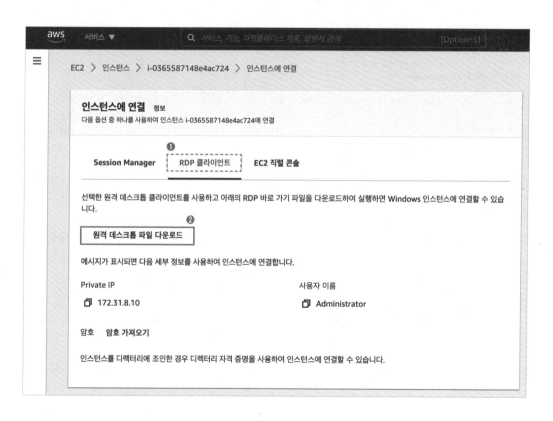

인스턴스 종료

이제 더는 인스턴스가 필요없다면 해당 인스턴스에서 마우스 오른쪽 버튼을 클릭하고 **인스턴스 종료** 버튼을 클릭하면 됩니다. 영어로는 종료를 terminate라고 합니다.

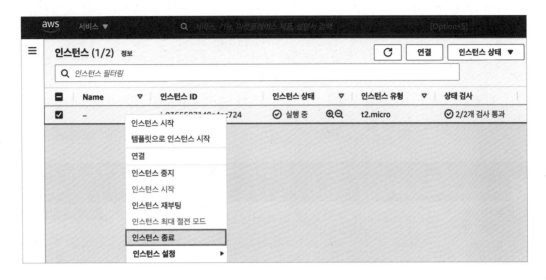

종료를 확인하는 창이 나오면 **종료** 버튼을 클릭합니다.

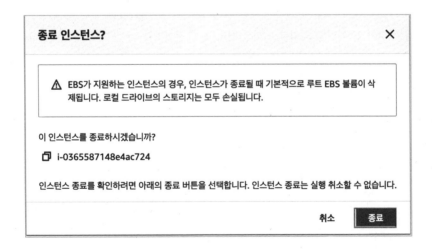

그러면 다음과 같이 인스턴스 상태에 인스턴스가 삭제되고 있다는 메시지가 표시되고,

잠시 후 삭제가 완료됩니다. 이때 조심해야 할 것은 인스턴스를 종료하면 데이터까지 완전히 삭제되고 복구할 수 없게 된다는 것입니다.

이렇게 해서 EC2에서 인스턴스를 만들고 접속하고 삭제하는 방법까지 살펴봤습니다. 이것이 클라우드 컴퓨팅의 본질이라고 할 수 있습니다. 컴퓨터를 임대하고, 쓰는 만큼 돈을 내고, 언제든지 켜고, 언제든지 끌 수 있다는 것이죠. 이것의 의의를 느끼셨다면, 또 그것이 얼마나 큰 자유를 의미한다는 것을 공감할 수 있다면 이 수업은 대성공입니다.

이렇게 해서 우리가 생성한 서비스를 켜고 끄는 방법을 알아봤습니다.

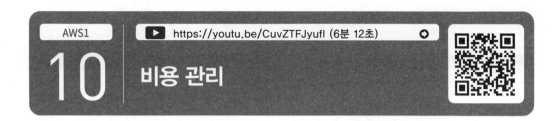

AWS1

10 | 비용 관리

https://youtu.be/CuvZTFJyufl (6분 12초)

지금까지 AWS의 본질, 즉 기능을 켜고 쓰고 끄는 방법을 살펴봤습니다. 이제 우리 수업은 서서히 하산 절차를 시작합니다. 첫 번째로 따져 봐야 할 것은 돈 관리입니다. 특히나 AWS는 어마어마하게 비싼 수 백 대의 컴퓨터를 한 번에 켤 수 있기 때문에 나중에 여러분이 실수하거나 문제가 생기면 우리 인생이 달라질 수 있어요. 그렇기 때문에 돈에 대한 부분은 굉장히 중요합니다.

AWS 페이지의 상단 바에서 자신의 닉네임이 표시되는 부분을 클릭한 후, **내 결제 대시보드**라는 항목을 클릭하면 비용을 관리하는 페이지로 접속하게 됩니다.

그럼 다음과 같은 화면이 나타나는데, 이것은 굉장히 중요한 일종의 요약본입니다.

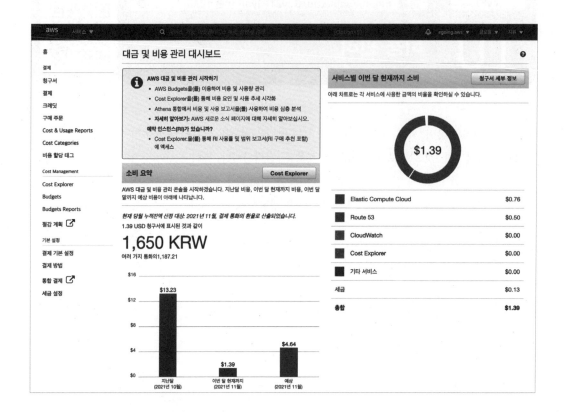

페이지 좌측에 있는 **소비 요약**은 지출에 대한 요약판이라는 뜻입니다. 이 그래프의 중간에 있는 **이번 달 현재까지**는 이번 달에 지금까지 얼마만큼의 돈을 썼는지를 나타냅니다. 저는 $1.39를 썼다는 뜻이에요. 그리고 '이 추세로 가게 되면 이번 달에는 $4.64를 쓰게 될 것 같습니다'라고 예측하는 것이 바로 옆에 있는 **예상**입니다. 그리고 **지난달**이라고 적혀 있는 부분은 '이전 달에는 $13.23을 썼습니다'라는 뜻입니다.

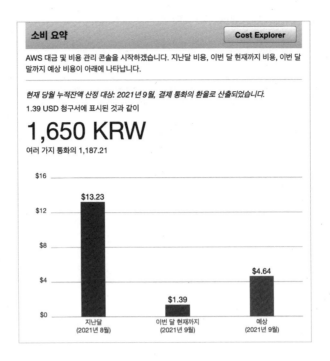

페이지의 우측에 있는 그래프를 보면 가상 컴퓨터인 EC2와 도메인 관련 서비스인 Route53의 퍼센티지를 보여줍니다. 또한 $0.13이 세금으로 발생해서 총 $1.39를 썼다는 것을 알 수 있습니다. 이것이 전체적인 요약입니다.

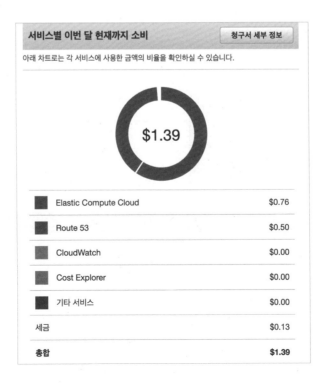

요금에 대한 세부적인 내용도 알아볼까요? 좌측 메뉴바에서 **청구서**를 클릭하면 2021년 11월에 총 $1.39를 사용했다는 내용이 나옵니다.

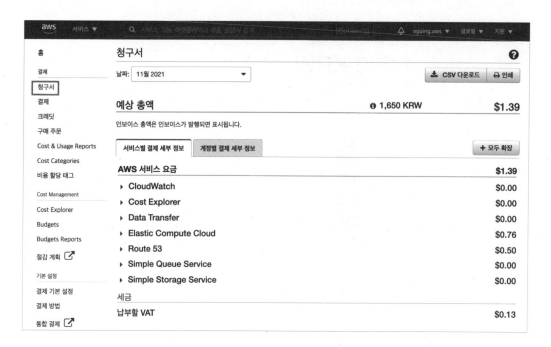

만약 이전 달의 청구서가 보고 싶다면 **날짜**를 선택하면 되겠죠?

다시 **날짜**를 선택해 이번 달인 '11월 2021'로 돌아오겠습니다. 이번 달은 아직 끝나지 않았기 때문에 '예상 총액'으로 표시되고 인보이스가 아직 발행되지 않은 것을 알 수 있습니다.

그리고 **세부 정보**의 **모두 확장** 버튼을 클릭했더니 AWS의 여러 서비스가 복잡하게 보입니다.

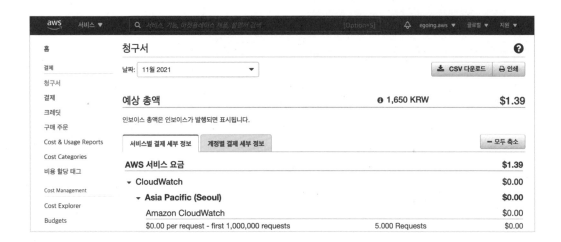

이러한 내용을 적당히 해석할 수 있는 능력이 필요한데, 스크롤을 내려서 비용이 청구된 부분을 보겠습니다.

▼ Elastic Compute Cloud		$0.76
▼ **Asia Pacific (Seoul)**		**$0.69**
Amazon Elastic Compute Cloud running Linux/UNIX		$0.64
$0.0072 per On Demand Linux t2.nano Instance Hour	11.786 Hrs	$0.08
$0.416 per On Demand Linux t3.2xlarge Instance Hour	1.354 Hrs	$0.56
EBS		$0.05
$0.114 per GB-month of General Purpose SSD (gp2) provisioned storage - Asia Pacific (Seoul)	0.438 GB-Mo	$0.05
▼ **US East (N. Virginia)**		**$0.07**
Amazon Elastic Compute Cloud running Linux/UNIX		$0.06
$0.0116 per On Demand Linux t2.micro Instance Hour	5.578 Hrs	$0.06
EBS		$0.01
$0.10 per GB-month of General Purpose SSD (gp2) provisioned storage - US East (Northern Virginia)	0.056 GB-Mo	$0.01

먼저 $0.76이 나온 부분이 'Elastic Compute Cloud', 즉 EC2입니다. 'Asia Pacific (Seoul)' 부분을 보면 서울에서 두 가지 EC2 컴퓨터를 사용했다는 기록이 있습니다. 둘 다 리눅스 운영 체제가 설치된 컴퓨터였으며, 하나는 '시간당 $0.0072가 지출되는 t2.nano 인스턴스를 11.786시간 사용해 $0.08이 나왔습니다'라는 기록입니다. 다른 하나는 '시간당 $0.416이 지출되는 t3.2xlarge 인스턴스를 1.354시간 사용해 $0.56이 나왔습니다'라는 의미를 가진 기록입니다.

그리고 밑에 있는 'EBS'는 그 컴퓨터에서 사용하는 저장장치(SSD나 하드디스크)를 $0.05만큼 사용했다는 뜻입니다. 그렇게 해서 이것들의 합계($0.69)를 위에서 보여 주는 거죠.

또 그 아래를 보면 서울이 아닌 또 다른 리전에 대해 청구된 항목이 있는데, 'US East', 즉 미국 동부에 있는 '버지니아에서 리눅스 컴퓨터를 한 대 켰고 그 컴퓨터에 있는 저장장치까지 해서 $0.07이 지출됐습니다'라는 뜻입니다. 서울과 버지니아의 가격이 다른 이유는 컴퓨터의 시세가 다르기 때문에 그렇습니다. 이렇게 해서 EC2에서 사용한 내역을 다 합쳐 보니까 $0.76인 것입니다.

또한 EC2뿐만 아니라 Route53이라는 서비스도 사용했는데 이 서비스의 총 사용량은 $0.50이라고 돼 있습니다.

Route 53		$0.50
▼ Global		$0.50
Amazon Route 53 DNS-Queries		$0.00
$0.40 per 1,000,000 queries for the first 1 Billion queries	39.000 Queries	$0.00
Amazon Route 53 HostedZone		$0.50
$0.50 per Hosted Zone for the first 25 Hosted Zones	1.000 HostedZone	$0.50
▼ Simple Queue Service		$0.00
▼ Asia Pacific (Seoul)		$0.00
Amazon Simple Queue Service APN2-Requests-Tier1		$0.00
First 1,000,000 Amazon SQS Requests per month are free	8.000 Requests	$0.00

이제 영수증 청구서를 보고 내가 얼마만큼 썼고, 어떤 부분을 튜닝해야 할지, 지출을 줄일 방법을 심사 숙고할 수 있는 능력을 갖춰야 합니다.

추가로 예산에 대한 기능을 소개하고 마무리하겠습니다. 왼쪽 메뉴바에서 **Budgets**로 들어가 봅시다. 이 메뉴는 여러분이 미리 지출할 금액을 정해놓는 기능입니다. 예를 들면, 'EC2는 내가 한 달에 $10만 쓸 거야'라고 이곳에 설정해 두면 사용 요금이 $10가 넘어갈 때 여러분에게 이메일을 보냅니다. 이 기능을 통해 예산을 초과할 경우 공지가 와서 예산 초과를 파악할 수 있다는 점을 기억해 두면 좋겠습니다.

이렇게 해서 AWS에서의 자금 관리라는 아주 간단하지만 아주 중요한 내용을 살펴봤습니다.

이번 시간에는 보안이라는 주제에 대해 이야기해보겠습니다.

AWS는 아주 편리하지만 편리한 만큼 굉장히 위험한 플랫폼입니다. 왜냐하면 우리의 비즈니스가 담겨 있기 때문이죠. 누군가가 데이터를 훔쳐간다거나 인프라를 장악하고 무분별하게 사용해서 요금폭탄을 받게 하는 등 나쁜 일들이 충분히 일어날 수 있거든요. 이런 비극으로부터 우리를 보호하기 위해서는 몇 가지 조치를 취해 놓을 필요가 있습니다.

이번 시간에는 나를 지키는 방법을 살펴보겠습니다. AWS에서 사용자들과 사용자의 권한을 관리하는 서비스가 바로 'IAM(Identity and Access Management)'이라는 서비스입니다. 한번 찾아볼까요? 상단 바의 **서비스**를 클릭한 후,

보안, 자격 증명 및 규정 준수의 **IAM**을 클릭해서 들어가면 됩니다.

IAM 페이지의 **보안 권장 사항**을 보면 MFA라는 것을 활성화하지 않았기 때문에 지금 이 계정은 위험성이 높다는 일종의 경고 표시 또는 권고안이 나와 있습니다.

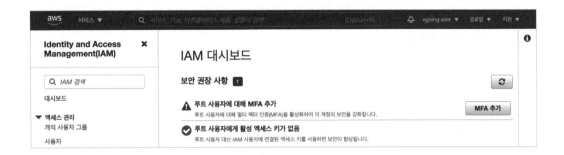

MFA란?

이번 시간에는 'MFA 활성화'라는 것을 도입해 보겠습니다. 먼저 이것을 도입하면 어떻게 되는지 결과를 한번 살펴보죠. 현재 왼쪽 화면에서 저는 AWS 클라우드 콘솔에 접속하려고 로그인을 시도하고 있습니다. 이때 저는 MFA(Multi-Factor Authentication)라고 하는 기능을 활성화해뒀기 때문에 다음과 같이 비밀번호를 입력한 후 로그인했음에도 MFA 코드를 제출해야 합니다.

오른쪽 화면은 아이폰 휴대폰에서 어떤 애플리케이션을 실행한 화면입니다. 화면에 표시된 숫자를 OTP(One-Time Password)라고 하는데, 이 '151 777'을 왼쪽 화면에 입력하고 **제출**을 클릭하면 비로소 AWS에 로그인됩니다.

만약 제시간에 이 OTP 값을 입력하지 못했다면 시간이 지나 값이 달라져서 이전의 값을 입력해도 로그인되지 않습니다.

이처럼 한 번만 쓸 수 있는 패스워드라는 뜻에서 **원타임 패스워드**(One-Time Password)라고 합니다. 은행 같은 곳에서 사용하는 것을 봤거나 아예 처음 보는 분들도 있을 거예요. 이렇게 OTP라고 하는 것을 설정하면 여러분의 아이디와 비밀번호가 유출되더라도 OTP의 계속해서 변경되는 비밀번호를 모르는 사람은 서비스에 로그인할 수가 없습니다. 계정이 훨씬 더 안전해지는 것이죠.

MFA 활성화하기

그럼 이 OTP라는 것을 설정해 봅시다. 다시 AWS의 IAM 페이지로 돌아가서 **보안 권장 사항**의 **MFA 추가** 버튼을 클릭합니다.

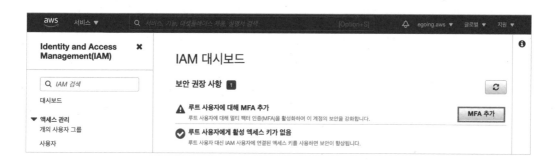

보안 자격 증명 화면이 나오고 **멀티 팩터 인증(MFA)**이라고 적힌 항목을 볼 수 있습니다. 멀티 팩터는 기본적으로 아이디와 비밀번호를 인증하는 것에 추가로 원타임 패스워드까지 두 가지를 합쳤다는 뜻이라고 생각하면 됩니다. **MFA 활성화** 버튼을 클릭합니다.

MFA 디바이스 유형 선택

여러 가지 방법 중에서 **가상 MFA 디바이스**를 선택하면 여러분이 별도의 전용 기기를 구입하지 않고도 스마트폰에 앱을 설치하는 방식으로 OTP를 이용할 수 있습니다. **가상 MFA 디바이스**를 선택하고 **계속** 버튼을 클릭합니다.

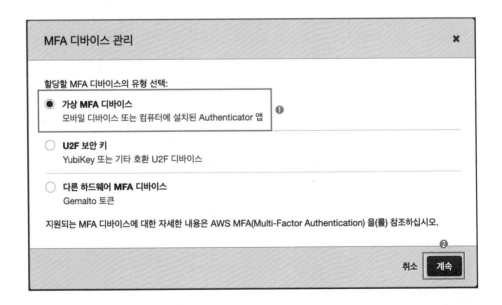

모바일 디바이스에 호환 앱 설치

다음으로 **가상 MFA 디바이스 설정**이라는 페이지가 나오는데, 1번의 **호환 애플리케이션 목록** 링크를
클릭해 봅시다.

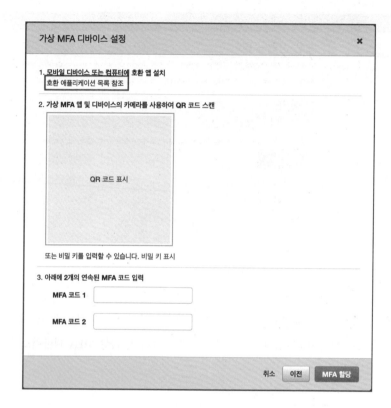

그러면 여러 가지 인증 수단이 정리된 페이지가 나옵니다. 이 가운데 이번 수업에서 사용할 'Virtual MFA Device(가상 MFA 디바이스)'의 특징을 간단하게 살펴봐 주세요.

MFA Form Factors

	Virtual MFA Device	Universal 2nd Factor (U2F) Security Key	Hardware Key Fob MFA Device	Hardware Display Card MFA Device	Hardware Key Fob MFA Device for AWS GovCloud (US)
Device	See table below.	Purchase.	Purchase.	Purchase.	Purchase.
Physical Form Factor	Use your existing smartphone or tablet running any application that supports the open TOTP standard.	Durable, waterproof, and crush resistant hardware YubiKey security key provided by Yubico, a third-party provider.	Tamper-evident hardware key fob device provided by Gemalto, a third-party provider.	Tamper-evident hardware display card device provided by Gemalto, a third-party provider.	Tamper-evident hardware key fob device provided by SurePassID, a third-party provider.
Features	Support for multiple tokens on a single device.	Support for multiple root and IAM users using a single security key.	The same type of device used by many financial services and enterprise IT organizations.	Similar to key fob devices, but in a convenient form factor that fits in your wallet like a credit card.	A key fob device exclusively for use with AWS GovCloud (US) accounts.
Compatibility with AWS GovCloud (US)	✔				✔
Compatibility with Root Account	✔	✔	✔	✔	
Compatibility with IAM User	✔	✔	✔	✔	✔

그리고 그 아래를 보면 안드로이드와 아이폰에서 사용할 수 있는 추천 앱이 있습니다. 저는 아이폰 기반으로 설명하겠지만 운영체제마다 그에 해당하는 OTP 앱이 나와 있으니 쉽게 찾을 수 있을 겁니다.

Virtual MFA Applications

Applications for your smartphone can be installed from the application store that is specific to your phone type. The following table lists some applications for different smartphone types.

Android	Authy, Duo Mobile, LastPass Authenticator, Microsoft Authenticator, Google Authenticator, Symantec VIP
iPhone	Authy, Duo Mobile, LastPass Authenticator, Microsoft Authenticator, Google Authenticator, Symantec VIP

여기서는 구글에서 제공하는 아이폰용 OTP 앱을 설치해 보겠습니다. 앱 스토어에서 검색했더니 다음과 같은 앱이 나오는데요, 이 앱을 설치합니다.

가상 MFA 앱 및 디바이스의 카메라를 사용해 QR 코드 스캔

앱을 열기 전 다시 AWS의 **가상 MFA 디바이스 설정** 창을 보겠습니다. 2번 항목에서 **QR 코드 표시**를 클릭하면 QR 코드가 나타납니다. 그럼 이 QR 코드에 해당하는 OTP를 스마트폰의 앱에 설정해 봅시다.

앞에서 설치한 Google Authenticator 앱을 실행하면 다음과 같은 화면이 나오고 **시작하기** 링크를 클릭합니다. **QR 코드 스캔**을 눌러 카메라를 켜고, 이 카메라로 AWS 페이지에 표시된 QR 코드를 읽어 주세요.

2개의 연속된 MFA 코드 입력

핸드폰의 카메라가 QR 코드를 스캔하면 다음과 같이 애플리케이션에 우리의 AWS 계정이 자동으로 등록됩니다. 이 여섯 자리의 숫자가 바로 AWS 화면의 QR 코드와 대응되는 OTP입니다. 이 숫자 값은 오른쪽 동그라미만큼의 시간이 지나면 값이 변경됩니다.

다시 AWS 페이지로 돌아가 지금 앱에 표시된 숫자와 조금 기다렸다가 나오는 그다음 숫자를 연속으로 입력하면 됩니다. 두 숫자 코드를 모두 입력하면 **MFA 할당** 버튼을 클릭합니다.

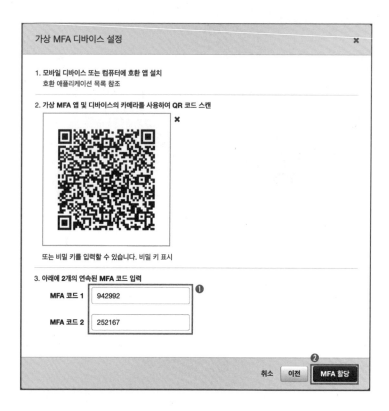

문제가 없으면 MFA가 등록됐다는 완료 창이 나타납니다.

MFA 활성화 완료

보안 자격 증명 페이지를 보면 MFA가 활성화된 것을 볼 수 있습니다.

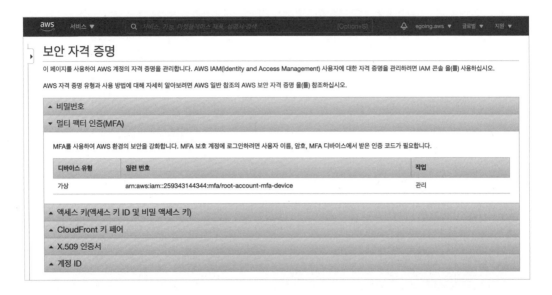

좌측 메뉴바에서 **대시보드**를 클릭해 앞에서 본 대시보드 페이지로 가면 **루트 사용자에게 MFA 있음**이라는 항목이 활성화된 것을 알 수 있습니다.

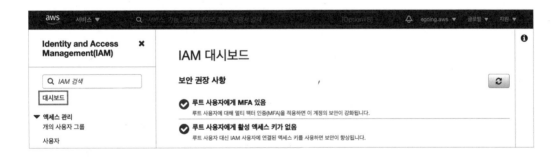

MFA를 활성화했으니 다시 한번 로그인을 시도해봅시다. 상단 바에서 내 닉네임을 선택한 후 **로그아웃**을 클릭합니다.

로그아웃 후 상단 바에서 **콘솔에 로그인** 버튼을 누릅니다.

기존과 같이 로그인을 진행합니다.

마지막으로 MFA 코드를 입력하는 **멀티 펙터 인증** 화면이 나옵니다.[1] 그러면 핸드폰에서 OTP 앱을 실행해서 앱에 표시된 번호를 입력합니다.

이렇게 해서 아이디와 패스워드 그리고 OTP까지, 훨씬 더 안전하게 클라우드 콘솔에 접속할 수 있게 됐습니다. 계정이 도둑맞을 가능성이 현저히 떨어지는 아주 강력한 보안 수단을 얻게 된 것입니다. 지금까지 OTP를 이용해 우리 자신을 보호하는 방법을 살펴봤습니다.

---

1 (엮은이) 실습 환경에 따라 '인증 디바이스로 Amazon Web Services에 로그인'이라는 문구가 표시되고 '인증 코드'를 입력하라는 메시지가 나오기도 하는데, 마찬가지로 OTP 앱을 실행해서 앱에 표시된 번호를 입력하고 로그인하면 됩니다.

AWS1	▶ https://youtu.be/gEJlfg0NEQc (2분 7초)	○

12 | 계정 종료

📑 참고

후속 수업의 원활한 진행을 위해 이번 수업에서는 계정 해지 방법만 알아두고, 실제로 계정 해지까지는 진행하지 않기를 권장합니다.

지금까지 AWS를 이용하는 전반적인 방법을 살펴봤습니다. 이제 마지막 대미로 AWS를 탈퇴하고 더 이상 사용하지 않는 방법을 소개하면서 AWS의 기본적인 사용법을 알아보는 시간을 마무리하겠습니다.

제가 이 내용을 소개하는 이유는 이전에도 언급했다시피 AWS가 커다란 요금폭탄을 안길 수도 있는 위험을 가지고 있는 IT 인프라이기 때문입니다. 그렇기 때문에 사용하지 않는다면 계정을 닫는 것이 가장 좋은 방법입니다.

상단 바에서 자신의 닉네임을 선택하고 **내 계정**을 클릭합니다.

그럼 계정과 관련된 여러 가지 설정이 나오는데, 그중 페이지의 맨 끝을 보면 **계정 해지**라는 항목이 있습니다.

계정 해지에서는 계정이 폐쇄되면 요금이 어떻게 계산되는지를 비롯해 계정 해지 후 90일 이내에는 AWS 계정을 다시 열 수 있고 90일이 지난 후에는 계정을 다시 열 수 없다는 것, 그리고 이 계정에 연결된 이메일로는 새 계정을 다시 만들 수도 없다는 것 등의 내용이 나와 있습니다. 이러한 사항을 꼼꼼히 읽고 계정을 닫으면 됩니다. 마지막으로 계정을 닫으려면 모든 체크박스를 선택하고 **계정 해지** 버튼을 클릭합니다.

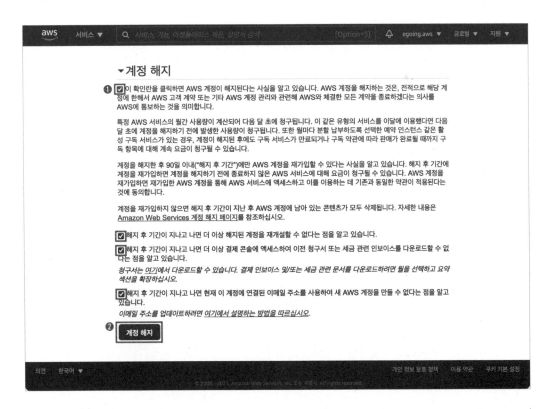

'계정을 해지하시겠습니까?'라고 묻는 창이 나타나면 **계정 해지** 버튼을 클릭합니다.

그러면 성공적으로 계정이 해지됩니다. 앞에서 설명했던 바와 같이 90일 이내에는 다시 계정을 열 수 있고 그 이후에는 다시 열 수 없는 상태가 됩니다.

90일 이내에 해지한 계정을 다시 개설해서 사용하고 싶다면 다음 설명과 같이 AWS의 Support Center 에 계정을 다시 개설해달라고 문의하면 됩니다.

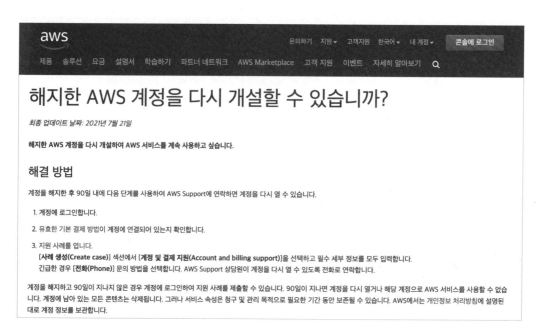

이렇게 해서 지금까지 AWS의 사용법을 알아봤습니다.

13 수업을 마치며

▶ https://youtu.be/8WOr-mnBZn8 (8분 53초)

여기까지 오느라 고생 많으셨습니다. 지금까지 지구상에서 가장 거대한 IT 인프라 중 하나인 AWS의 공통적인 사용법을 살펴봤습니다. 이제 여러분은 AWS의 기본적인 사용법을 알게 됐고, 어떤 문제가 있을 때 그 문제를 AWS에서 쉽게 해결할 방법이 있는지를 뒤져 보기 시작하게 됐을 겁니다. 또 AWS 가 새로운 서비스를 출시했을 때 그것이 무엇인지 궁금해하기 시작할 것입니다. 클라우드 컴퓨팅 서비스들이 출시하는 제품을 보고 있으면 자연스럽게 IT 기술의 트렌드가 보이거든요. 이러한 서비스들의 소식을 구독하면 꽤 유용합니다. 저는 앞으로 여러분이 공부할 만한 주제를 소개해 드리고 이만 물러나 겠습니다.

우선 AWS에 어떤 서비스가 있는지 한번 살펴보세요. 전부 다 보려고 하지 말고 소개글 정도만 읽어 보는 것이 적절합니다. 무엇이 있는지 알고 있다면, 나중에 그 기술이 필요할 때 그때 공부해도 됩니다. 너무 깊게 모든 것을 정복하려고 하지 않는 것이 좋겠습니다.

한편 지금까지 예제로 살펴본 서비스는 EC2였습니다. EC2는 컴퓨터를 통째로 빌려주는 서비스라고 할 수 있습니다. 자유도가 가장 높지만 모든 것을 사용자가 알아서 해야 합니다.

반면 다른 서비스들은 AWS가 알아서 해주는데, 그중 대표적인 서비스에는 파일 서버인 S3(Simple Storage Service)가 있습니다. 이 흥미로운 서비스를 한번 구경해볼까요?

상단 바의 **서비스** 목록 중에서 **스토리지**의 **S3**를 선택합니다.

그럼 S3 페이지가 나오는데, 바로 여기에다 파일을 보관하고 전 세계의 누구나 그 파일을 읽을 수 있게 할 수 있습니다. 그러기 위해서는 파일을 담을 그릇을 만들어야 해요. 그것이 바로 버킷(bucket)입니다. **버킷 만들기** 버튼을 클릭합니다.

저는 **egoing-aws-everybody**라는 이름의 그릇을 만들겠습니다. AWS 내에서 버킷 이름은 고유해야 하므로 각자의 이름을 사용하세요. 버킷 이름을 입력한 후 스크롤을 내립니다.

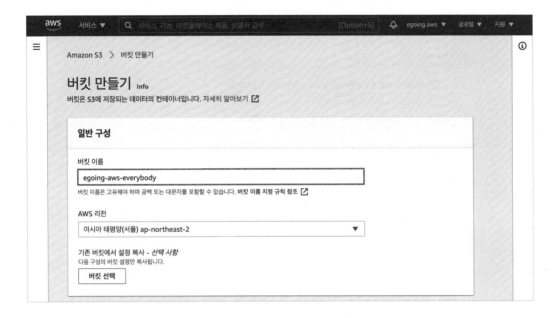

그러면 **이 버킷의 퍼블릭 액세스 차단 설정**이라는 것이 있는데, **모든 퍼블릭 액세스 차단**의 체크를 해제한 뒤 다음과 같이 3, 4번째 항목과 확인란만 체크하면 됩니다. 이에 관해서는 S3 수업에서 자세하게 설명하겠습니다.

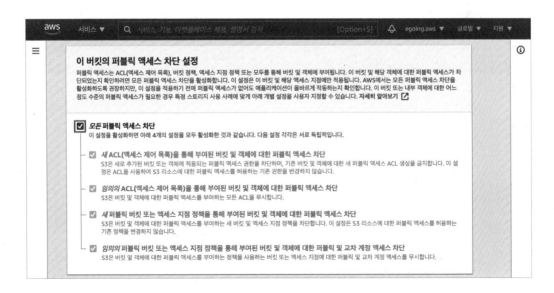

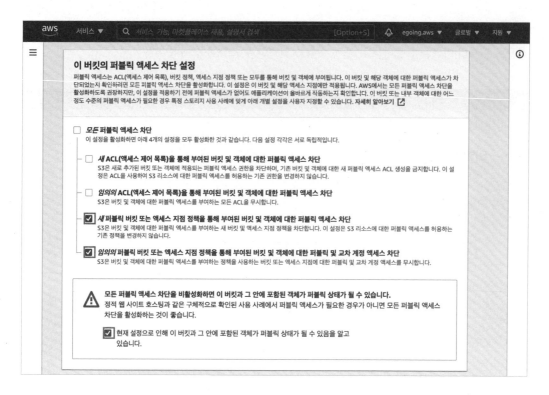

나머지 설정은 변경하지 않아도 됩니다. 페이지의 끝으로 가서 **버킷 만들기** 버튼을 클릭합니다.

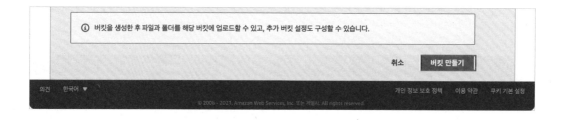

그러면 'egoing-aws-everybody'라는 버킷이 만들어진 것을 볼 수 있습니다. 이제 이 버킷이라는 그 릇에다 파일을 업로드해 보겠습니다. 버킷을 클릭합니다.

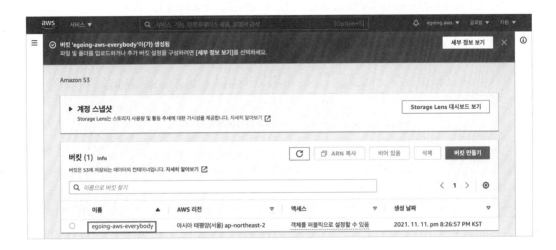

화면을 두 개로 나눴습니다. 왼쪽은 'egoding-aws-everybody' 버킷의 페이지고 오른쪽은 제 컴퓨 터입니다. 제 컴퓨터에는 hello-console.txt 파일이 있습니다. 이 파일을 업로드해보겠습니다. 오른쪽 화면에서 파일을 드래그해서 왼쪽에 톡 떨어뜨리면 파일이 추가됩니다.

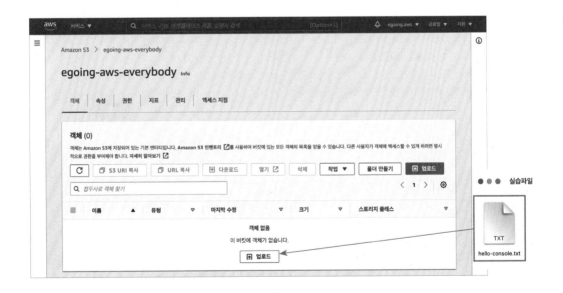

hello-console.txt 파일이 추가된 것을 볼 수 있고, 이제 **업로드** 버튼을 클릭합니다.

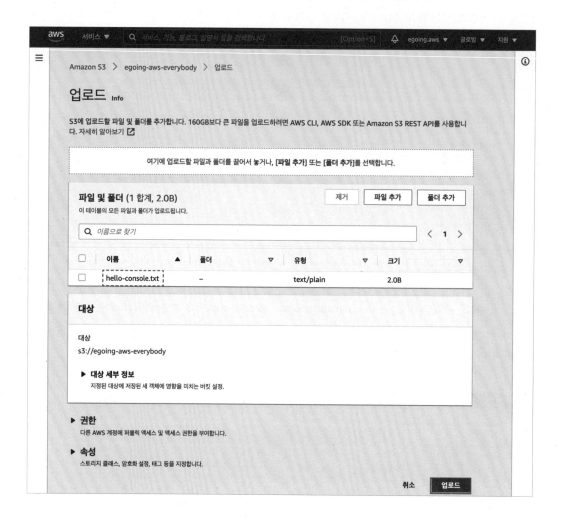

그러면 hello-console.txt라는 파일이 버킷에 저장되고 이제 안전하게 AWS가 이 파일을 보관하게 됩니다. 업로드 상태를 확인한 후 **닫기** 버튼을 클릭해 주세요.

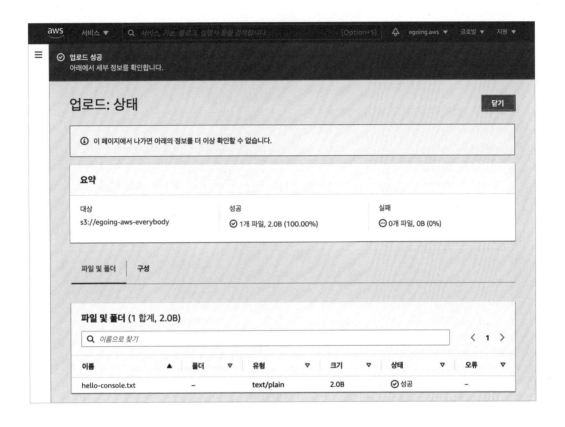

다시 버킷 페이지가 나오는데, 이번에는 방금 업로드한 파일을 공개하는 작업을 해보겠습니다. 업로드한 파일을 선택한 후 **작업** 메뉴의 **ACL을 통해 퍼블릭으로 설정** 항목을 클릭합니다.

다음과 같은 페이지에서 **퍼블릭으로 설정** 버튼을 클릭하면 hello-console.txt 파일의 공개 상태가 퍼블릭으로 설정됩니다.

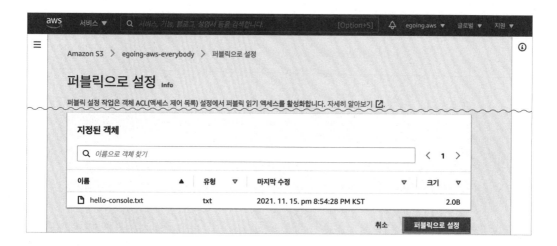

퍼블릭 설정 완료 페이지가 나오면 **닫기** 버튼을 클릭합니다.

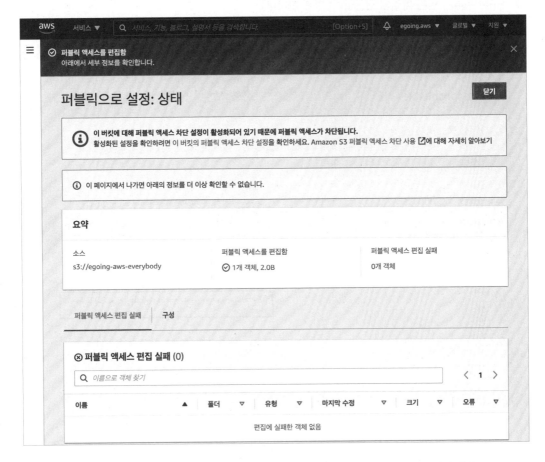

웹 브라우저에서 이 파일에 접속해 봅시다. 버킷 페이지에서 hello-console.txt를 클릭합니다.

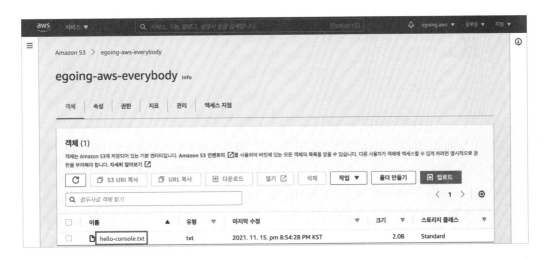

파일의 상세 페이지를 보면 **객체 URL**이라는 주소가 있는데, 이 주소를 다른 사람에게 전달하면 전 세계 누구나 우리가 만든 파일에 접근할 수 있게 됩니다.

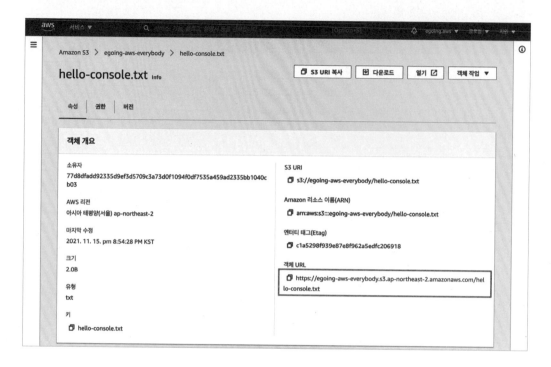

주소를 클릭하면 다음과 같이 'Hi'라는 내용을 볼 수 있습니다.

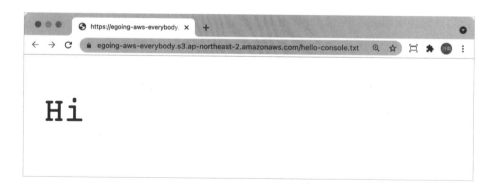

그리고 이렇게 되면 AWS가 알아서 서비스를 관리해주기 때문에 걱정하지 않아도 됩니다. 마치 페이스북과 트위터를 쓰면서 여러분이 업로드한 이미지가 서비스되지 않으면 어떡할지 걱정하지 않는 것과 똑같은 거죠. 여러분이 인프라에 대해서 전혀 신경 쓸 필요가 없습니다.

이번 수업에서는 EC2를 통해 AWS를 활용해 봤습니다. 방금 보신 S3처럼 컴퓨터를 통째로 빌려주는 것이 아니라 컴퓨터를 활용해서 할 수 있는 여러 가지 일들을 서비스 형태로 제공해주는 것들이 매우 많습니다. 그렇기 때문에 이러한 서비스를 활용하면 생산성을 비약적으로 향상시킬 수 있습니다.

커맨드 라인에서 AWS 사용하기

그다음으로 살펴볼 만한 주제는 AWS를 다루는 여러 가지 방법입니다. 지금까지는 클라우드 콘솔이나 웹을 통해 GUI 방식으로 AWS를 사용했습니다. 아주 좋은 방식이고 직관적이기 때문에 굉장히 편해요.

그런데 클라우드 콘솔이 아니라 커맨드 라인 혹은 프로그래밍을 통해서도 AWS를 제어할 수 있다는 점도 알고 있으면 좋습니다. 그래서 방금 S3에 파일을 업로드하는 것과 똑같은 행위를 커맨드 라인에서 한번 진행해 보겠습니다. 저는 미리 세팅을 다 끝내 놓은 상태니 여러분은 구경만 해도 됩니다.

다음 화면은 커맨드라인 환경입니다. 여기서 ls라고 명령어를 실행해 보면 앞에서 업로드한 hello-console.txt 파일이 위치한 디렉터리에 있다는 사실을 알 수 있습니다.

```
●●●                          터미널
~/s3 > ls
hello-console.txt
```

그럼 hello-console.txt 파일을 복사해서 hello-cli.txt 파일을 만들어 보겠습니다. 명령어는 다음과 같습니다.

```
●●●                          터미널
~/s3 > ls
hello-console.txt
~/s3 > cp hello-console.txt hello-cli.txt
```

ls 명령어를 통해 해당 파일이 생긴 것을 볼 수 있죠?

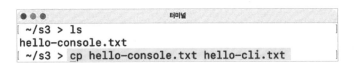

```
●●●                          터미널
~/s3 > ls
hello-console.txt
~/s3 > cp hello-console.txt hello-cli.txt
~/s3 > ls
hello-cli.txt               hello-console.txt
```

이번에는 hello-cli.txt 파일을 커맨드 라인에서 S3에 업로드해 보겠습니다. AWS에게 다음과 같은 명령어로 '난 S3를 사용할 것이고, hello-cli.txt를 S3의 egoing-everybody로 copy할 거야'를 실행하면 업로드가 진행되고 업로드가 끝났다는 메시지가 나옵니다.

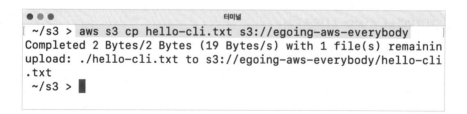

여기서 페이지를 새로고침하면 어떻게 될까요? 다음과 같이 hello-cli.txt 파일이 업로드된 것을 볼 수 있습니다. 즉, 커맨드 라인을 통해서도 AWS를 제어할 수 있다는 것입니다.

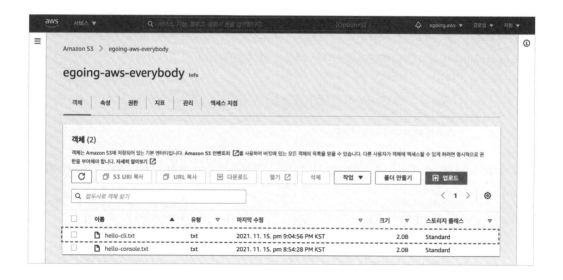

> 커맨드 라인에서 AWS를 사용하는 것을 AWS CLI(AWS Command Line Interface)라고 합니다. 자세한 내용은 AWS 공식
> 문서[1] 또는 부록 – 1. AWS CLI를 참고해주세요.

---

1   https://docs.aws.amazon.com/ko_kr/cli/latest/userguide/cli-chap-welcome.html

프로그래밍을 통해 AWS 사용하기

마지막으로 AWS의 꽃이라고 할 수 있는, 프로그래밍을 통해 AWS 인프라를 제어하는 방법을 살펴보겠습니다. 저는 Node.js로 소개할 예정인데 정확한 문법을 알지 못해도 괜찮습니다. 한국말만 이해하면 됩니다.

제가 미리 준비한 파일 하나를 열어 보겠습니다. main.js라는 파일인데요, 코드는 다음과 같습니다.

```
// AWS SDK를 로드한다.
var AWS = require('aws-sdk');          ◀───  AWS의 SDK를 불러온다.

// S3를 로드한다.
var s3 = new AWS.S3();                 ◀───  로드가 끝난 후 S3를 사용하겠다.
// S3로 파일을 업로드 한다.
s3.putObject({                         ◀───  put은 업로드한다는 의미, Object는 파일을 의미.
                                             즉, S3에 파일을 올리겠다는 뜻
    Bucket: 'egoing-aws-everybody',    ◀───  egoing-aws-everybody 버킷에
    Key: 'hello-sdk.txt',              ◀───  hello-sdk.txt라는 이름으로
    Body: 'Hello S3'                   ◀───  내용이 'Hello S3'인 파일을 업로드
}, function () { // 업로드가 끝난 후에 파일 목록을 출력한다.
    s3.listObjects({
        Bucket: 'egoing-aws-everybody'
    }, function (err, data) {
        console.log(data);             ◀───  업로드가 끝난 후에 'egoing-aws-everybody' 버킷에 있는
                                             파일 목록을 출력
    });
});
```

이 코드를 실행해 볼게요. Node.js에게 'main.js라는 파일의 코드를 실행해 주세요'를 의미하는 명령어를 입력하고 엔터를 칩니다. 그러면 hello-sdk.txt 파일이 업로드되고 egoing-everybody 버킷에 있는 파일의 목록을 화면에 출력합니다. 즉, 다음과 같이 hello-cli.txt, hello-console.txt, hello-sdk.txt가 출력되는 것을 볼 수 있습니다.

```
~/s3 > node main.js
{
  IsTruncated: false,
  Marker: '',
  Contents: [
    {
```

```
      Key: 'hello-cli.txt',
      LastModified: 2021-11-15T12:04:56.000Z,
      ETag: '"c1a5298f939e87e8f962a5edfc206918"',
      Size: 2,
      StorageClass: 'STANDARD',
      Owner: [Object]
    },
    {
      Key: 'hello-console.txt',
      LastModified: 2021-11-15T11:54:28.000Z,
      ETag: '"c1a5298f939e87e8f962a5edfc206918"',
      Size: 2,
      StorageClass: 'STANDARD',
      Owner: [Object]
    },
    {
      Key: 'hello-sdk.txt',
      LastModified: 2021-11-15T12:05:47.000Z,
      ETag: '"fe77c0193f11b3dd61e088e502ddc76a"',
      Size: 8,
      StorageClass: 'STANDARD',
      Owner: [Object]
    }
  ],
  Name: 'egoing-aws-everybody',
  Prefix: '',
  MaxKeys: 1000,
  CommonPrefixes: []
}
```

프로그래밍을 통해 AWS를 사용할 때는 AWS SDK를 이용합니다. AWS SDK의 사용법은 AWS SDK 수업[2]을 참고해주세요.

---

2   AWS SDK – https://opentutorials.org/course/2717/11754
     nodejs를 위한 AWS SDK – https://opentutorials.org/course/2717/11768

S3 페이지를 새로고침해 보겠습니다. hello-sdk.txt 파일이 업로드된 것을 확인할 수 있죠?

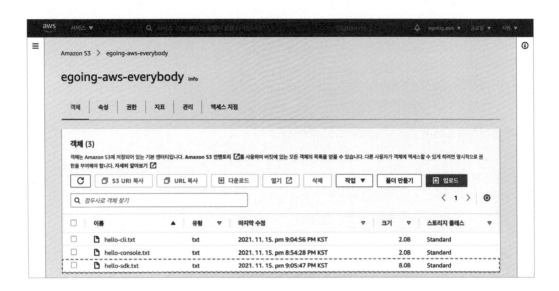

이처럼 다양한 방법으로 AWS를 제어할 수 있고, 이러한 것들을 자기에게 유리한 방법으로 다양하게 조합하는 과정을 통해 굉장히 큰 힘을 갖게 됩니다.

우리의 여행은 일단 여기까지입니다. 이 정도면 어디 가서 '나 AWS 할 줄 알아'라고 겸손하게 이야기할 수 있는 수준은 충분히 됩니다. 나머지 실제로 필요한 부분은 검색하고 질문하고 사용 설명서를 뒤져보면서, 그리고 무엇보다도 자기추론을 통해 가설을 세우고 그것을 검증하는 과정을 통해 스스로 방법을 찾아내면 됩니다.

저는 이제 여러분이 앞으로 공부할 만한 주제의 수업을 준비하기 시작해야 할 것 같습니다. 부속 수업을 통해서 뵙겠습니다. 고생하셨고요, 축하드립니다.

Key Point

1일차, 2일차 수업에서 배운 주요 용어를 살펴보겠습니다.

- **클라우드 컴퓨팅**: 인터넷 너머에 있는 남의 컴퓨터를 구름(cloud)에 비유해서 클라우드 컴퓨팅이라는 이름이 만들어졌다. 서버, 스토리지, 데이터베이스, 네트워킹 등의 컴퓨팅 서비스를 인터넷을 통해 온디맨드로 제공하고, 사용한 만큼만 비용을 지불하는 것을 말한다.

- **호스팅(hosting)**: 호스트 컴퓨터를 빌려줘서 서버로 사용할 수 있도록 제공하는 서비스를 말한다.

- **호스트(host)**: 인터넷에 연결된 컴퓨터 한 대를 의미한다.

- **EC2(Elastic Compute Cloud)**: AWS에서 독립된 컴퓨터를 임대해주는 서비스를 말한다.

- **운영 체제(Operating System, OS)**: 컴퓨터 시스템의 자원을 효율적으로 관리하며, 사용자가 컴퓨터를 쉽게 다룰 수 있게 해주는 인터페이스를 말한다. 대표적인 운영 체제로는 윈도우(Windows), 맥 OS(macOS), 리눅스(Linux) 등이 있다.

- **리전**: AWS가 전 세계의 컴퓨터를 분산해서 보관하고 있는 물리적인 위치를 말한다.

- **프리 티어(free tier)**: AWS 플랫폼, 제품 및 서비스를 지정된 한도 내에서 무료로 살펴보고 사용해 볼 수 있도록 제공하는 서비스를 말한다.

- **키 페어**: Amazon EC2 인스턴스에 연결하는 데 필요한 일종의 열쇠다. 한 번 만든 키 페어는 다시 내려받을 수 없으므로 잊어버리지 않게 조심해야 한다.

- **IAM(Identity and Access Management)**: AWS에서 사용자와 사용자의 권한을 관리하는 서비스를 말한다.

- MFA(Multi-Factor Authentication): 다단계 인증. 계정에 로그인하는 데 ID와 비밀번호뿐만 아니라 전화로 받은 코드 입력, 지문 인증 등으로 추가 인증을 함으로써 보안을 강화하는 방법을 말한다.

- OPT(One-Time Password): 고정된 비밀번호가 아닌 무작위로 생성된 일회용 비밀번호를 일정 주기로 생성하는 보안 시스템을 말한다.

잊지 마세요!

실습 중에 프리 티어를 이용해 EC2 컴퓨터를 만들었지만, 프리 티어는 일정 기간(시간)만 무료로 사용할 수 있습니다. 따라서 EC2 컴퓨터를 사용하지 않는다면 비용이 발생하지 않도록 꼭 종료해주세요.

나의 첫
프로그래밍 교과서

LEARNING
SCHOOL

핵심 서비스만 쏙쏙 배우는 AWS 10일 완성

생활코딩!
아마존 웹 서비스

3일차
S3로 하는
파일 관리 – 1

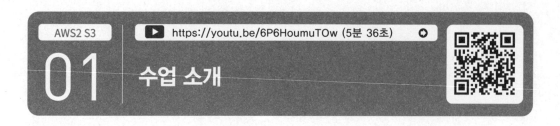

01 수업 소개

지금부터 AWS2의 S3 수업을 시작하겠습니다. 이 수업은 AWS1 수업[1]에 의존하는 수업입니다. 회원가입과 서비스를 켜고 끄는 법, 요금 계산과 같은 내용을 아직 모른다면 AWS1 수업을 먼저 볼 것을 권장합니다. 이미 이런 내용에 익숙하다면 여기서부터 시작하면 됩니다.

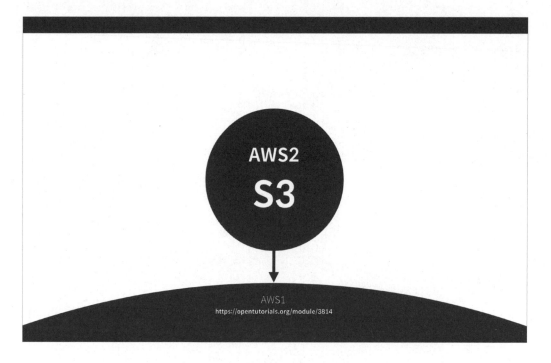

S3는 'Simple Storage Service'의 줄임말입니다. **간단한 저장 서비스**라고 번역할 수 있겠네요. AWS를 하나의 컴퓨터라고 비유했을 때 S3는 그중 하드디스크나 SSD 같은 저장장치라고 말할 수 있습니다. 즉, 여러분이 가진 파일을 보관해주는 서비스가 S3라고 할 수 있습니다.

---

1 https://opentutorials.org/module/3814

우선 S3 홈페이지를 한번 봅시다. 로그인하지 않은 상태로 AWS 홈페이지의 상단 바에서 **제품**을 클릭하면 **주요 서비스**가 나옵니다. 이 가운데 **Amazon Simple Storage Service(S3)**가 바로 S3의 홈페이지입니다. 이 링크를 클릭합니다.

S3 홈페이지를 보면 S3에 대한 여러 가지 설명이 있는데, 내용이 좀 어려우니 지금부터 소개해드리는 내용을 읽고 난 후, 한 번 천천히 읽어보길 권합니다.

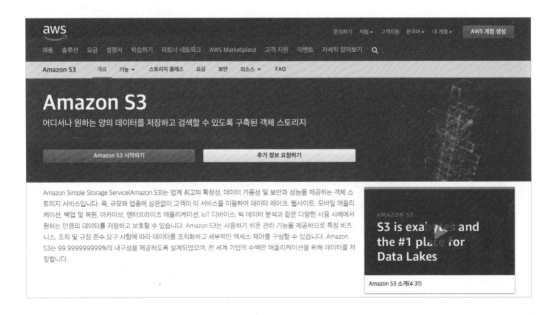

우리 앞에 어떤 파일이 있다고 생각해 보세요. 그런데 그 파일이 굉장히 중요한 파일이라서 잃어버리면 큰일 난다고 해봅시다. 금융 정보라든지 아니면 내밀한 추억과 같은 것요. 그럼 우리는 어떤 꿈을 꾸게 될까요? '이 파일을 잃어버리지 않았으면 좋겠다'라는 꿈을 꾸게 되는 것이죠. 하지만 안타깝게도 우리가 쓰는 컴퓨터에는 확실한 것과 불확실한 것이 있는데, 확실한 것은 언젠가는 고장 난다는 것이고 불확실한 것은 언제 고장 날지 알 수 없다는 겁니다. 따라서 우리는 **고장 나지 않고 잃어버리지 않는 저장 장치**를 꿈꾸게 되는 것이죠.

다시 AWS의 S3 페이지에서 **이점**이라고 돼 있는 부분을 보면 내구성에 대한 언급이 있습니다. **S3 데이터 내구성에 대해 자세히 알아보기** 링크를 클릭해 주세요.

이점

업계 최고의 성능, 확장성, 가용성, 내구성

초기 투자나 리소스 구매 과정 없이도, 변화하는 요구 사항에 맞게 스토리지 리소스를 확장 및 축소할 수 있습니다. Amazon S3는 여러 시스템에 걸쳐 모든 S3 객체의 복사본을 자동으로 생성하고 저장하기 때문에 99.999999999%의 데이터 내구성을 제공합니다. 즉, 필요할 때 데이터를 사용할 수 있고, 장애, 오류, 도용 등으로부터 데이터를 보호할 수 있습니다. Amazon S3는 성능이나 가용성을 변경하지 않고도 무료로 자동으로 강력한 쓰기 후 읽기 일관성을 지원합니다.

> S3 데이터 내구성에 대해 자세히 알아보기 ≫

비용 효율적인 스토리지 클래스

다양한 데이터 액세스 수준에 맞춘 요금 제도를 지원하는 **S3 스토리지 클래스**에 데이터를 저장하여 성능 저하 없이 비용을 절감하세요. **S3 스토리지 클래스 분석**을 사용하여 액세스 패턴에 따라 더 저렴한 요금의 스토리지 클래스로 이동할 데이터를 검색할 수 있으며, 이러한 이동을 실행하는 **S3 수명 주기 정책**을 구성할 수 있습니다. 또한 액세스 패턴이 변하거나 액세스 패턴을 알 수 없는 데이터는, 액세스 패턴 변화에 따라 객체를 계층화하는 **S3 Intelligent-Tiering**에 저장하여 자동으로 비용을 절약할 수 있습니다. **S3 Outposts** 스토리지 클래스를 사용하면 데이터 레지던시 요구 사항을 준수하고 S3 on Outposts를 사용하여 Outposts 환경에 온프레미스 데이터를 저장할 수 있습니다. S3를 사용하여 비용 최적화하기 ≫ 및 S3 스토리지 클래스 ≫에 대해 자세히 알아보기

타의 추종을 불허하는 보안, 규정 준수, 감사 기능

데이터를 Amazon S3에 저장하고, 암호화 기능 및 액세스 관리 도구를 통해 무단 액세스로부터 데이터를 보호하세요. S3는 S3 퍼블릭 액세스 차단을 통해 버킷 또는 계정 수준에서 모든 객체에 대한 퍼블릭 액세스를 차단할 수 있는 유일한 객체 스토리지 서비스입니다. S3는 PCI-DSS, HIPAA/HITECH, FedRAMP, EU 데이터 보호 지침, FISMA 등과 같은 규제 준수 프로그램을 적용하여 규제 요건을 준수할 수 있도록 지원합니다. S3를 Amazon Macie와 통합하면 민감한 데이터를 검색 및 보호할 수 있습니다. 또한 AWS는 S3 리소스에 대한 액세스 요청을 모니터링하는 다양한 감사 기능을 지원합니다.

> S3 보안 및 규정 준수에 대해 자세히 알아보기 ≫

그럼 S3의 '내구성 및 데이터 보호'에 관한 페이지가 나옵니다.

> **Q: Amazon S3와 Amazon S3 Glacier는 어떻게 99.999999999% 내구성을 실현하도록 설계되었습니까?**
>
> Amazon S3 Standard, S3 Standard-IA 및 S3 Glacier 스토리지 클래스는 SUCCESS 메시지를 반환하기 전에 하나의 Amazon S3 리전 내 최소 3개의 AZ(가용 영역)에 걸쳐 여러 디바이스에 객체를 중복 저장합니다. S3 One Zone-IA 스토리지 클래스는 단일 AZ 내 여러 디바이스에 걸쳐 데이터를 중복 저장합니다. 이러한 서비스는 손실된 중복성을 신속하게 탐지 및 복구하여 동시 디바이스 장애를 견딜 수 있도록 설계되었으며, 또한 체크섬을 사용하여 데이터 무결성을 정기적으로 확인합니다.

여기에는 '하나의 Amazon S3 리전 내 최소 3개의 **물리적 가용영역(AZ)**에 걸쳐 여러 디바이스에 객체를 중복 저장합니다'라고 적혀 있습니다. 즉, 여러분이 AWS에 파일을 업로드하게 되면 그 파일이 하나의 컴퓨터에 위치하는 것이 아니고 여러 대의 컴퓨터에 최소 3개 이상 복제된다는 뜻입니다. 그리고 각 컴퓨터는 같은 건물이 아니라 다음 지도와 같이 서로 멀리 떨어져 있는 다른 건물에 보관됩니다.

AWS 글로벌 인프라 맵

AWS 클라우드는 전 세계 25개의 지리적 리전 내에 81개의 가용 영역을 운영하고 있으며, 앞으로 호주, 인도, 인도네시아, 이스라엘, 뉴질랜드, 스페인, 스위스 및 아랍에미리트(UAE)에 8개의 AWS 리전과 24개의 가용 영역을 추가할 계획입니다.

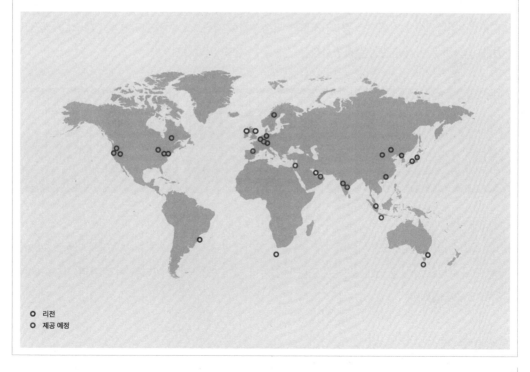

○ 리전
◎ 제공 예정

그렇기 때문에 하나의 건물이 완파돼도 나머지 건물은 생존해 있을 가능성이 매우 높습니다. 여러 개의 건물이 동시에 완파되기는 쉽지 않잖아요? 바로 이러한 특성을 AWS에서는 **내구성**이라고 하고요, 이 내구성은 99.99999999%의 내구성을 보장하도록 법적으로 계약된 사항입니다.

또 AWS는 파일을 보관해 줄 뿐만 아니라 AWS의 S3는 인터넷에 연결돼 있어서 전 세계 누구나 여러분의 파일에 접속해 그 파일을 다운로드하게 할 수 있습니다. 다시 말해, 일종의 파일 서버로도 사용할 수 있다는 것이죠. 그리고 AWS를 파일 서버로 사용하게 되면 이런 꿈을 꿀 수 있습니다. 바로 **죽지 않는 파일 서버**입니다. 아무리 많은 사용자가 들어와도 그 사용자를 어떻게 지탱할 것이냐, 어떻게 감당할 것이냐를 AWS에서 알아서 하는 파일 서버라는 것입니다. 마치 여러분이 페이스북에다 파일과 이미지를 올리면서 '사용자가 많아서 페이스북이 죽으면 어떡하지?' 같은 걱정을 하지 않는 것과 똑같은 이치입니다.

또 이런 꿈도 꿀 수 있지 않을까요? 내가 어떤 파일을 저장할 때 '이 파일이 5년 뒤에는 삭제됐으면 좋겠다' 또는 '이 파일이 1년 뒤에는 좀 더 저렴한 저장장치로 자동으로 이동했으면 좋겠다' 같은 꿈을 꿀 수 있습니다. 바로 이러한 것들을 **자동화**하는 기능을 가지고 있습니다.

또 우리가 어떤 파일 하나를 계속해서 수정한다고 생각해 보세요. 그렇게 되면 파일의 이름이 같으니까 이전의 파일은 잃어버리겠죠? 이러한 경우 이전에 있었던 파일을 잃어버리지 않으면서 자동으로 이전 버전들도 유지되고 그것을 쉽게 찾을 수 있다면 얼마나 좋을까요? 바로 이러한 **버전 관리** 기능도 S3가 기본적으로 제공합니다.

지금 설명한 기능들은 빙산의 일각이고, 오늘날의 S3는 이보다 훨씬 더 많은 기능을 제공하고 있습니다. 그렇기 때문에 더 이상 S3는 'Simple Storage Service'가 아니라 제 생각에는 'Complicated Storage Service'라고 할 만큼 복잡해졌습니다. 그럼 이 복잡한 기능들을 다 배워야 할까요? 그럴 리가요. 그럴 수도 없고 그럴 이유도 없습니다.

저는 어떤 정보 시스템을 만나건 'CRUD'를 따져봅니다. CRUD를 할 줄 알면 속으로 '나 이거 할 줄 알아'라고 하는 근거 있는 자신감을 갖거든요. 물론 겉으로는 '잘 부탁합니다', '조금 합니다'라면서 당연히 겸손해야겠지만요. 우리 수업에서는 S3의 CRUD를 살펴볼 것이고, 나머지 내용은 여러분이 직접 알아낼 수 있게 될 겁니다. 또는 후속 수업을 통해 챙겨 드릴 예정이에요.

오리엔테이션은 여기까지입니다. 준비됐나요? 출발합시다.

지금부터 우리 수업이 어떤 방향성을 가지고, 또 어떤 예제를 가지고 진행해 나갈지 소개하겠습니다.

여러분이 어떤 프로젝트를 한다고 가정해봅시다. 이 프로젝트는 정말 중요한 프로젝트에요. 이 중요한 프로젝트와 관련된 파일들은 '중요한 프로젝트'라는 디렉터리 안에 들어있고, 그 안에는 '중요한 디렉터리'가 있습니다. 그리고 '중요한 디렉터리' 안에는 또 '중요한 파일'이 있습니다. 그리고 이 중요한 파일의 내용은 '중요한 내용'이라고 돼 있어요.

이런 상황에서 이 **파일을 안전하게 보관하고 보호**해야 할 때 AWS의 S3를 사용하면 아주 간편하게 이러한 문제를 해결할 수 있습니다.

다음 시간부터 어떻게 S3를 이용해 나의 파일을 안전하게 보관할 수 있는가에 대해 알아보도록 하겠습니다.

03 | 구성 요소

지금부터 S3의 구성 요소를 살펴보겠습니다. S3는 3인방으로 이뤄져 있어요.

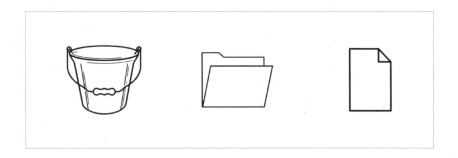

첫 번째는 **버킷(Bucket)**이라는 건데, 하나의 프로젝트가 하나의 버킷이라고 생각하면 됩니다. 그리고 버킷 안에는 **폴더(Folder)**가 있습니다. 그리고 이 폴더 안에는 당연히 파일이 보관되겠죠? 이때 이 파일을 S3에서는 특이하게 파일이라고 하지 않고 **오브젝트(Object)**라고 표현해요. 오브젝트는 그냥 파일이라고 생각해도 되지만 조금 더 엄격하게는 파일과 파일에 대해서 추가하는 여러 가지 부가적인 정보를 묶어서 오브젝트라고 합니다. S3의 필요에 의해 이러한 정보가 있을 수 있거든요. 일단 파일이 오브젝트라고 생각하면 되겠습니다.

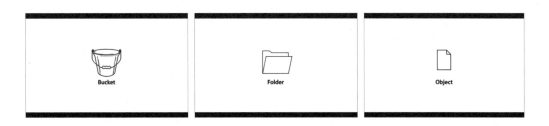

그럼 우리 수업의 방향성은 정해진 것이나 다름없어요. 파일, 폴더, 버킷을 생성하고 읽고 수정하고 삭제하는 것을 할 수 있다면 '나 S3 할 줄 알아'라고 생각할 수 있는 상태가 되는 겁니다.

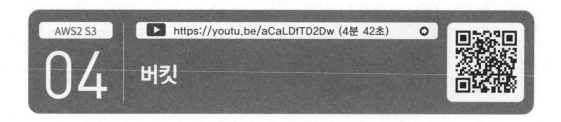

버킷 생성

먼저 AWS 콘솔에 접속한 상태에서 시작합니다. 오른쪽 상단에 있는 **콘솔에 로그인** 버튼을 클릭하면 콘솔에 접속할 수 있고, 자세한 내용은 1일차 AWS 기본 사용법을 참고해주세요.

AWS 홈페이지의 상단 바에서 **서비스**를 선택하고, 서비스에서 **스토리지**의 **S3**를 클릭해서 S3 페이지로 들어가 봅시다.

여기서 버킷을 만들어 보겠습니다. **버킷 만들기** 버튼을 클릭합니다.

그럼 버킷을 만들 때 사용하는 페이지가 나타납니다. **일반 구성**에서 버킷의 이름을 지정합니다. 저는 egoing-aws-everybody라고 했는데, 제가 이 이름을 썼기 때문에 여러분은 egoing-aws-everybody를 사용할 수 없어요. S3 전체에서 고유한 이름을 써야 합니다[1]. 그다음 **AWS 리전**은 우리가 만든 버킷이 어느 지역에 있는 컴퓨터에 생성될 것인가를 지정하는 거예요. 저는 서울을 선택했지만 만약 여러분의 고객이 미국에 있다면 미국에 있는 리전을 선택해야 빠르게 서비스할 수가 있겠죠?

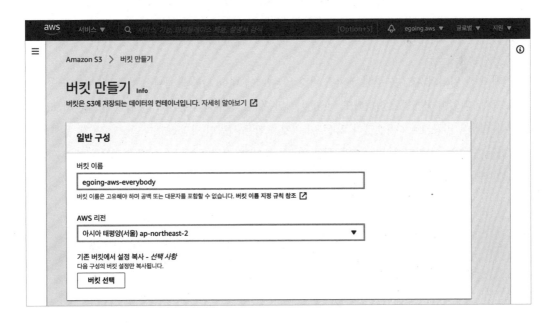

---

1 (엮은이) 2일차에 만든 버킷 이름과 중복되지 않게 고유한 이름을 사용해주세요.

스크롤을 내리면 **이 버킷의 퍼블릭 액세스 차단 설정**이라는 섹션이 있습니다. 퍼블릭이란 여러분이 파일을 업로드했을 때, 그 파일을 누구나 볼 수 있게 하는 상태를 말합니다. 현재 체크돼 있는 **모든 퍼블릭 액세스 차단**을 체크 해제합니다.

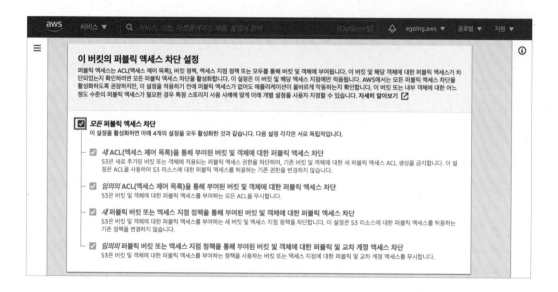

그러면 아래 나머지 네 개의 옵션에 대한 설정이 활성화된 것을 볼 수 있습니다. 첫 번째 옵션(**새 ACL을 통해 부여된 버킷 및 객체에 대한 퍼블릭 액세스 차단**)이 체크돼 있으면 여러분이 공개 설정으로 해놓은 파일을 업로드할 때 업로드가 거절됩니다. 하지만 이를 체크 해제하고 업로드하면 파일이 공개돼요.

두 번째 옵션(**임의의 ACL을 통해 부여된 버킷 및 객체에 대한 퍼블릭 액세스 차단**)이 체크돼 있으면 업로드하는 파일이 공개라고 하더라도 이 파일은 비공개로 간주되어 공개가 안 됩니다. 결론적으로 여러분이 '버킷을 비공개로 사용하겠다' 혹은 '이 버킷을 만든 사람인 나만 보겠다'라고 하면 두 옵션 모두 체크하는 게 훨씬 더 안전합니다. 반면 '내가 업로드한 파일 전체가 아니라 어떤 파일은 공개가 필요할 수도 있어'라고 하면 두 옵션 모두 체크 해제해야 된다는 정도만 알고 넘어가도 되겠습니다.

저는 3, 4번째 옵션과 확인란만 체크하고 넘어가겠습니다.

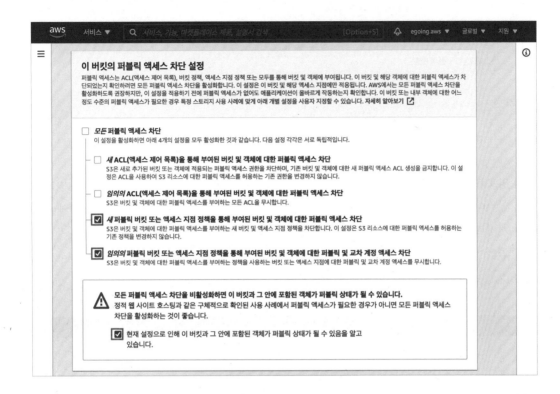

페이지의 아래로 내려가 보면 여러 가지 속성이 있는데, 이 중에서 짧게 설명할 수 있는 것들만 설명해 보겠습니다. 우선 **버킷 버전 관리**는 여러분이 같은 파일을 계속해서 수정할 때 **활성화**를 체크하면 수정된 과거 내용까지도 보관해서 복원할 수 있게 해줍니다. 저는 **비활성화**에 체크하겠습니다.

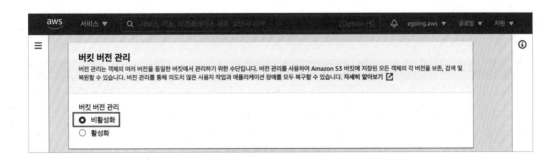

태그는 나중에 과금할 때 좀 더 세밀하게 비용을 추적할 수 있게 하는 것입니다.

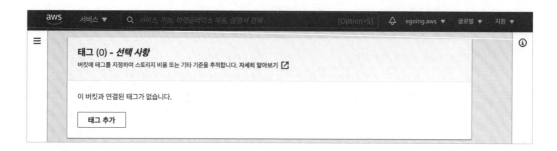

기본 암호화라는 것은 다음과 같습니다. 파일을 업로드할 때 기본적으로 아마존이 업로드한 파일을 보지는 않는다고 하지만 그것은 아마존의 입장일 뿐입니다. 여러분은 여러분대로 파일이 누군가에 의해 혹은 서버 쪽으로부터 읽힌다고 하더라도 그것을 보호해야 하는 경우도 있고, 또는 법적인 문제가 걸려 있을 수도 있습니다. 그런 경우에는 암호화를 통해 파일을 암호화된 상태로 AWS에 더욱 안전하게 보관할 수 있습니다. 저는 **비활성화**에 체크하겠습니다.

모든 설정을 마친 후 마지막 페이지에서 **버킷 만들기**를 선택하면 버킷이 생성됩니다.

버킷이 생성된 것을 다음과 같이 확인할 수 있습니다.

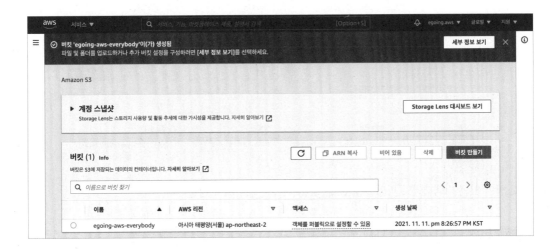

버킷 읽기, 수정, 삭제

버킷 읽기

https://youtu.be/wVh6ogRu89Y
(2분 14초)

이전 시간에 버킷을 생성했는데, 그다음으로는 버킷을 읽을 수 있어야 합니다. S3 페이지에서 생성한 버킷의 이름을 클릭하면 해당 버킷 안으로 들어갑니다.

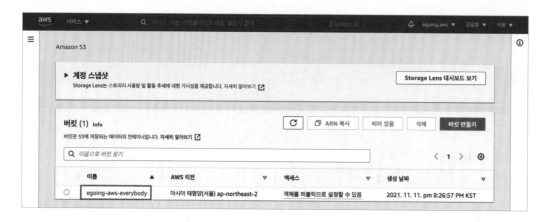

버킷 안에 있는 디렉터리나 파일들을 볼 수 있는 버킷의 페이지가 나옵니다.

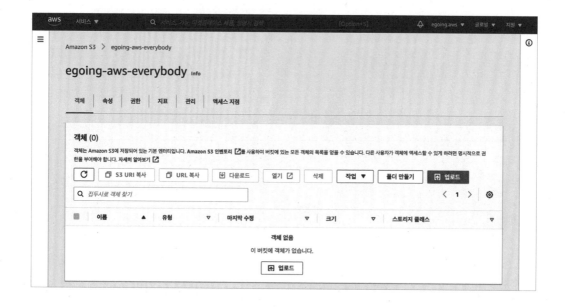

버킷 수정

다음은 버킷을 수정하는 방법입니다. 버킷의 이름은 수정할 수 없지만 버킷을 생성할 때 지정한 여러 가지 속성은 얼마든지 수정할 수 있습니다. egoing-aws-everybody 버킷의 페이지를 보면 여러 가지 탭이 있습니다. 여기서 관리 부분을 수정하고 싶다면 **관리**를 클릭합니다. 그러면 버킷의 관리 화면으로 이동하게 되고, 이곳에서 여러 가지 설정을 바꿀 수 있습니다.

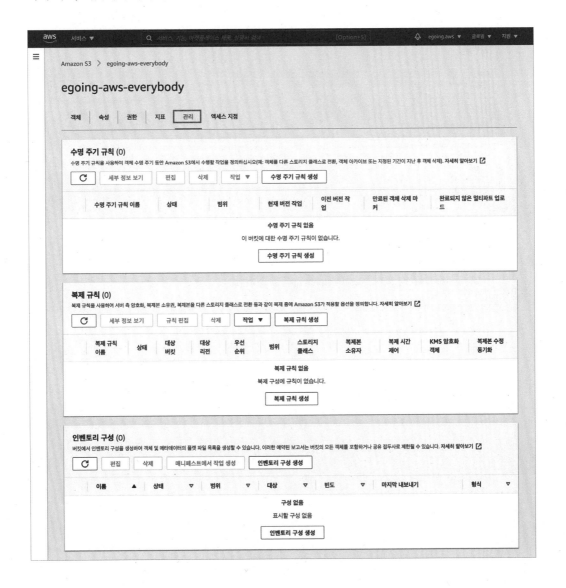

권한을 바꾸고 싶을 때는 **권한**을 클릭합니다.

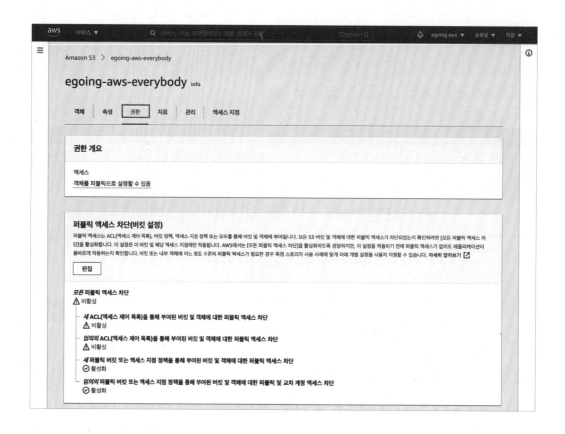

속성을 바꿀 때는 **속성**을 클릭합니다.

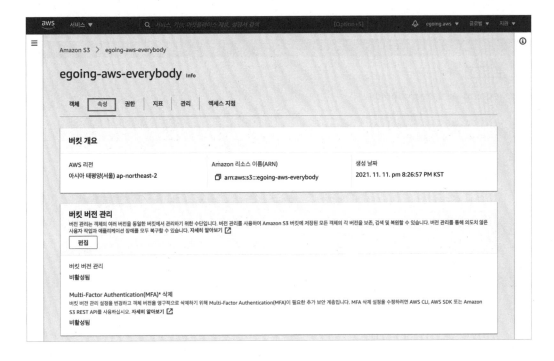

그리고 **객체** 탭으로 들어오면 버킷 안으로 들어온 것 같은 상태가 됩니다. 마치 S3 페이지에서 버킷의 이름을 클릭한 것과 똑같은 것이죠.

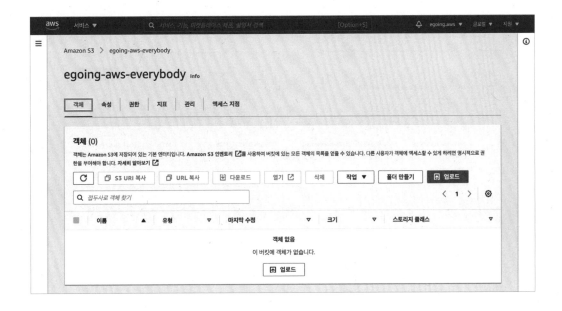

객체, 속성, 권한, 관리 페이지에서 다시 S3 버킷 페이지로 돌아가려면 상단의 **Amazon S3**를 클릭하면 됩니다.

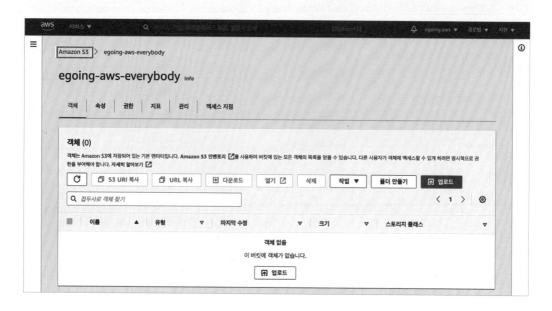

그럼 버킷 페이지로 이동합니다.

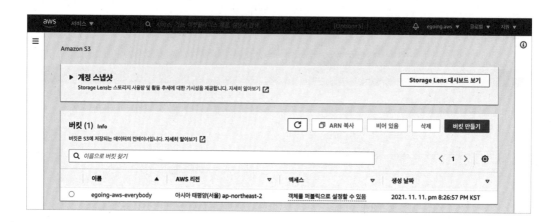

버킷 삭제

그럼 이제 읽기, 생성, 수정까지 했으니 마지막으로 삭제를 할 줄 알면 되겠죠? 이제 버킷에 대해서 우리가 해야 하는 마지막 작업은 삭제입니다. 버킷을 삭제하고 싶다면 해당 버킷을 선택한 후 **삭제** 버튼을 클릭합니다.

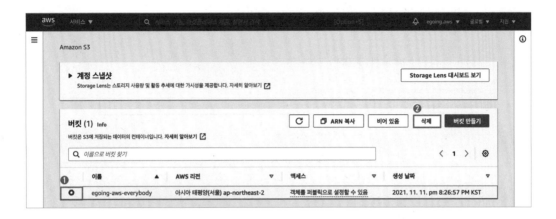

그러면 다음과 같은 화면이 나오는데, 워낙에 위험한 작업이기 때문에 그냥 **버킷 삭제** 버튼이 눌리지 않습니다. 해당 버킷의 이름을 직접 입력한 후에야 **버킷 삭제** 버튼을 누를 수 있습니다. 지금은 실습을 해야 하기 때문에 실제로 삭제하지는 않겠습니다.

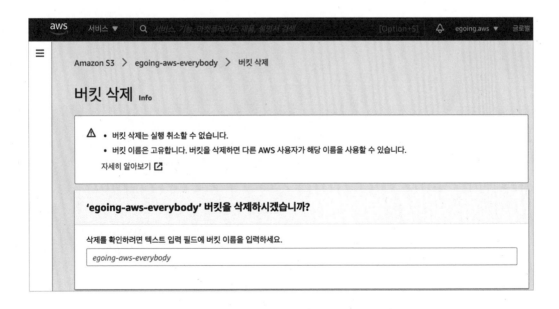

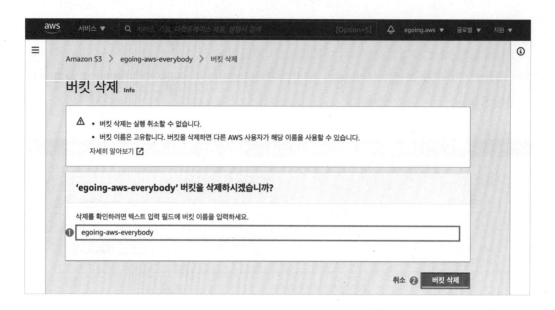

이렇게 해서 버킷의 네 가지 중요한 작업(생성, 읽기, 수정, 삭제)을 모두 살펴봤으니 다음으로는 어떤 주제로 넘어가면 될까요? 폴더를 생성하는 부분으로 넘어가면 되겠습니다.

AWS2 S3

▶ https://youtu.be/GQUImlhowxo (1분 32초)

05 | 폴더

폴더 생성

이전 시간에는 버킷을 만들었습니다. 그럼 이제 버킷에 디렉터리를 만드는 방법을 살펴봅시다. S3 페이지에서 생성한 버킷의 이름을 클릭하면 버킷의 상세 페이지로 갑니다.

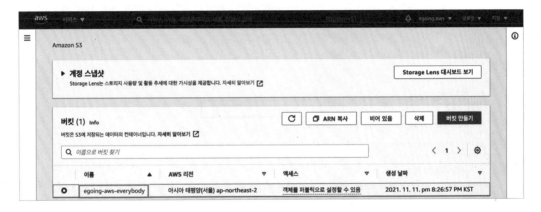

버킷의 **객체** 탭에서 **폴더 만들기**를 선택합니다.

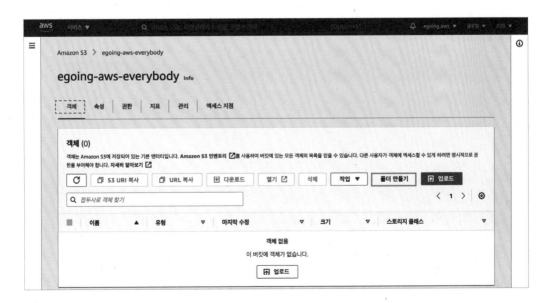

여기에다 폴더 이름을 입력합니다. 여기서는 '중요한 폴더'라고 이름을 지정하고 **폴더 만들기**를 누릅니다.

그럼 egoing-aws-everybody 버킷에 '중요한 폴더'가 생긴 것을 확인할 수 있습니다. 너무 쉽죠?

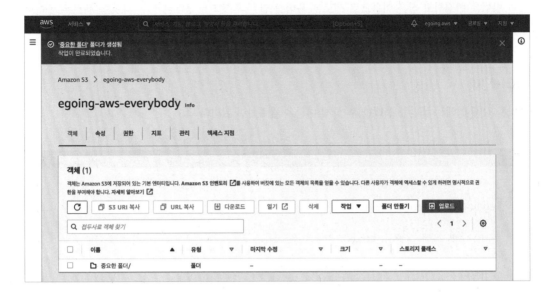

폴더 수정

폴더 이름을 바꾸고 싶을 수도 있겠죠? 폴더를 수정해 봅시다. 폴더를 선택하고 **작업** 버튼을 클릭하면 **객체 이름 바꾸기**가 비활성화돼 있을 겁니다.

S3는 내부적인 이유로 폴더 이름을 바꾸기가 쉽지 않습니다. 그래서 이러한 경우에 이름을 바꾸는 확실한 방법은 변경하고 싶은 이름으로 새로운 폴더를 만든 후 '중요한 폴더'에 있는 내용을 새로운 폴더로 옮기는 것입니다. 그리고 '중요한 폴더'를 삭제하면 됩니다.

폴더 삭제

폴더를 삭제할 때는 폴더를 선택한 후 **삭제** 버튼을 클릭하면 됩니다.

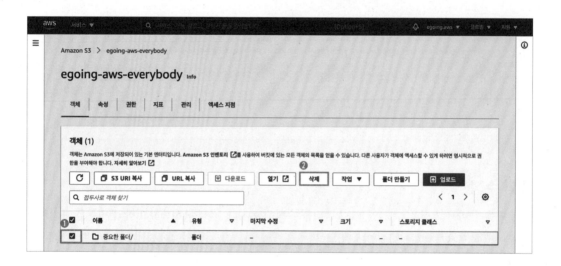

그러면 **객체 삭제** 페이지가 나오고, '영구 삭제'를 입력한 후 **객체 삭제** 버튼을 클릭합니다.

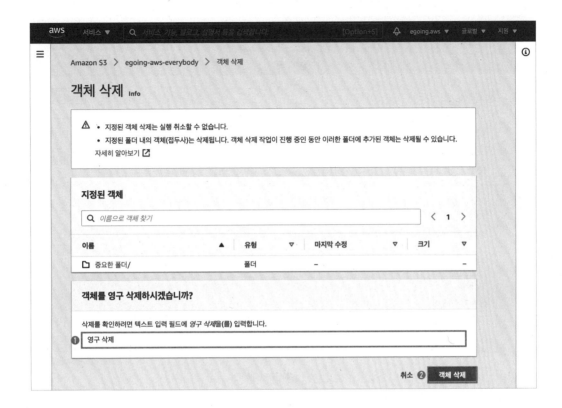

폴더가 삭제 완료됐다는 페이지가 나오고 **닫기** 버튼을 클릭하면

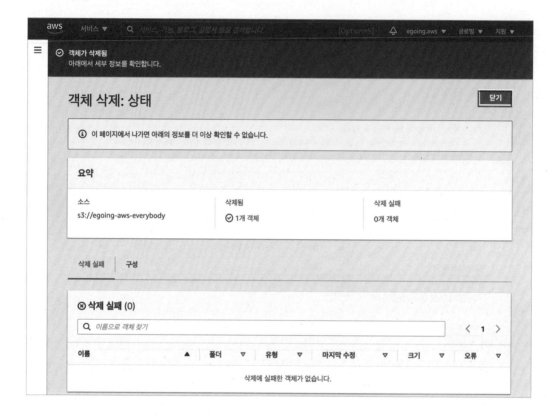

egoing-aws-everybody 버킷의 페이지로 돌아갑니다.

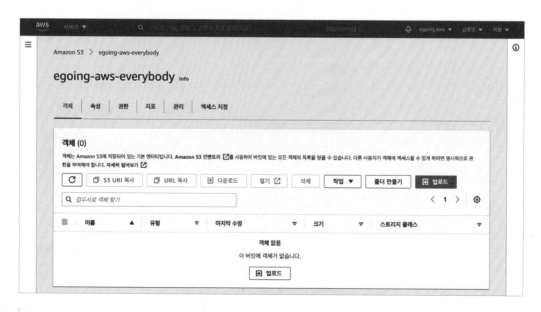

객체 생성

이번 시간에는 S3에서 실제 데이터가 담기는 그릇이라고 할 수 있는 **객체**를 생성하는 방법을 살펴보겠습니다. S3에서는 객체라는 어려운 표현을 쓰는데 그냥 파일이라고 생각하면 됩니다.

먼저 파일을 업로드해 봅시다. 제 노트북에는 '중요한 디렉터리' 안에 '중요한 파일'이 있습니다. 이 디렉터리와 파일을 동시에 업로드하겠습니다. 파일을 드래그해서 **업로드** 부분에 커서를 가져가면,

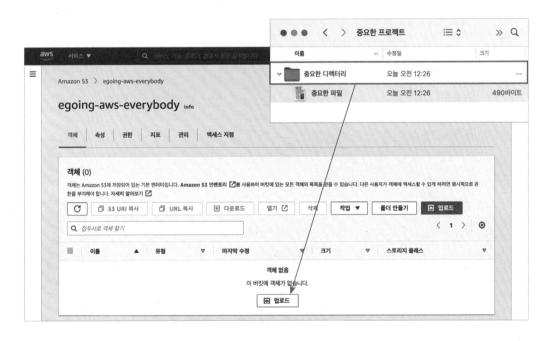

마우스에 녹색 더하기 아이콘이 생기는 모습을 볼 수 있습니다. 이 상태에서 떨어뜨리면 디렉터리를 포함한 파일까지 동시에 업로드됩니다.

그럼 다음과 같이 파일이 추가된 것을 확인할 수 있습니다. 그런데 업로드하기 전에 **권한**과 **속성**에 대해 잠시 살펴보겠습니다. 여러분은 권한과 속성에 대해서 변경할 부분이 없으니 여기서 설명하는 내용만 읽어도 됩니다.

위 페이지에서 **권한**을 선택하면 지금 업로드하려고 하는 것들에 대한 권한 설정이 나옵니다.

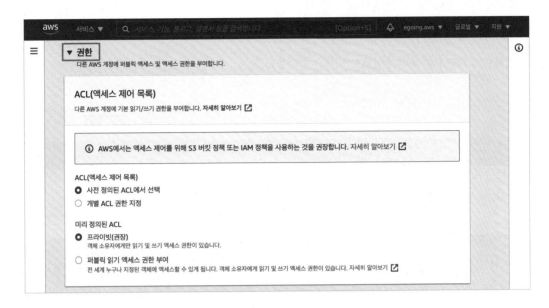

속성을 선택하면 다음과 같은 설정이 나오는데, 이 가운데 **스토리지 클래스**라는 것을 보겠습니다.

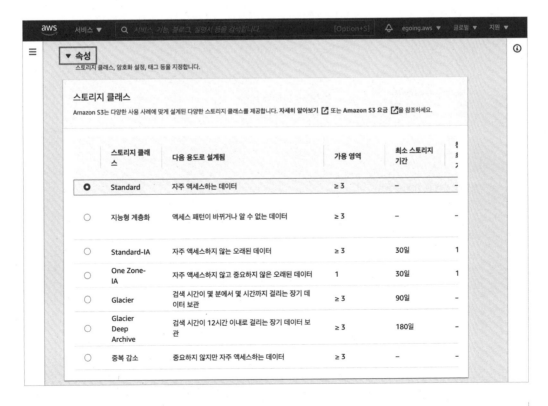

S3는 가격, 속도, 안정성에 따라 비용이 달라지는 서비스이기 때문에 여러분의 상황이나 파일의 중요
도와 쓰임새에 따라 선택지를 줍니다. 이런 선택지를 '스토리지 클래스'라고 하고, 스토리지 클래스에는
총 4가지가 있습니다(자세한 내용은 나중에 살펴보겠습니다).

이제 페이지 하단으로 내려가 **업로드** 버튼을 클릭합니다.

성공적으로 업로드됐다는 화면이 나오고, 내용을 확인한 후 **닫기** 버튼을 클릭합니다.

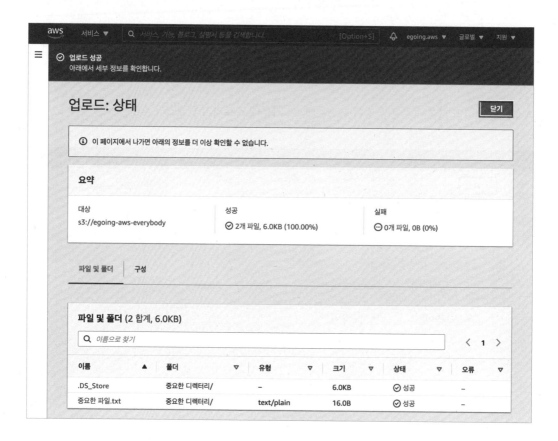

'중요한 디렉터리' 안에 '중요한 파일'까지 업로드된 것을 확인할 수 있습니다.

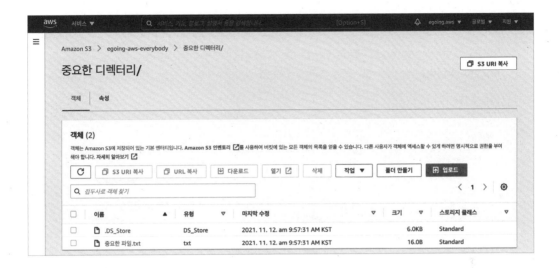

객체 수정

업로드한 파일을 수정하고 싶다면 해당 파일을 선택한 후 **작업**의 **객체 이름 바꾸기**를 클릭하면 이름을 수정할 수 있습니다. 이 밖에도 여러 가지 설정이 있습니다.

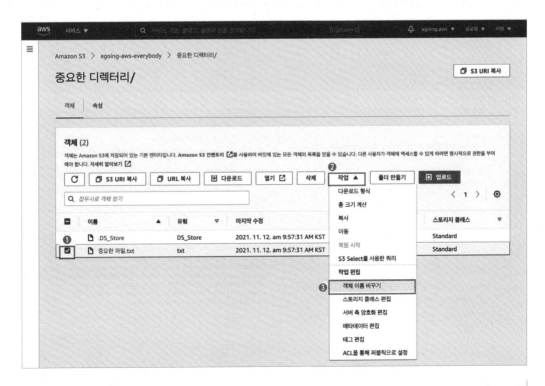

그리고 파일 이름을 클릭해 봅시다.

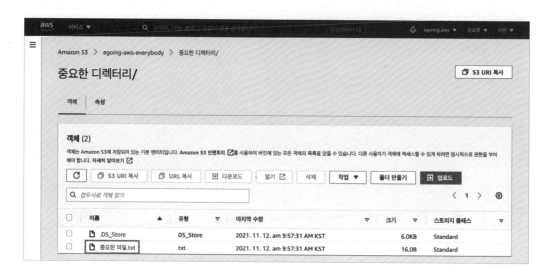

그럼 파일의 여러 가지 속성이나 권한 같은 것들을 수정할 수 있는 페이지가 나타나므로 이것을 이용해도 됩니다.

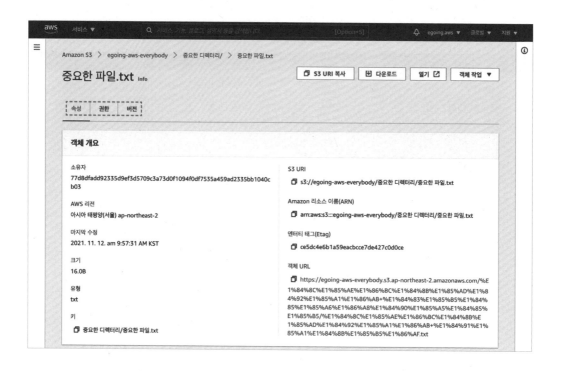

객체 삭제

'중요한 디렉터리' 페이지로 돌아가서, 파일을 삭제할 때는 파일을 선택한 후 **삭제** 버튼을 클릭합니다.

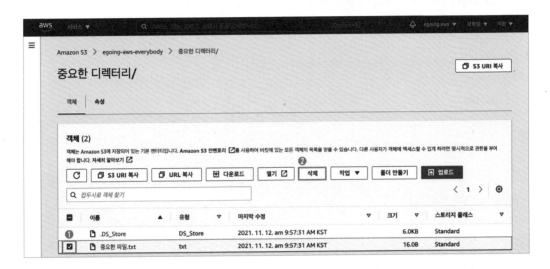

'영구 삭제'를 입력하고 **객체 삭제** 버튼을 클릭하면 삭제가 완료됩니다. *하지만 여러분은 다음 수업을 위해 삭제하지 말아 주세요.*

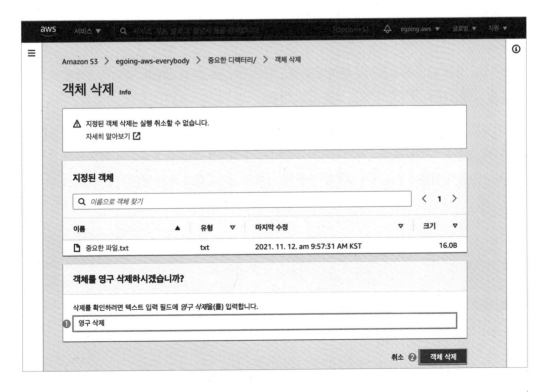

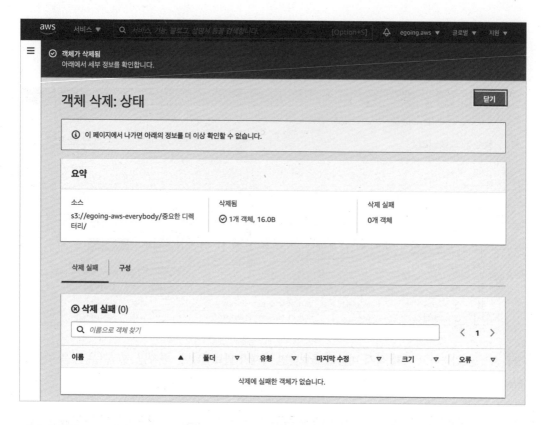

이렇게 해서 S3에 버킷, 폴더, 객체를 만드는 방법까지 살펴봤습니다.

이번 수업을 통해 S3의 본질을 전부 살펴봤습니다. 어디 가서 'S3 할 줄 알아요?'라고 질문을 받으면 '조금 할 줄 압니다'라고 얘기할 수 있는 상태가 된 겁니다.

이로써 우리 수업의 중요한 내용은 사실 다 끝났고 이제 정상까지 왔으니 서서히 하산하는 작업을 하겠습니다. 본질만으로는 좀 부족하고 불편한 것들이 많단 말이죠. 그것을 보완하기 위한 여러 가지 기법이나 기능들이 있는데 그중에서 주목할 만한 몇 가지를 챙겨드리고 이 수업은 가볍게 마무리하겠습니다.

여러분의 정보는 어디에 담겨있나요? 객체에 담겨 있죠. 이번 시간에는 그 객체를 전 세계의 누구나 볼 수 있게 하는 방법을 살펴보겠습니다. 이를 위해서는 **권한**이라는 것을 따져 봐야 합니다. egoing-aws-everybody 버킷의 '중요한 디렉터리' 페이지에서 '중요한 파일.txt'를 클릭해 파일의 상세 페이지로 들어갑니다.

객체 개요를 보면 **객체 URL**이라는 것이 있는데, 이 링크(주소)를 복사해서 다른 사람에게 전달하면
이 파일을 다른 사람에게 공개할 수 있습니다.

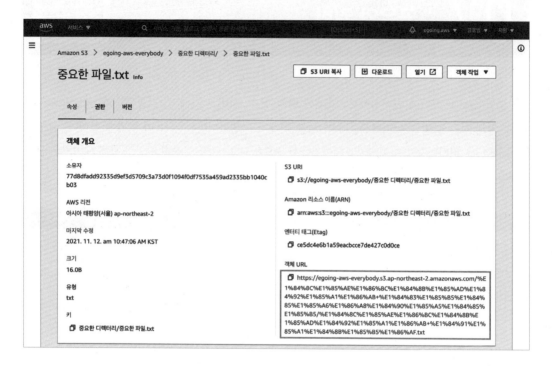

웹 브라우저에서 이 링크로 접속해 보겠습니다. 하지만 접근해 봤더니 AccessDenied라는 것이 표시됩니
다. 이는 접근이 거부됐다는 뜻입니다. 즉, 외부에서는 이 파일에 접근할 수 없다는 의미죠.

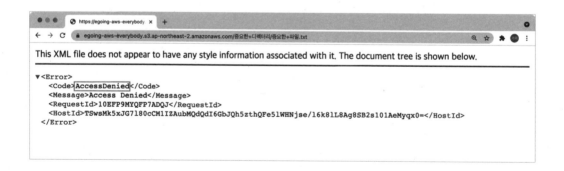

다시 AWS에서 파일의 상세 페이지를 보죠. 어떻게 하면 될까요? 외부에서 접근이 가능하게 하려면 파일의 권한을 따져봐야 합니다. 이 파일의 페이지에서 **권한** 탭을 클릭해 파일에 대한 권한 설정 화면으로 갑니다. 그 후 **권한** 탭에서 **편집** 버튼을 클릭합니다.

ACL(액세스 제어 목록) 리스트에서 맨 위쪽에 위치한 **객체 소유자(AWS 계정)**는 여러분 자신의 계정을 의미합니다. 이 계정에 대한 객체 읽기는 허용돼 있기 때문에 우리가 객체를 볼 수 있는 것입니다. 참고로 **객체 ACL** 부분은 지금 단계에서는 고려하지 않아도 됩니다.

다음으로 중요하게 봐야 할 것은 **모든 사람(퍼블릭 액세스)**의 계정입니다. 이는 전 세계 누구나라는 뜻입니다.

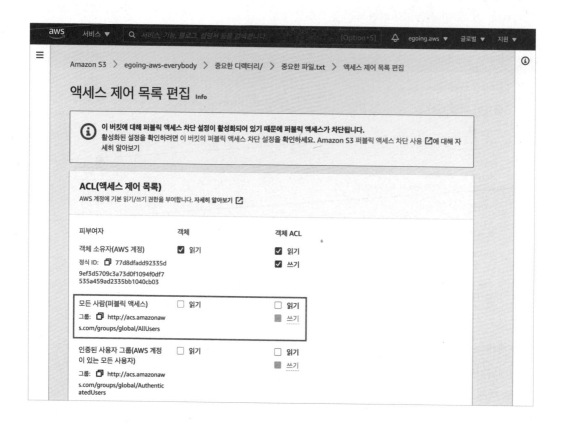

객체 **읽기**가 체크돼 있지 않으니 체크하고, 아래의 확인란 또한 체크합니다. 그러고 나서 **변경 사항 저장** 버튼을 클릭합니다.

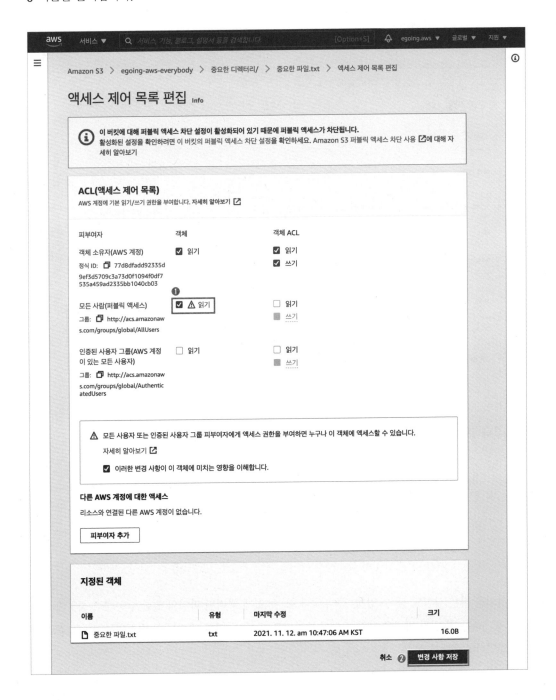

파일에 대한 ACL 편집을 완료했다는 문구를 확인할 수 있고, **속성** 탭에서 **객체 URL**을 다시 클릭해 보겠습니다.

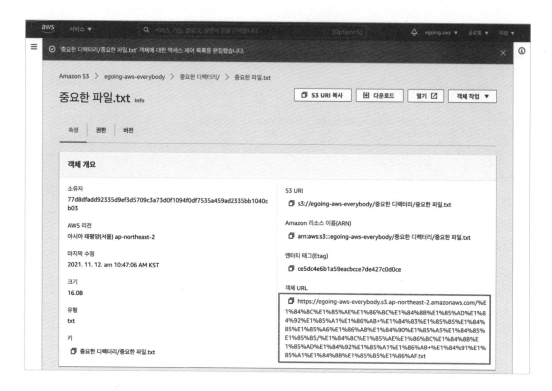

웹 브라우저에서 링크를 방문하면 다음과 같이 파일의 내용이 화면에 표시되는 것을 볼 수 있습니다. 즉, 외부에 공개된 것이죠.

어떤 파일을 다른 사람도 볼 수 있게, 즉 누구나 볼 수 있게 하려면 파일의 권한을 공개로 설정해야 합니다. 공개하는 첫 번째 방법은 파일의 상세 페이지로 들어가, **권한** 탭에서 앞서 설명한 방식처럼 진행하는 것입니다.

이번에는 좀 더 간편한 방법을 알아봅시다. 다시 '중요한 디렉터리' 페이지로 들어가서 파일을 선택하고 **작업** 버튼을 클릭하면 나오는 메뉴에서 **ACL을 통해 퍼블릭으로 설정**이라는 항목을 클릭합니다.

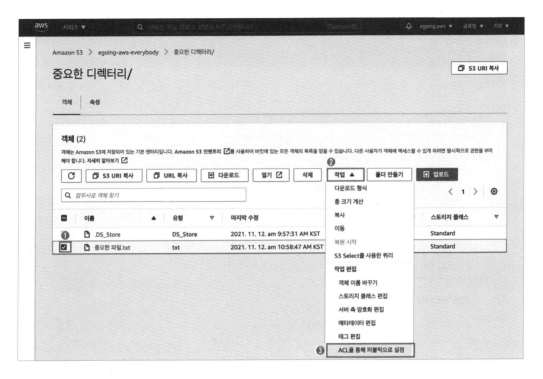

그러면 다음과 같은 페이지가 나오고, 이곳에서 **퍼블릭으로 설정** 버튼을 클릭합니다.

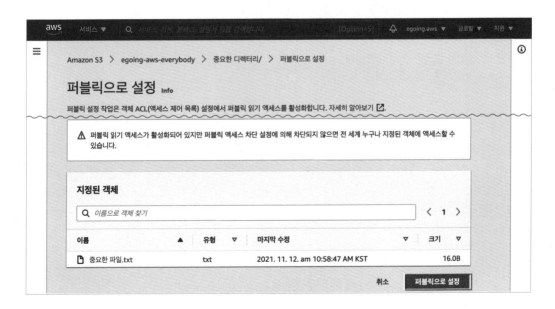

퍼블릭 액세스를 편집했다는 문구가 나오고, 이 파일은 아까 우리가 했던 것과 똑같은 상태가 됩니다. 훨씬 더 편리한 방법이죠?

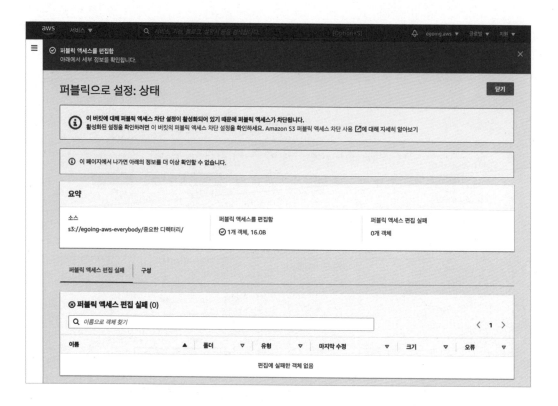

이렇게 해서 객체를 누구나 읽을 수 있도록 권한을 주는 방법과 다른 사람에게 링크를 통해 공유하는 방법을 살펴봤습니다. 권한은 이것보다 훨씬 더 어렵고 복잡해요. 하지만 초심자에게는 딱 이 정도가 건전한 수준의 복잡도라고 생각합니다.

나의 첫
프로그래밍 교과서
**LEARNING
SCHOOL**

핵심 서비스만 쏙쏙 배우는 AWS 10일 완성

생활코딩!
아마존 웹 서비스

4일차
S3로 하는
파일 관리 - 2

스토리지 클래스

이전 수업에서 생성한 '중요한 파일.txt'의 상세 페이지에서 파일의 **속성**을 확인해보겠습니다.

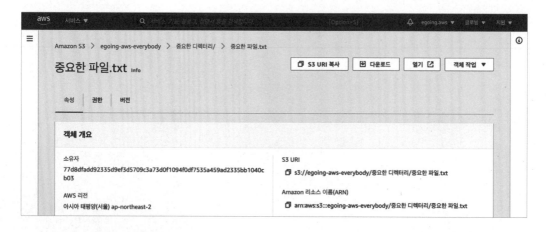

스크롤을 내려보면 **속성** 탭에 **스토리지 클래스**라는 것이 있는데, 이 부분의 **편집** 버튼을 클릭합니다.

스토리지 클래스에는 'Standard', '지능형 계층화', 'Standard-IA', 'One Zone-IA', 'Glacier', 'Glacier Deep Archive', '중복 감소'로 6가지 형태가 있습니다. 각 스토리지 클래스의 장단점이 다 다릅니다. 장점만 있는 녀석이 있으면 스토리지 클래스에는 그것만 있겠죠? 서로 장단점이 다르기 때문에 파일의 성격에 따라 자신에게 유리한 것을 선택할 수 있는 옵션이 있다고 보면 되겠습니다.

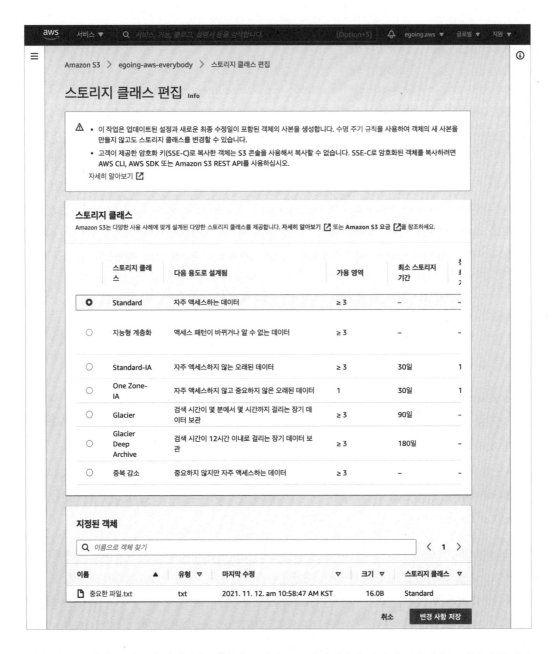

스토리지 클래스 편집 Info

⚠️ • 이 작업은 업데이트된 설정과 새로운 최종 수정일이 포함된 객체의 사본을 생성합니다. 수명 주기 규칙을 사용하여 객체의 새 사본을 만들지 않고도 스토리지 클래스를 변경할 수 있습니다.
   • 고객이 제공한 암호화 키(SSE-C)로 복사한 객체는 S3 콘솔을 사용해서 복사할 수 없습니다. SSE-C로 암호화된 객체를 복사하려면 AWS CLI, AWS SDK 또는 Amazon S3 REST API를 사용하십시오.

자세히 알아보기 ↗

스토리지 클래스

Amazon S3는 다양한 사용 사례에 맞게 설계된 다양한 스토리지 클래스를 제공합니다. 자세히 알아보기 ↗ 또는 Amazon S3 요금 ↗을 참조하세요.

	스토리지 클래스	다음 용도로 설계됨	가용 영역	최소 스토리지 기간	
⦿	Standard	자주 액세스하는 데이터	≥ 3	–	–
○	지능형 계층화	액세스 패턴이 바뀌거나 알 수 없는 데이터	≥ 3	–	–
○	Standard-IA	자주 액세스하지 않는 오래된 데이터	≥ 3	30일	1
○	One Zone-IA	자주 액세스하지 않고 중요하지 않은 오래된 데이터	1	30일	1
○	Glacier	검색 시간이 몇 분에서 몇 시간까지 걸리는 장기 데이터 보관	≥ 3	90일	–
○	Glacier Deep Archive	검색 시간이 12시간 이내로 걸리는 장기 데이터 보관	≥ 3	180일	–
○	중복 감소	중요하지 않지만 자주 액세스하는 데이터	≥ 3	–	–

지정된 객체

🔍 이름으로 객체 찾기   ‹ 1 ›

이름 ▲	유형 ▽	마지막 수정 ▽	크기 ▽	스토리지 클래스 ▽
📄 중요한 파일.txt	txt	2021. 11. 12. am 10:58:47 AM KST	16.0B	Standard

취소   변경 사항 저장

제가 각 스토리지 클래스의 차이점을 설명해 드리려고 몸부림치다가 갑자기 부질없다는 생각이 들었어요. 왜냐하면 처음부터 이런 정교한 스토리지 클래스가 필요할 리가 없거든요. 처음부터 대규모로 쓸 것은 아니기 때문에 우선 Standard를 쓰는 것을 추천해 드립니다. Standard를 쓰다 보면 나중에 규모가 커져 약간의 차이만으로도 요금이 몇 억씩 왔다 갔다 하는 경우가 있습니다. 그럼 그때부터 스토리지 클래스의 타입이 중요해집니다. 적정 수준에서 자신의 학습 노력을 쏟을 때인가 아닌가를 잘 판단하셨으면 좋겠습니다.

각 스토리지 클래스에 대해 알아봅시다. **지능적 계층화**(Intelligent-Tiering)는 파일에 대한 접근을 예측할 수 없거나 접근이 변화하는 경우에 사용하는 스토리지 클래스입니다. 지능적 계층화에서는 특정 파일에 대해 최근에 얼마나 접근했느냐를 기준으로 4개의 '액세스 티어'로 분류합니다. 180일 연속으로 액세스되지 않은 객체는 'Deep Archive 액세스 티어'로, 90일 연속으로 액세스되지 않은 객체는 'Archive 액세스 티어'로, 30일 연속은 'Infrequent 액세스 티어'로, 최근에 업로드하거나 이전한 객체나 다른 티어에 있다가 다시 액세스된 객체는 'Frequent 티어'에 해당됩니다. 그리고 객체들은 계속해서 액세스되지 않으면 시간이 지남에 따라 자동적으로 다른 티어로 이동됩니다. 다시 말해 S3의 지능적 계층화는 액세스 패턴을 모니터링하고, 객체를 하나의 계층에서 다른 계층으로 자동으로 이동합니다.

다음으로 볼 스토리지 클래스인 **Standard-IA**(Standard-Infrequent Access)의 'IA'는 자주 접속하지 않는다는 뜻입니다. 모든 면에서 제일 좋은 것은 Standard이고, Standard와 동일하지만 자주 접근하지 않는 파일의 경우에 Standard-IA를 쓰면 가격이 저렴합니다. 하지만 Standard-IA를 사용하면서 자주 접속할 경우에는 같은 조건으로 Standard를 사용하는 것보다 돈을 더 내야 합니다.

One Zone-IA(One Zone-Infrequent Access)라는 것은 Standard-IA와 동일하지만, 더 나아가 잃어버려도 되는 파일을 대상으로 합니다. Standard와 Standard-IA 페이지를 보면 가용영역 부분에 3이라고 돼 있는데요, 이는 최소 세 개의 복제본을 만든다는 뜻입니다. 웬만하면 AWS가 파일을 잃어버리지 않겠지만 One Zone-IA는 백업용 복제본이 하나이기 때문에 잃어버릴 가능성이 Standard와 Standard-IA보다는 훨씬 높습니다. 따라서 수명이 길고 자주 액세스하지 않으며, 중요하지 않은 데이터는 One Zone-IA에 저장합니다.

Glacier는 빙하란 뜻입니다. 빙하는 꽁꽁 언 상태인데, 빙하처럼 얼려 놓기만 하면 되는 데이터가 있다면 Glacier를 쓰면 좋습니다. 예를 들면, 대한민국에서 영수증은 5년 동안 보관해야 하는데, 법적으로 보관해야 하는 영수증과 같은 데이터는 Glacier에 보관해 놓으면 훨씬 저렴합니다. 하지만 Glacier에 있는 데이터를 꺼내 올 때는 몇 시간씩 소요되므로 자주 바로바로 꺼내 써야 하는 데이터를 이곳에 위치시키면 큰일 나겠죠? **Glacier Deep Archive**는 7~10년 동안 유지되는 데이터의 장기 보관을 위해 설계된 스토리지 클래스로 가장 저렴하고 Glacier를 보완합니다.

중복 감소는 옛날 제품이라 더 이상 권장하지 않으므로 설명하지 않겠습니다.

로그인하지 않은 채로, S3 홈페이지에서 상단 바의 **스토리지 클래스**를 클릭합니다.

그럼 다음과 같이 스토리지 클래스에 대한 자세한 설명을 볼 수 있습니다.

S3 스토리지 클래스 전반에 걸친 성능

	S3 Standard	S3 Intelligent-Tiering*	S3 스탠다드-IA	S3 One Zone-IA†	S3 Glacier	S3 Glacier Deep Archive
내구성을 위한 설계	99.999999999%(11개의 9)	99.999999999%(11개의 9)	99.999999999%(11개의 9)	99.999999999%(11개의 9)	99.999999999%(11개의 9)	99.999999999%(11개의 9)
가용성을 위한 설계	99.99%	99.9%	99.9%	99.5%	99.99%	99.99%
가용성 SLA	99.9%	99%	99%	99%	99.9%	99.9%
가용 영역	≥3	≥3	≥3	1	≥3	≥3
객체당 최소 용량 요금	해당 사항 없음	해당 사항 없음	128KB	128KB	40KB	40KB
최소 스토리지 기간 요금	해당 사항 없음	해당 사항 없음	30일	30일	90일	180일
검색 요금	해당 사항 없음	해당 사항 없음	검색한 GB당	검색한 GB당	검색한 GB당	검색한 GB당
첫 번째 바이트 지연 시간	밀리초	밀리초	밀리초	밀리초	분 또는 시간 선택	시간 선택
스토리지 유형	객체	객체	객체	객체	객체	객체
수명 주기 전환	예	예	예	예	예	예

여기서 중요한 것은 인류는 이 모든 스토리지 클래스의 장점만 지닌 저장 방법을 아직 찾지 못했다는 것입니다. 그래서 S3는 여러분에게 선택지를 줬고, 여러분이 그 선택지를 조합하는 방식으로 이 모든 스토리지 클래스의 장점만 가진 것 같은 환영을 만들어낼 수 있다면 훌륭한 엔지니어라고 할 수 있을 것입니다. 하지만 그것은 험난한 길일 것입니다.

이렇게 해서 스토리지 클래스에 대한 이야기는 여기까지이고, 요금과 관련된 이야기는 다음 시간에 살펴보겠습니다.

요금 체계

이번 시간에는 S3의 요금 정책을 살펴보겠습니다. 로그인하지 않은 상태로 S3 홈페이지 상단 바에서 **요금**이라고 돼 있는 부분을 클릭합니다.

https://youtu.be/cR0ZKljHS-Q
(4분 44초)

S3 요금 페이지를 보면 탭마다 관련 주제를 설명하고 있습니다. 이 가운데 **스토리지, 요청 및 데이터 검색, 데이터 전송**에 관해 알아보겠습니다.

첫 번째로 **스토리지**에 대해 살펴보겠습니다. 스토리지 요금은 저장 공간에 대한 요금입니다. 예를 들면, 1TB를 저장한 것과 2TB의 데이터를 저장한 것은 가격이 다르겠죠? 이에 관한 내용입니다.

두 번째로 **요청 및 데이터 검색**은 얼마나 사용했느냐에 대한 내용입니다. 어떤 파일이 있으면 그 파일을 얼마나 다운로드했느냐, 또는 얼마나 파일을 업로드했느냐에 따라 가격이 다를 수 있겠죠?

세 번째로 **데이터 전송 요금**은 다음과 같습니다. 1TB의 데이터를 사람들에게 전송한 것과 2TB를 전송한 것은 가격이 다릅니다. '스토리지'는 저장 공간을 얼마나 차지했느냐, '요청 요금'이라는 것은 얼마나 썼느냐, '데이터 전송 요금'은 얼마나 전송했느냐에 따라 요금과 정책이 나눠져 있습니다. 하지만 이 중에서 데이터 전송 요금은 클래스 타입과 상관없이 동일하고, 스토리지 요금과 요청 및 데이터 검색 요금은 스토리지 클래스에 따라 다릅니다.

우선 제일 단순한 데이터 전송 요금에 대한 설명부터 보겠습니다. S3로 데이터를 업로드할 때는 아무리 많은 파일을 업로드해도 무료지만 S3에 있는 파일을 다운로드할 때는 돈이 듭니다. 리전을 서울로 설정했을 때 다운로드 시 최대 1GB까지는 무료이고, 1GB에서 99.999TB까지는 GB당 $0.126이 들어간다는 것을 알 수 있습니다. 많이 사용할수록 가격이 저렴해지는 것을 확인할 수 있고, 1GB까지는 무료로 제공한다는 것도 알 수 있습니다.

스토리지	요청 및 데이터 검색	**데이터 전송**	관리 및 분석	복제	S3 객체 Lambda

다음을 제외하고 Amazon S3의 모든 송수신 대역폭에 대해 요금을 지불합니다.

- 인터넷에서 전송된 데이터입니다.
- 동일한 AWS 리전의 S3 버킷 간에 전송된 데이터입니다.
- Amazon S3 버킷에서 S3 버킷과 동일한 AWS 리전 내의 AWS 서비스로 전송된 데이터(동일한 AWS 리전의 다른 계정 포함)
- Amazon CloudFront(CloudFront)로 전송된 데이터

아래 요금은 Amazon S3에서 퍼블릭 인터넷을 통해 "수신" 및 "송신"되는 데이터를 기준으로 합니다††. AWS Direct Connect 요금에 대해 자세히 알아보세요.

월별 500TB를 초과하는 데이터 전송에 대해서는 당사에 문의해 주십시오.

리전: 아시아 태평양(서울) ⇕

	요금
인터넷에서 Amazon S3로 데이터 수신	
수신되는 모든 데이터	GB당 0.00 USD
Amazon S3에서 인터넷으로 데이터 송신	
최대 1GB/월	GB당 0.00 USD
다음 9.999TB/월	GB당 0.126 USD

스토리지 요금은 스토리지 클래스별로 요금이 나눠져 있는 것을 볼 수 있습니다.

마지막으로 요청 및 데이터 검색 요금 또한 스토리지 클래스마다 표로 구분돼 있습니다. 요청 요금표에서 GET은 S3에 있는 파일을 사용자가 다운로드하는 것으로, 다운로드 한 번당 GET 한 건을 의미합니다. 1000번 다운로드하면 0.0035USD라고 적혀 있습니다. GET 외에도 PUT, POST 요청은 파일을 추가, COPY는 복제, LIST는 파일 목록을 보는 요청입니다. 'PUT, COPY, POST 또는 LIST 요청' 같은 경우는 1000건당 0.0045USD로 다른 요청보다 비쌉니다.

| 스토리지 | 요청 및 데이터 검색 | 데이터 전송 | 관리 및 분석 | 복제 | S3 객체 Lambda |

S3 버킷 및 객체를 대상으로 수행한 요청에 대해 요금을 지불합니다. S3 요청 요금은 요청 유형을 기준으로 하며 아래 표와 같이 요청 수에 따라 요금이 부과됩니다. Amazon S3 콘솔을 사용하여 스토리지를 검색하는 경우 원활한 검색을 위해 실행되는 GET, LIST 및 기타 요청에 대해서는 비용이 발생합니다. 요금은 API/SDK를 사용할 때 실행되는 요청의 요금과 동일하게 부과됩니다. 다음 요청 유형에 대한 기술 세부 정보는 S3 개발자 가이드를 참조하세요. PUT, COPY, POST, LIST, GET, SELECT, 수명 주기 전환 및 데이터 검색. DELETE 및 CANCEL 요청은 무료입니다.

모든 스토리지 클래스에 대한 LIST 요청에는 S3 Standard PUT, COPY 및 POST 요청과 같은 요금이 부과됩니다.

S3 Standard - Infrequent Access, S3 One Zone - Infrequent Access, S3 Glacier 및 S3 Glacier Deep Archive 스토리지에 저장된 객체를 검색하는 요금이 부과됩니다. 데이터 검색 관련 기술 세부 정보는 S3 개발자 안내서를 참조하세요.

아래 S3 수명 주기 전환 요청 요금은 해당 스토리지 클래스에 대한 요청을 나타냅니다. 예를 들어, S3 Standard에서 S3 Standard-Infrequent Access로 데이터를 전환하면 1,000개의 요청당 0.01 USD 요금이 부과됩니다.

S3 Intelligent-Tiering에는 검색 요금이 없습니다. 나중에 Infrequent Access 티어의 객체에 액세스하는 경우 해당 객체가 자동으로 Frequent Access 티어로 다시 이동됩니다. 객체가 S3 Intelligent-Tiering 스토리지 클래스 내의 액세스 티어 간에 이동될 때는 계층화 요금이 추가로 적용되지 않습니다.

리전: 아시아 태평양(서울) ⬍

	PUT, COPY, POST, LIST 요청 (요청 1,000개당)	GET, SELECT 및 기타 모든 요청 (요청 1,000개당)	수명 주기 전환 요청(요청 1,000개당)	데이터 검색 요청(요청 1,000개당)	데이터 검색(GB당)
S3 Standard	0.0045 USD	0.00035 USD	해당 사항 없음	해당 사항 없음	해당 사항 없음
S3 Intelligent - Tiering	0.0045 USD	0.00035 USD	0.01 USD	해당 사항 없음	해당 사항 없음
Archive Access, 표준	해당 사항 없음	해당 사항 없음	해당 사항 없음	해당 사항 없음	해당 사항 없음
Archive Access, 대량	해당 사항 없음	해당 사항 없음	해당 사항 없음	해당 사항 없음	해당 사항 없음

다음 수업에서는 지금 우리의 상황에서 필수적이지는 않지만 재미 삼아 볼 수 있도록 표를 하나 정리했습니다. 함께 보면서 공부 방법도 한번 같이 생각해 보시죠.

요금 체계 비교

각 스토리지 클래스의 가격이 다르니까 머리가 너무 아픕니다. 그래서 리전이 서울일 때 스토리지 요금과 요청 및 데이터 검색 요금에 대해 5가지 스토리지 클래스를 비교하는 표를 만들어 봤습니다. 참고로 지능형 계층화(Intelligent-Tiering)는 Standard와 GET, PUT 요금이 동일하고 스토리지 요금은 티어마다 다르기 때문에 제외했으니 S3 요금 페이지에서 자세한 내용을 확인해 주세요.

https://youtu.be/fgQZVIH3W3U
(3분 41초)

	Standard	Standard-IA		One Zone-IA		Glacier		Glacier Deep Archive	
	cost	cost	ratio	cost	ratio	cost	ratio	cost	ratio
Storage	0.023	0.018	78.2608696	0.0144	62.6086957	0.005	21.7391304	0.002	8.69565217
GET	0.00035	0.001	285	0.001	285	0.00035	100	0.00035	100
PUT	0.0045	0.01	222	0.01	222	0.03258	724	0.06	1333

표의 열에서 Storage는 저장 공간 비용, GET은 다운로드 비용, PUT은 업로드 비용을 의미합니다. 표의 행은 크게 Standard, Standard-IA, One Zone-IA, Glacier, Glacier Deep Archive로 나눠져 있습니다. 스토리지 클래스 밑의 cost 열은 가격을, ratio 열은 Standard의 가격(cost)을 기준으로 한 스토리지별 비율입니다.

Standard의 Storage 비용이 0.023USD라고 했을 때, Standard-IA는 0.018USD이므로 이는 Standard의 78%입니다. 이처럼 One Zone-IA는 Standard의 62%, 그리고 Glacier는 21%, Glacier Deep Archive는 8%라는 뜻입니다. 가격이 점점 저렴해지죠? 여러분이 대규모 데이터를 저장할 때 저장 비용이 10억 원이라고 가정하면 Glacier를 사용해 2.1억 원에 저장할 수 있는 거예요.

이번에는 GET에 대한 비용, 즉 다운로드 비용에 대해 살펴봅시다. Standard는 다운로드 비용이 0.00035USD지만 Standard-IA는 0.001USD입니다. Standard 방식보다 Standard-IA는 다운로드 비용이 285% 비싼데요, 그 이유는 이름을 보면 알 수 있습니다. Standard-IA에서 IA는 'Infrequent Access'로, 자주 사용하지 않는 액세스를 의미합니다. 자주 사용하지 않을 때는 다운로드 금액이 중요하지 않지만 빈번하게 사용하는데 Infrequent Access 스토리지가 저렴하다는 이유만으로 채택하게 되면은 요금폭탄을 받습니다. One Zone-IA도 Standard보다 222%만큼 가격이 높고, Glacier와 Glacier Deep Archive는 Standard와 동일한 GET 비용이 듭니다.

Glacier Deep Archive가 가격이 제일 저렴하므로 좋아 보이지만 저렴한 데는 이유가 있습니다. 파일을 업로드하는 PUT 방식의 경우에는 Standard-IA와 One Zone-IA 둘 다 Standard보다 222% 비쌉니다. 그런데 Glacier와 Glacier Deep Archive는 이보다 훨씬 더 비용이 많이 듭니다. 결론적으로 이 스토리지 클래스들은 업로드하는 비용이 높고, 다운로드할 경우에도 소요되는 시간이 몇 시간씩 걸립니다. 매우 오래 걸리죠?

이렇게 요금이 서로 장점과 단점을 교차하고 있기 때문에 각자의 상황에 유리하게 잘 조합해서 사용하면 됩니다. 그런데 지금 이 순간에 이것에 대해서 꼼꼼히 알려고 하면 안 돼요. 그럴 필요가 전혀 없습니다. '아 저렇게 다르니까 저것을 조합해서 가장 좋은 결과를 내면 되겠구나'라고 생각하면 됩니다. 당분간은 마음을 편히 먹고 Standard를 쓰세요.

09 | 수업을 마치며

▶ https://youtu.be/iAKBACLQNr0 (5분 19초)

여기까지 오시느라 힘드셨죠? 지금까지 S3의 본질적인 모습을 살펴봤습니다. S3는 파일을 보관해주는 서비스에요. 여기서 출발하는 겁니다. '파일을 보관하게 해주면 그다음에는 무엇을 할 수 있지? 그것을 하고 나면 또 그다음에는 무엇을 할 수 있지?' 같은 생각이 꼬리에 꼬리를 물면서 오늘날의 S3가 만들어진 거겠죠? 이번 수업에서는 앞으로 여러분이 공부해 볼 만한 이 꼬리들을 소개해 드리고 저는 물러나겠습니다.

웹 서버

파일 저장소인 S3에는 웹 서버 기능이 기본적으로 내장돼 있어요. 앞에서 만든 'egoing-everybody' 버킷을 클릭해서 **속성** 탭을 클릭해 봅시다.

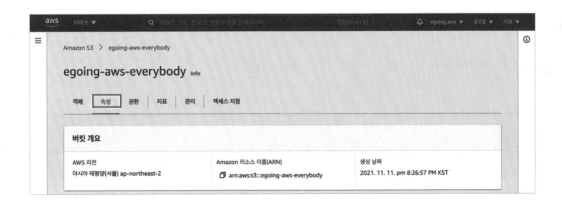

아래의 **정적 웹 사이트 호스팅** 기능을 활성화하면 S3에 보관한 파일로 전 세계 누구나 방문할 수 있는 웹 사이트를 만들 수 있습니다.

세계 최대 인터넷 쇼핑몰 아마존이 S3를 파일 서버로 사용하고 있거든요. 아마존보다 더 많은 사람이 방문하지 않는다면 S3가 다운되는 재난 상황은 고려하지 않으셔도 될 것 같습니다.

CDN

S3는 버킷을 리전별로 정하게 돼 있어요. 즉, 여러분이 서울을 리전으로 지정하면 뉴욕에 있는 사람은 엄청 느릴 수밖에 없습니다. 그리고 만약 그렇게 되면 여러분의 고객이 뉴욕에 있을 경우 그 비즈니스는 성공하기 힘들 것입니다.

AWS는 CloudFront라는 서비스를 제공하는데, 이러한 서비스를 CDN(Content Delivery Network)이라고 부릅니다. CDN이 동작하는 원리는 전 세계에 CDN 서버를 분산시켜 놨다가 요청이 들어오면 가장 가까운 곳에 미리 저장하고 있었던 콘텐츠를 보내 주는 것입니다. 뉴욕에 있는 사람이 우리 서비스에 접속하면 실제로 서울에 있는 서버가 응답하는 것이 아니라 뉴욕에 있는 서버가 응답해 주는 겁니다. 이렇게 하면 훨씬 더 빠르게 서비스할 수 있게 됩니다. S3를 웹 서버로 사용하는 분들은 CloudFront를 결합해 보세요. 전 세계를 대상으로 빠르게 정보를 전송할 수 있습니다.

버전 관리

S3는 버전 관리 기능을 자체적으로 가지고 있습니다. 마찬가지로 버킷의 **속성** 탭에 있는 **버킷 버전 관리** 기능을 활성화하면 같은 이름의 파일을 변경할 때 변경된 내용을 모두 보관합니다. 그럼 나중에 필요할 때 파일을 복원할 수가 있겠죠? 특히나 여러분이 만드는 시스템이 S3를 쓰고 그 시스템에 이력을 남기는 기능이 중요하다면 이를 직접 구현하지 않고 S3의 버전 관리 기능을 사용하면 됩니다.

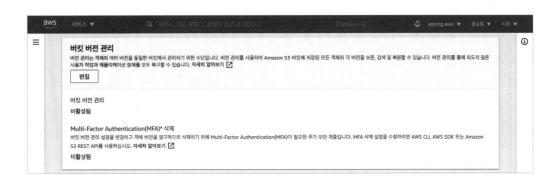

라이프 사이클

S3의 스토리지 클래스는 속도와 안정성, 무엇보다도 가격이 각기 다릅니다. 처음부터 특정 스토리지 클래스에 딱 들어맞는 파일도 있겠지만 또 어떤 파일은 시간이 흐름에 따라 다른 클래스에 적합한 경우도 있을 겁니다.

S3 스토리지 클래스 전반에 걸친 성능

	S3 Standard	S3 Intelligent-Tiering*	S3 스탠다드-IA	S3 One Zone-IA†	S3 Glacier	S3 Glacier Deep Archive
내구성을 위한 설계	99.999999999% (11개의 9)	99.999999999% (11개의 9)	99.999999999% (11개의 9)	99.999999999% (11개의 9)	99.999999999% (11개의 9)	99.999999999% (11개의 9)
가용성을 위한 설계	99.99%	99.9%	99.9%	99.5%	99.99%	99.99%
가용성 SLA	99.9%	99%	99%	99%	99.9%	99.9%
가용 영역	≥3	≥3	≥3	1	≥3	≥3
객체당 최소 용량 요금	해당 사항 없음	해당 사항 없음	128KB	128KB	40KB	40KB
최소 스토리지 기간 요금	해당 사항 없음	해당 사항 없음	30일	30일	90일	180일
검색 요금	해당 사항 없음	해당 사항 없음	검색한 GB당	검색한 GB당	검색한 GB당	검색한 GB당
첫 번째 바이트 지연 시간	밀리초	밀리초	밀리초	밀리초	분 또는 시간 선택	시간 선택
스토리지 유형	객체	객체	객체	객체	객체	객체
수명 주기 전환	예	예	예	예	예	예

예를 들어 볼까요? 사용자가 SNS 같은 서비스에 파일을 업로드했다고 생각해 봅시다. 처음에는 많은 사람이 보겠지만 1년이 지나면 보는 사람이 거의 없어진단 말이죠. 그렇게 10년이 지나면 안 본다고 봐야겠지만 볼 수도 있잖아요? 자, 그럼 우리가 S3를 사용해서 서비스하고 있는데 한 달에 10억씩 비용이 나간다고 상상해 봅시다. 그렇다면 우리는 어떤 꿈을 꾸게 될까요? 파일을 업로드하면 처음에는 Standard에 올라가고, 한 달이 지나면 그 파일을 사용하는 사람들이 적어지니까 파일을 Standard-IA로 넘겨서 저장 비용을 낮추고, 그 후 1년이 지나면 파일을 Glacier로 보내서 아예 그냥 백업만 해놓는 거죠. 혹시나 그 파일이 필요하다고 하면 몇 시간 후에 보내 주면 되잖아요? 이런 것들을 우리가 직접 구현하려면 상당히 까다롭습니다.

하지만 S3는 **라이프 사이클**이라는 기능이 있어서 이를 통해 시간에 따라 Standard에 있던 파일이 Standard-IA로 가게 하고, 또 Glacier로 가게 하는 등의 작업을 자동화할 수 있습니다.

이 밖에도 다양한 기능이 있지만 여기까지 하겠습니다. 지금까지 아마존 S3의 기능을 충분히 살펴봤습니다. 여러분은 이제 S3가 무엇인가에 대해 조금 구체적인 인상을 받게 됐을 겁니다. 물론 여전히 추상적으로 남아 있는 부분도 있겠지만, 언젠간 알게 되겠죠? 고생하셨고 축하드립니다.

Key Point

3일차, 4일차 수업에서 배운 주요 용어를 살펴보겠습니다.

- **S3**: Amazon S3는 Amazon Simple Storage Service의 약자로 아마존 웹 서비스에서 제공하는 온라인 스토리지 웹 서비스다. 쉽게 말해 구글 드라이브와 비슷한 서비스로 데이터를 저장, 검색, 삭제할 수 있다.

- **내구성**: 스토리지가 안정적으로 데이터를 기억할 수 있는 성질을 말한다. S3는 파일을 업로드 하면 그 파일을 하나의 컴퓨터가 아닌 여러 대의 컴퓨터에 복제해서 보관하며, 각 컴퓨터는 물리적으로 서로 멀리 떨어져 있는 다른 건물에 보관된다. AWS에 따르면 S3는 99.999999999%의 내구성을 보장한다.

- **버전 관리**: 객체(파일)의 변화를 기록했다가 특정 시점의 버전을 다시 복원할 수 있는 시스템을 말한다. S3는 버킷에 저장된 모든 객체의 버전을 보존, 검색, 복원할 수 있다.

- **오브젝트(Object)**: S3에서는 파일을 오브젝트(Object, 객체)라고 표현한다.

- **폴더(Floder)**: 객체를 담을 수 있는 폴더를 말한다.

- **버킷(Bucket)**: 연관된 오브젝트를 그룹핑한 최상위 디렉터리를 말한다. 쉽게 하나의 프로젝트를 하나의 버킷이라고 생각하면 된다. 버킷을 단위로 스토리지의 리전(region)을 지정할 수 있다.

- **스토리지 클래스**: AWS S3에는 'Standard', '지능형 계층화', 'Standard-IA', 'One Zone-IA', 'Glacier', 'Glacier Deep Archive', '중복 감소'로 6가지 형태의 스토리지가 있다. 스토리지 클래스마다 장단점이 다르므로 파일의 성격에 따라 자신에게 유리한 것을 선택해야 한다.

- **웹 서버**: 웹 브라우저에서 요청하는 HTML 문서나 파일 등을 전송해주는 프로그램을 말한다. 파일 저장소인 S3에는 웹 서버 기능이 기본적으로 내장돼 있다.

- **CDN(Content Delivery Network)**: 콘텐츠 전송 네트워크. 전 세계에 CDN 서버를 분산하여 요청이 들어오면 가장 가까운 곳에서 미리 저장하고 있던 콘텐츠를 보내주는 기술을 말한다.

잊지 마세요!

실습 중에 프리 티어를 이용해 EC2 컴퓨터를 만들었지만, 프리 티어는 일정 기간(시간)만 무료로 사용할 수 있습니다. 따라서 EC2 컴퓨터를 사용하지 않는다면 비용이 발생하지 않도록 꼭 종료해주세요.

나의 첫
프로그래밍 교과서
**LEARNING
SCHOOL**

핵심 서비스만 쏙쏙 배우는 AWS 10일 완성

생활코딩!
아마존 웹 서비스

5일차
S3를 서버로
활용하기

01 | 인터넷을 여는 열쇠: 서버와 클라이언트

지금부터 인터넷이 동작하는 가장 기본적인 원리를 알아보겠습니다. 인터넷이 동작하기 위해서는 컴퓨터가 최소 몇 대가 있어야 될까요? 두 대입니다. 한 대는 인터넷이 아니고 세 대는 본질적이지 않죠. **두 대의 컴퓨터**가 서로 정보를 주고받게 되는 순간 인류는 완전히 새로운 존재가 됐습니다.

팀 버너스리(Tim Berners-Lee)는 두 대의 컴퓨터를 장만해서 두 개의 프로그램을 개발합니다. 하나는 **웹 브라우저**라는 프로그램이고 또 하나는 **웹 서버**라는 프로그램이었습니다. 그리고 이 두 대의 컴퓨터는 인터넷으로 연결돼 있어요. 그리고 웹 서버가 설치된 컴퓨터는 info.cern.ch라고 하는 **주소**를 가지고 있습니다. 지금 당장은 저 컴퓨터가 어떻게 저런 주소로 갖게 됐는지는 몰라도 괜찮아요. 마법이라고 생각하세요.

그리고 웹 서버가 설치돼 있는 컴퓨터에는 하드디스크가 있겠죠. 그리고 하드디스크의 어느 디렉터리 안에 index.html이라는 파일이 저장돼 있습니다. 그리고 웹 브라우저에서 주소창에 info.cern.ch/index.html를 입력하고 엔터를 쳤을 때 어떤 일이 생기는지를 살펴봅시다. 웹 브라우저가 설치돼 있는 컴퓨터는 인터넷을 통해 전기적인 신호를 info.cern.ch에 해당하는 컴퓨터에 보냅니다. 신호 안에는 '나는 index.html 파일을 원합니다'라는 정보가 담겨 있어요. 그걸 어떻게 담는지는 마법이에요. 알면 기술. 모르면 마법. 마법도 괜찮아요.

그러면 info.cern.ch에 해당하는 컴퓨터에 설치된 웹 서버라는 프로그램이 하드디스크에서 index.html이라는 파일을 찾고, 그것을 전기적 신호로 바꿔서 웹 브라우저가 설치돼 있는 컴퓨터에게 다시 보내줍니다. 이 전기적 신호 안에는 index.html 파일 안에 저장돼 있던 코드가 담겨 있겠죠? 마법입니다.

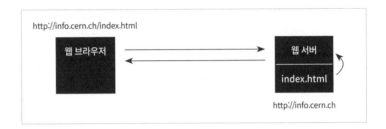

그러면 웹 브라우저가 설치된 컴퓨터에는 index.html이라는 파일의 내용, 즉 코드가 도착합니다. 그 코드를 웹 브라우저가 읽어서 해석한 다음 화면에 표시하면 우리가 알고 있는 **웹 사이트**가 동작하게 되는 겁니다.

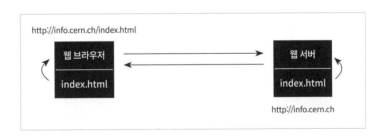

이 관계를 잘 보시면 웹 브라우저가 설치돼 있는 컴퓨터와 웹 서버가 설치돼 있는 컴퓨터가 서로 정보를 주고받습니다. 그럼 이 중에서 웹 브라우저가 설치된 컴퓨터는 정보를 요청하고 있나요, 응답하고 있나요? **요청(request)**하고 있습니다. 반대로 웹 서버가 설치돼 있는 컴퓨터는 정보를 응답하나요, 요청하나요? **응답(reponse)**하고 있습니다.

인터넷을 만든 사람들은 이 두 대의 컴퓨터가 서로 정보를 주고받을 때 각 컴퓨터를 역할에 따라서 어떻게 부를까 고민했겠죠. 그리고 최대한 쉬운 말로 표현하고 싶었을 것입니다. 그래서 깊은 고민에 빠졌습니다. 자본주의 사회에서 가장 자주 사용되는 관계가 뭔가요? 부모, 자식? 그런데 이건 자본주의랑 상관없잖아요. 주종관계? 이건 봉건주의 시대의 이야기고요. 바로 고객과 사업자겠죠. 고객은 영어로 **클라이언트(client)**, 그리고 서비스를 제공하는 사람은 **서버(server)**라고 하죠. 그래서 인터넷을 만든 사람들은 인터넷을 사용하는 컴퓨터들 사이에 정보가 왔다 갔다 할 때 요청하는 컴퓨터를 **클라이언트 컴퓨터**, 응답하는 컴퓨터를 **서버 컴퓨터**라고 부르기로 합니다.

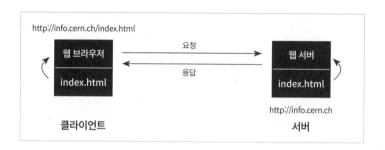

지금 우리가 배우고 있는 것은 웹이잖아요. 그래서 웹 브라우저라는 이름이 붙여진 것은 사실은 웹 클라이언트라고도 부를 수 있는 겁니다. 만약 여러분이 만들고 있는 시스템이 게임이라고 한다면, 그리고 그 게임이 인터넷에 연결돼 있다면 우리는 이렇게도 부를 수 있습니다. 사용자들이 게임을 하는 컴퓨터 또는 스마트폰에 설치돼 있는 프로그램은 **게임 클라이언트**, 게임 회사가 가지고 있는 서버 컴퓨터에 설치돼 있는 프로그램은 **게임 서버**라고 할 수 있습니다.

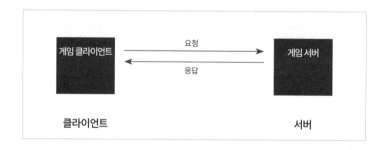

혹은 여러분이 채팅 시스템을 만든다고 가정해 봅시다. 그러면 인터넷이라는 관점의 기준으로 사용자들이 사용하는 채팅 프로그램은 **채팅 클라이언트**, 그리고 채팅 회사가 갖고 있는 서버에 설치된 프로그램은 **채팅 서버**라고도 부를 수 있습니다.

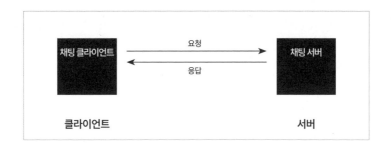

아마 여러분은 웹 브라우저의 사용법을 잘 알고 있을 것이고, 저보다 더 잘 쓰시는 분들도 많을 겁니다. 웹 브라우저는 익숙하지만 웹 서버는 낯설고 무섭게 느껴지지 않으세요? 아마 그럴 겁니다. 그런데 잘 생각해 보면 웹 브라우저는 물질인가요? 아니죠. 웹 브라우저는 논리적인 시스템이에요. 추상적인 대 상입니다. 그럼에도 우리는 웹 브라우저를 매일 같이 쓰고 사람들이랑 이야기하고 웹 브라우저에 대해 생각을 하니까 마치 저것이 물질인 것처럼 느끼게 되는 것이죠. 웹 서버라고 하는 것은 웹 브라우저랑 똑같이 인터넷에서 내려받아 컴퓨터에 설치하고 실행해서 쓰면 되는 일반적인 프로그램입니다. 다만 우리가 웹 서버를 써본 적이 없기 때문에 낯설고 추상적으로 느껴지는 것 뿐입니다.

제가 좋아하는 일화가 하나 있습니다. 컴퓨터를 만든 분 중 한 분이 존 폰 노이만(John von Neumann)이라는 분인데, 엄청난 수학 천재였습니다. 그분한테 누군가가 '어떻게 수학을 잘 하세요?' 라고 물어봤더니 그 분이 이렇게 얘기했대요. (뭐, 확인은 안 해 봤습니다.)

"수학은 이해하는 게 아니라 익숙해지는 거라네."

제 생각에는 우리가 공부를 하는 최종적인 목표는 이해가 아니라 익숙해지는 겁니다. 익숙해지기 위한 수많은 방법 중 하나가 이해일 뿐이에요. 여러분이 웹 서버라고 하는 추상적인 것을 계속해서 이야기하 고 생각하고 써보면 이것도 물질처럼 느껴져요. 그러니까 지금 낯선 것이 막막하게 느껴지는 건 당연합 니다. 하지만 마음을 좀 열어 주세요.

우리는 웹 브라우저에 대해 충분히 잘 알고 있습니다. 그럼 우리의 관심사는 어디로 향해야겠어요? 웹 서버로 향하게 되는 것이죠. 그리고 웹 서버를 사용할 수 있게 된다는 것은 무슨 뜻이에요? '내 컴퓨터 에 있는 문서를, 전 세계에 있는 누구나, 인터넷이 연결돼 있는 컴퓨터에 웹 브라우저를 설치하면 보게 할 수 있다'라고 하는 아주 혁명적인 일을 우리가 해 보려고 하는 겁니다.

바로 이 일을 하는 두 가지 방법이 있어요. 이 중 한 가지 방법을 쓰시면 되는데요, 첫 번째는 **자신의 컴퓨터에 웹 서버를 직접 깔아서 하는 방법**이고, 또 하나는 자신의 컴퓨터에 직접 설치하는 것이 아니라 이런 일을 **대행하는 업체에 맡기는 방법**입니다. 자신의 컴퓨터에 직접 설치하는 것은 어렵지만 그 과정에서 인터넷과 관련된 여러 가지 개념을 배울 수 있습니다. 그리고 **웹 호스팅**이라고 하는 것을 이용해서 회사에게 맡기는 것은 쉬워요. 하지만 인터넷이 동작하는 원리 등 이런 것들이 많이 감춰져 있기 때문에 배울 것은 적습니다. 그럼 어떻게 하는 게 좋을까요? 일단 웹 호스팅으로 쉽게 해보고, 그리고 웹 서버를 통해 원리를 파악해 보는 방향을 추천합니다. 좀 어렵게 느껴지거나 아니면 시간이 없으면 웹 호스팅만 보고 수업을 끝내도 됩니다. 제가 생각의 재료를 여러분께 알려줬으니 그 재료에 따라 여러분이 현명하게 자신의 진로를 선택하길 바랍니다.

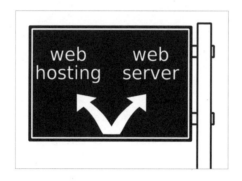

02 | 웹 호스팅

지금부터 S3 웹 호스팅 서비스 수업을 시작하겠습니다. 이 수업은 'WEB1 – HTML & Internet' 수업[1], 'AWS2 – S3' 수업[2]에 의존하는 수업입니다. 웹사이트를 만드는 방법을 모른다면 WEB1 수업을, S3의 기본 사용법을 모른다면 S3 수업을 먼저 보고 이 수업에 참여할 것을 권장합니다.

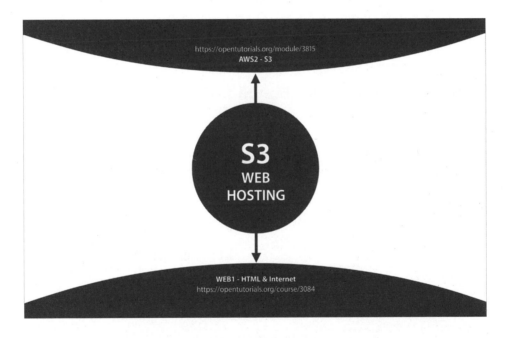

S3를 이용하면 HTML, CSS, 자바스크립트로 만들어진 웹사이트를 S3를 통해 서비스할 수 있습니다. 즉, S3가 웹 서버가 되는 것입니다. 이 웹 서버는 세계 최대 온라인 쇼핑몰인 아마존[3]이 사용하고 있을 정도로 튼튼합니다. 또 웹 서버로 사용하고 싶은 버킷에서 버튼만 누르면 웹 서버가 됩니다.

---

1   https://opentutorials.org/course/3084
2   https://opentutorials.org/module/3815
3   https://www.amazon.com/

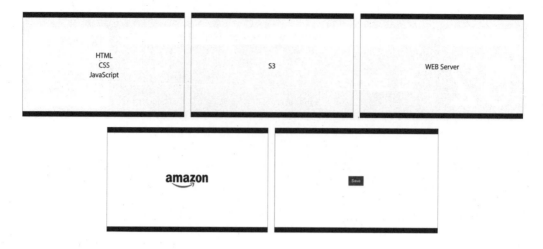

자, 그럼 지금부터 S3를 웹 서버로 이용해봅시다.

다음 그림은 WEB1 수업에서 만든 예제를 내려받을 수 있는 웹사이트(https://github.com/web-n/web1_html_internet)입니다. **Code**라고 적힌 버튼을 클릭하고, 그중에서 **Download ZIP** 버튼을 클릭하면 다운로드가 시작됩니다.

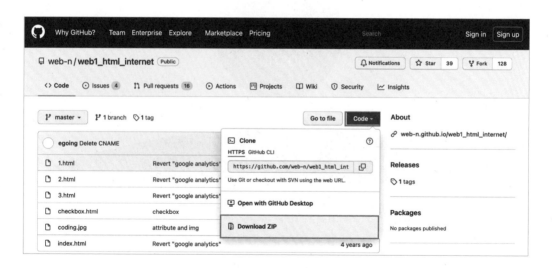

그리고 나서 내려받은 파일의 압축을 풉니다. 현재 사용 중인 운영체제마다 압축을 푸는 방법은 조금씩 다르겠죠?

압축 해제한 파일을 한번 열어 볼까요?

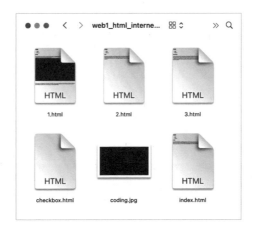

index.html이라는 파일을 열면 이렇게 생긴 웹사이트가 나오고, 이 웹사이트를 S3로 업로드하려고 하는 것입니다.

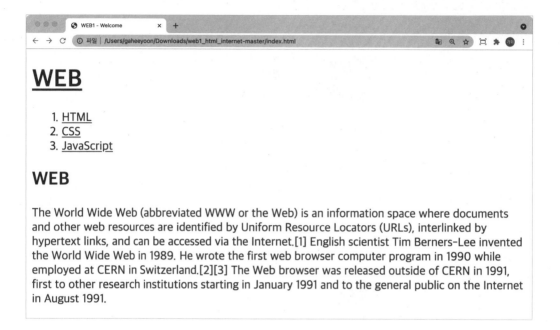

먼저 새로운 버킷을 만들겠습니다. S3 페이지로 들어가 **버킷 만들기**를 클릭합니다.

이 버킷의 이름은 'egoing-web1-html'[4]으로, 버킷의 리전은 '서울'로 지정했습니다.

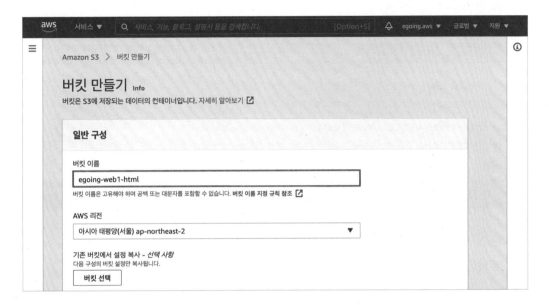

그리고 이 웹 페이지를 누구나 볼 수 있게 해야 하므로 3, 4번째 옵션만 체크해야 합니다. 다음 그림과 같이 확인란을 체크합니다.

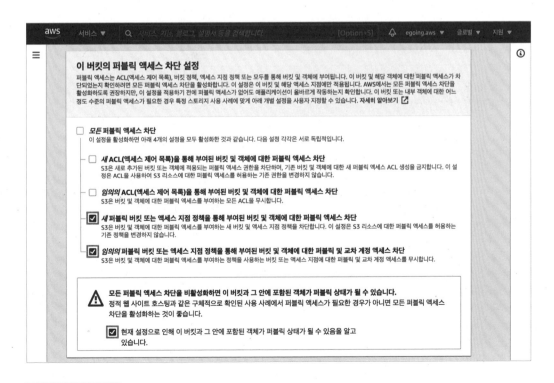

퍼블릭 액세스 차단 설정 외에도 여러 가지 옵션이 있지만 중요한 것은 없으니 페이지의 아래로 내려가서 **버킷 만들기** 버튼을 누릅니다.

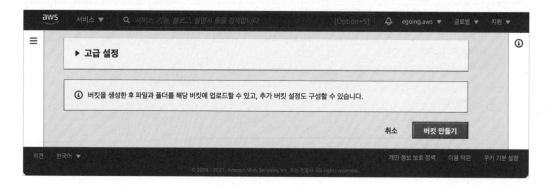

S3 페이지가 나오고 egoing-web1-html 버킷이 생성된 상태인 것을 알 수 있습니다. 해당 버킷의 이름을 클릭해 버킷의 페이지로 들어가겠습니다.

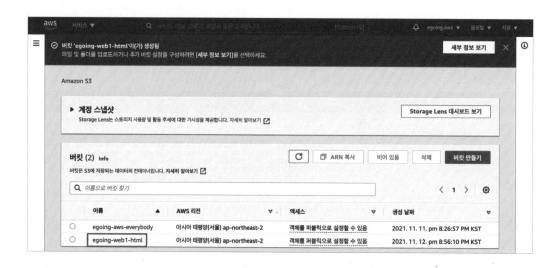

다음으로 해야 할 일은 웹 페이지에 사용할 파일을 드래그해서 버킷에 업로드하는 것입니다. 업로드할 파일을 드래그해서 버킷에 내려놓습니다.

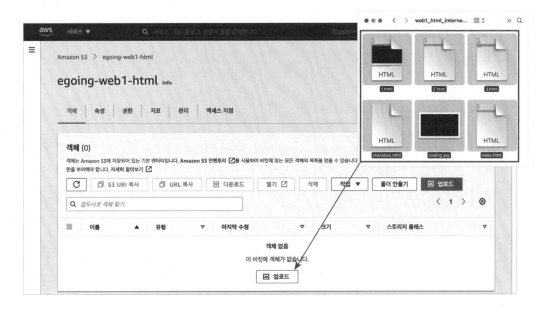

그럼 다음과 같이 파일들이 업로드 페이지에 추가됩니다.

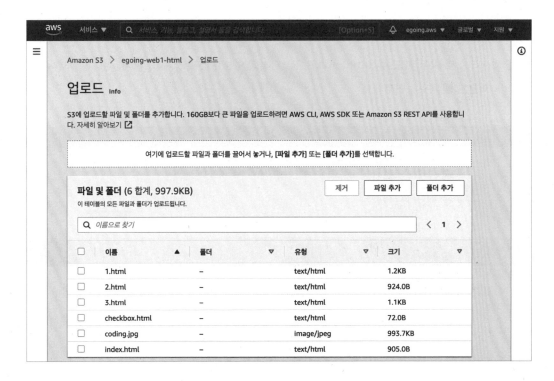

파일이 페이지에 추가되면 스크롤을 내려 **권한** 섹션을 찾습니다. **권한**을 클릭해 **미리 정의된 ACL**에서 **퍼블릭 읽기 액세스 권한 부여** 항목에 체크하고 그 아래의 확인란 또한 체크합니다.

속성 섹션의 스토리지 클래스는 이미 '스탠다드'로 설정돼 있으므로 속성에서는 따로 변경할 부분이 없습니다. **업로드** 버튼을 눌러주세요.

파일이 성공적으로 업로드됐다는 페이지가 나오고 **닫기**를 누릅니다.

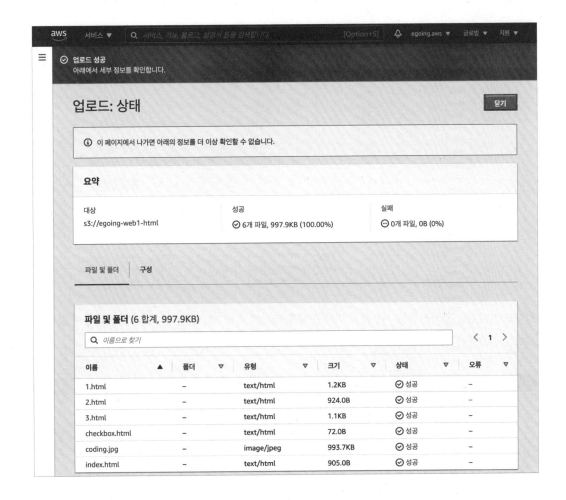

그럼 다음과 같이 다시 버킷 페이지로 돌아갑니다.

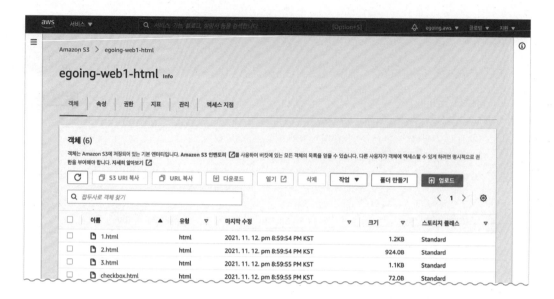

업로드한 파일을 웹사이트로 사용하기 위해 **속성**을 클릭해 **속성** 탭으로 가면 페이지의 맨 밑에 **정적 웹 사이트 호스팅**이라는 기능이 있습니다.

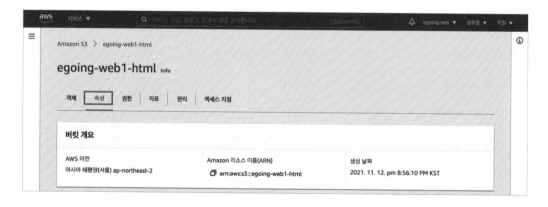

편집 버튼을 클릭해 주세요.

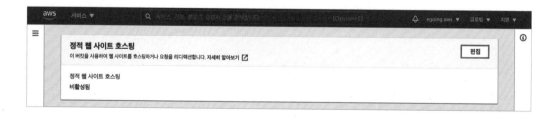

정적 웹 사이트 호스팅에서 **활성화**를 선택하면 다음과 같은 화면이 나옵니다. 여기서 **인덱스 문서**란 사용자가 우리의 웹 사이트로 접속했을 때 경로 또는 파일명을 지정하지 않으면 기본적으로 사용자에게 전송할 파일인 홈페이지를 의미합니다. 저는 index.html 파일을 홈페이지로 사용할 것이기 때문에 해당 파일의 이름을 입력했습니다.

그런 다음 페이지의 아래로 가 **변경 사항 저장** 버튼을 클릭합니다.

이제 우리의 버킷이 웹 서버가 됐습니다. 그럼 우리가 만든 버킷에 사용자들이 접속할 수 있게 해봅시다. **속성** 탭으로 들어간 다음,

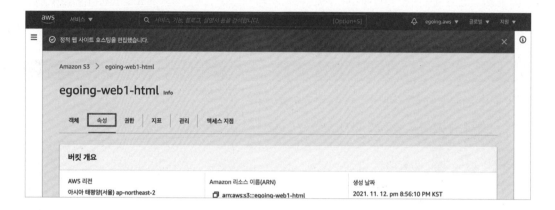

정적 웹 사이트 호스팅 부분을 보면 **버킷 웹 사이트 엔드포인트**라는 항목에 URL이 나오는데, 이 URL이 바로 우리가 만든 웹 서버의 주소가 되는 것입니다. URL을 한번 클릭해 보죠.

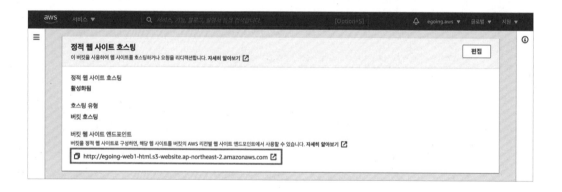

그러면 다음과 같이 웹 페이지가 열립니다. 제가 경로에다 index.html을 생략했음에도 이렇게 웹 페이지가 잘 보이는 것은 웹 호스팅을 설정할 때 인덱스 문서를 index.html로 지정했기 때문입니다.

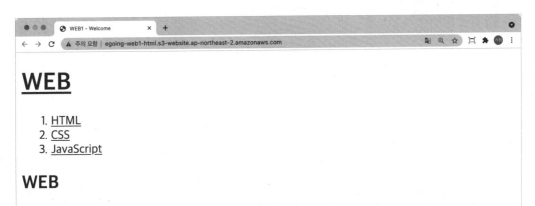

여기까지입니다. 어때요, 간편하죠?

여러분이 웹 서버가 필요할 때 컵라면처럼 간편하게 운영할 수 있는, 하지만 아주 강력한 서버가 S3의 웹 호스팅 기능입니다. 고생하셨고 축하합니다.

01 수업 소개

지금부터 아마존 CloudFront 수업을 시작하겠습니다. 이 수업은 'AWS1' 수업[1]과 'HTTP Cache' 수업 [2]에 의존하는 수업입니다. 아마존의 기본 사용법을 모른다면 AWS1 수업을, 캐시에 대해 잘 모른다면 HTTP Cache 수업을 먼저 볼 것을 권해드립니다.

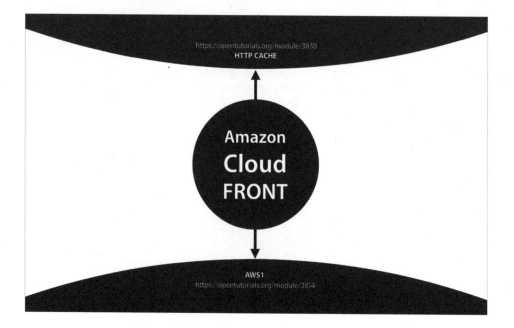

---

1   https://opentutorials.org/module/3814

2   https://opentutorials.org/module/3830

CloudFront를 즐기기 위해서는 두 가지 기능을 이해해야 합니다. 바로 캐시와 CDN이라는 것입니다. 캐시가 가장 기본적인 기능이고, 원한다면 CDN이라는 기능도 사용할 수 있습니다.

Cache   CDN

캐시

웹페이지를 PHP나 Node.js 또는 파이썬 장고 같은 기술로 만들어서 서비스하고 있다고 상상해 보세요(이런 기술에 대해서는 잘 몰라도 괜찮아요). 이런 기술들은 사용자 요청이 들어왔을 때 미리 준비된 HTML 파일을 전송하는 것이 아니라 PHP나 Node.js 같은 프로그래밍 언어를 통해 동적으로 웹 페이지(HTML 코드)를 프로그래밍적으로 생성해서 요청할 때마다 응답하는 방식입니다. 당연히 미리 준비된 HTML 파일을 서비스하는 방식보다 훨씬 더 많은 자원을 사용하게 됩니다. 다시 말해 더 많은 시간과 비용이 들게 된다는 것이죠.

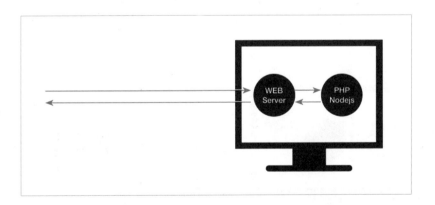

이러한 경우에 웹 페이지가 자주 변경되지 않는다면 사용자의 요청이 들어올 때마다 그 복잡한 과정을 매번 반복해야 됩니다. 이것은 굉장히 비효율적인 일이 될 거예요. 생산자 입장에서는 돈을 많이 써야 될 테고, 사용자 입장에서는 느리게 느껴질 것입니다.

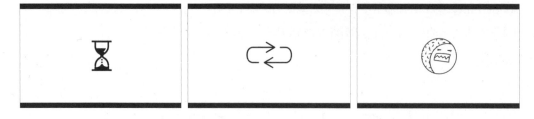

바로 이러한 상황에 처해 있다면 우리는 이런 꿈을 꾸지 않을까요? '사용자에게 한번 콘텐츠를 전송하면 그다음에 다시 요청했을 때는 더 이상 이 복잡한 과정을 거치지 않고 저장된 결과를 서비스할 수 있다면 얼마나 좋을까?' 바로 이렇게 **저장된 결과**를 이용해서 응답하는 것을, 저장의 의미로 **캐시**라고 부릅니다. 그리고 이러한 역할을 전담하는 서버를 **캐시 서버**라고 해요. CloudFront의 첫 번째 기능은 바로 이 캐시 서버의 역할을 제공하는 것입니다.

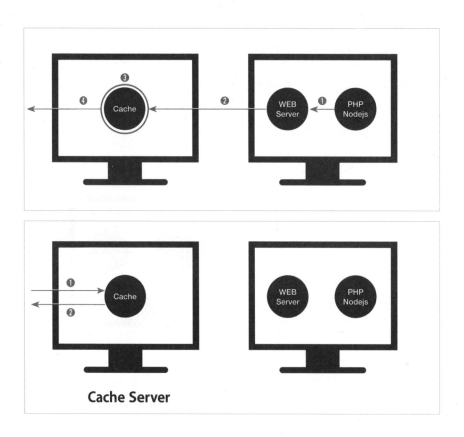

CDN

두 번째는 세계화라고 하는 흐름과 관련돼 있습니다. 상상해 보세요. 여러분의 서버는 서울에 있어요. 그런데 많은 고객들이 뉴욕, 런던, 상파울로, 케이프타운에서 접속하고 있습니다. 적게는 5초, 많게는 10초 이상 고객들이 접속하는 데 시간이 걸린다면 여러분은 얼마나 애가 탈까요? 자연스럽게 우리는 이런 꿈을 꾸게 될 거예요. '전 세계 어디에 있건 1초 만에 접속할 수 있게 하고 싶다'.

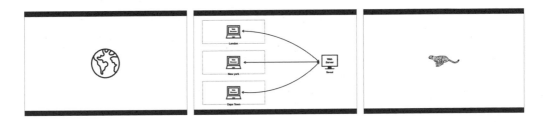

이를 극복하게 해주는 기술을 CDN(Content Delivery Network)이라고 부릅니다. CDN을 이용하면 전 세계에 있는 사용자에게 빠르게 콘텐츠를 배달해 줄 수 있습니다.

CloudFront는 기본적으로 캐시 서버에요. 따라서 캐시 서버가 필요하다면 CloudFront를 이용하면 됩니다. 동시에 CloudFront는 전 세계에 흩어져 있는 AWS의 인프라를 이용하는 캐시 서버이기 때문에 CDN으로써 동작하기도 합니다. 지금부터 우리는 웹 서버의 부담을 줄이고 전 세계 사용자에게 고속으로 콘텐츠를 제공하는 방법인 CloudFront의 사용자가 되어 볼 것입니다. 자, 준비 됐나요? 출발합시다.

▶ https://youtu.be/Om6OKT9IX8s (6분 16초) ●

02 | 수업의 목적

지금부터 CloudFront를 사용하기 위한 준비를 해보겠습니다. 저는 웹 서버를 하나 장만했어요. 당연히 CloudFront 같은 서비스는 웹 서버가 있을 때 사용하는 서비스이기 때문에 여러분도 각자 자신의 방법대로 웹 서버를 마련하면 되겠습니다[1]. 그냥 구경만 해도 괜찮고요.

다음은 제가 장만한 서버 화면입니다. 이 서버에는 제가 웹 서버를 설치해 뒀습니다. 그리고 이 디렉터리는 저의 도큐먼트 루트 디렉터리입니다.

```
Terminal
ubuntu@ip-172-31-46-1:/var/www/html$
```

현재 image.jpg라는 이미지 파일이 하나 있는 상태입니다.

```
Terminal
ubuntu@ip-172-31-46-1:/var/www/html$ ls -al
total 1016
drwxrwxrwx 2 root   root       4096 Nov 13 02:12 .
drwxr-xr-x 3 root   root       4096 Nov 13 02:03 ..
-rw-rw-r-- 1 ubuntu ubuntu 1017548 Nov 13 02:12 image.jpg
```

그리고 저는 여기에다 이제 웹 페이지, 즉 인덱스 파일을 만들 거예요. 여러분이 알고 있는 HTML과 똑같은 것입니다.

다음 명령어를 실행하면 vim 편집기가 실행됩니다.

```
Terminal
ubuntu@ip-172-31-46-1:/var/www/html$ sudo vim index.html
```

---

1 이 책과 동일하게 실습하고 싶다면 부록 – 02. CloudFornt 실습 환경 준비를 참고해주세요.

그럼 i 키를 누른 후 다음과 같이 HTML 코드를 입력합니다.

```
index.html

<html>
        <body>
                Hello, CloudFront
        </body>
</html>
```

코드 작성을 완료하면 ESC 키를 누른 후 ':wq'를 입력합니다. 그러면 우리가 만든 index.html 파일이 저장됩니다.

다음 그림은 제가 웹 브라우저로 왼쪽에 있는 웹 서버에 접속한 모습인데, 서버의 주소 끝에 index.html 이라고 입력하면 우리가 추가한 'Hello, CloudFront'라는 텍스트가 보이게 됩니다.

저는 여러분에게 CloudFront가 동작하는 모습을 좀 더 분명하게 보여 주기 위해 두 가지 조치를 하고 싶어요. 첫 번째로 할 것은, 현재 이 웹페이지가 지금 굉장히 빨리 열리므로 좀 느리게 열리게 하는 것입니다. 그래야만 CloudFront를 이용해 성능을 향상시켰다는 것을 보여줄 수 있거든요. 두 번째는 페이지를 새로고침할 때마다 이 웹페이지의 HTML 코드를 프로그래밍적으로 만들어내는 것입니다. 현재 웹 페이지에서 마우스 오른쪽 버튼을 클릭한 후 **페이지 소스 보기**를 선택합니다.

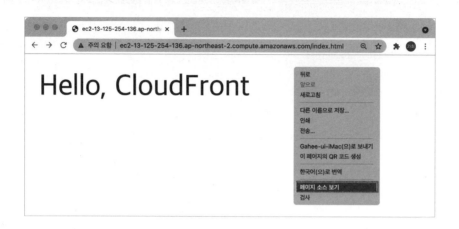

그럼 현재 소스코드는 보면 다음과 같은 상태입니다.

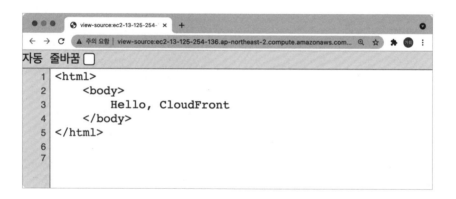

앞서 말한 바를 수행하기 위해서는 동적 콘텐츠를 만들어야 하는데 그때 사용하는 기술에는 PHP, Node.js, 파이썬(Python), 루비(Ruby), JSP 등이 있습니다. 그중에 이 책에서는 PHP를 사용할 겁니다. 참고로 이런 기술을 몰라도 괜찮아요. 그냥 구경만 하시면 됩니다.

PHP를 사용하기 위해서는 앞에서 만든 index.html 파일의 이름을 index.php로 바꿔야 합니다. 다음 명령어를 실행하면 파일명이 index.php로 바뀝니다. 당연히 지금 보여드리는 명령도 몰라도 괜찮습니다.

```
Terminal
ubuntu@ip-172-31-46-1:/var/www/html$ sudo mv index.html index.php
```

그리고 나서 파일 목록을 보면 index.php로 바뀐 것을 알 수 있습니다.

```
Terminal
ubuntu@ip-172-31-46-1:/var/www/html$ ls -al
total 1008
drwxrwxrwx 2 root    root       4096 Nov 13 02:44 .
drwxr-xr-x 3 root    root       4096 Nov 13 02:03 ..
-rw-rw-r-- 1 ubuntu ubuntu 1017548 Nov 13 02:12 image.jpg
-rw-r--r-- 1 root    root         53 Nov 13 02:23 index.php
```

그리고 다음 명령으로 이전과 똑같이 index.php 파일을 열겠습니다.

```
Terminal
ubuntu@ip-172-31-46-1:/var/www/html$ sudo vim index.php
```

```
index.php
<html>
        <body>
                Hello, CloudFront
        </body>
</html>
```

파일의 이름이 index.html이 아니라 index.php로 바뀌었으니 웹 브라우저에 입력하는 URL도 index.html 대신 index.php로 바꾸고 접속합니다. 그럼 이전과 같은 화면이 나옵니다.

페이지 소스를 보더라도 완전히 똑같은 결과가 나옵니다.

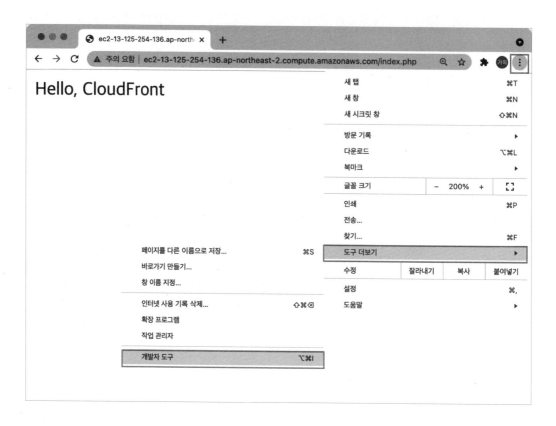

그럼 이제부터 PHP를 이용해 먼저 index.php를 느리게 만들 것입니다. 웹 브라우저에서 오른쪽 상단에 있는 [⚙] 버튼을 클릭한 다음 [도구 더보기] – [개발자 도구]를 선택해 개발자 모드를 엽니다.

개발자 도구의 **Network** 탭으로 들어가 페이지를 새로고침해 보겠습니다.

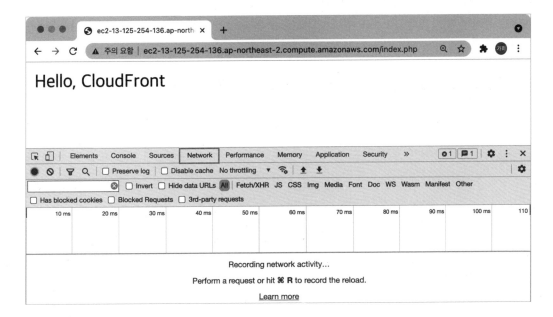

사용자가 웹 브라우저로 index.php에 접근했을 때 현재 21ms가 걸린다는 것을 알 수 있어요. 참고로 1000ms가 1초에요. 굉장히 빠른 속도입니다. 이렇게 빨라서는 우리가 CloudFront를 사용할 이유도 없고 그 효과도 느끼기가 힘듭니다.

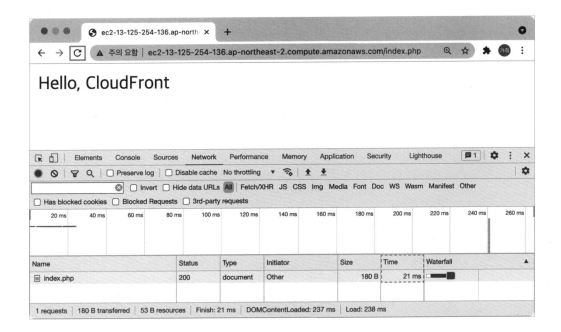

그래서 저는 PHP가 갖고 있는 기능을 이용해 1초의 지연시간을 갖게 할 거에요. 간단한 PHP 문법을 사용해 볼 겁니다(PHP 수업이 아닌 건 아시죠?). 다시 터미널로 돌아와서 i를 눌러 vim 편집기를 수정 모드로 변환한 후 다음과 같이 코드를 작성합니다. 다음 코드에서 강조 상자 안의 부분은 PHP라는 컴퓨터 언어를 웹 서버가 이해할 수 있게 합니다.

```
index.php
<?php

?>
<html>
        <body>
                Hello, CloudFront
        </body>
</html>
```

그리고 나서 PHP 명령 중 하나인 sleep을 다음과 같이 작성합니다. 그러면 코드가 실행되면서 1초 동안 이 부분에서 멈춰 있다가 1초가 지난 뒤에 나머지 부분을 실행해 웹 브라우저에게 전송됩니다.

```
index.php
<?php
        sleep(1);
?>
<html>
        <body>
                Hello, CloudFront
        </body>
</html>
```

파일 수정을 완료한 후 ESC 키를 누르고 ':w'를 입력해서 변경 사항을 저장합니다.

```
ubuntu@ip-172-31-46-1: /var/www/html
<?php
        sleep(1);
?>
<html>
        <body>
                Hello, CloudFront
        </body>
</html>

~
:w
```

그럼 다시 한번 웹 브라우저에서 페이지를 새로고침해 보겠습니다. 그러면 다음과 같이 접속하는 데 1.02초가 걸린 것을 볼 수 있습니다. 이로써 웹 사이트가 충분히 사용자를 불편하게 할 만큼 느려진 상태가 되었습니다.

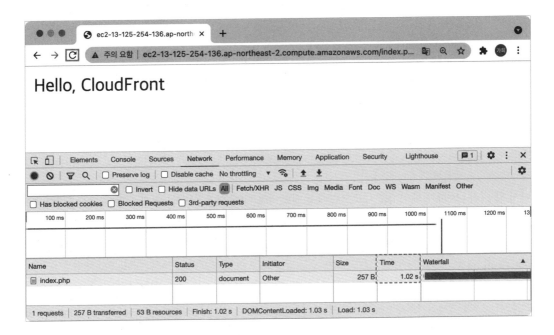

두 번째로 해야 할 일은 PHP를 이용해 웹 페이지가 열릴 때마다 페이지의 내용이 달라지게 하는 것입니다. 그러자면 다음과 같이 'Hello, CloudFront' 뒤에다 현재 시각을 표시하는 PHP 명령을 추가합니다. 이전과 같이 i를 눌러 vim 편집기를 입력 모드로 바꾼 후 다음과 같이 코드를 작성합니다.

```
index.php
<?php
        sleep(1);
?>
<html>
        <body>
                Hello, CloudFront
                <?php
                        print(date(DATE_RFC822));
                ?>
        </body>
</html>
```

코드 작성이 완료되면 ESC 키를 누르고 ':wq'를 입력해 수정 사항을 저장합니다.

```
                              ubuntu@ip-172-31-46-1: /var/www/html
<?php
        sleep(1);
?>
<html>
        <body>
                Hello, CloudFront
                <?php
                        print(date(DATE_RFC822));
                ?>
        </body>
</html>

~
~
:wq
```

다시 웹 브라우저에서 페이지를 새로고침해 볼게요. 1초 뒤에 다음과 같이 현재 시각이 표시됩니다. 여기서 초 부분을 주목해 보세요. 새로고침할 때마다 시각이 다르게 출력됩니다. 이처럼 HTML 파일로 만들면 그 파일은 항상 똑같은 내용을 보여주지만 PHP 같은 기술을 이용하면 HTML 코드가 동적으로 만들어집니다.

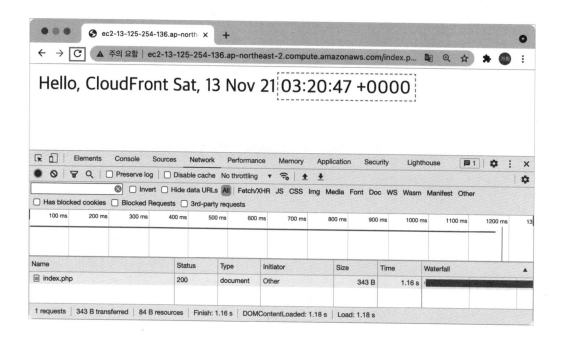

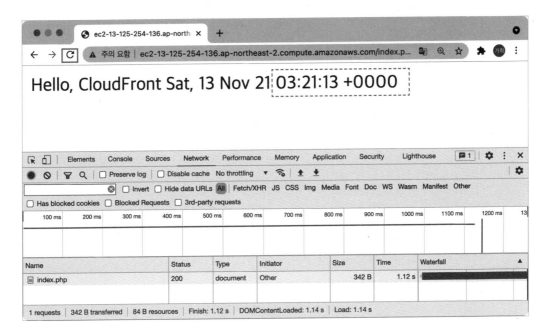

페이지 소스 보기를 해보면 똑같은 HTML 코드인데 현재 시각을 나타내는 부분이 바뀐 것을 알 수 있습니다.

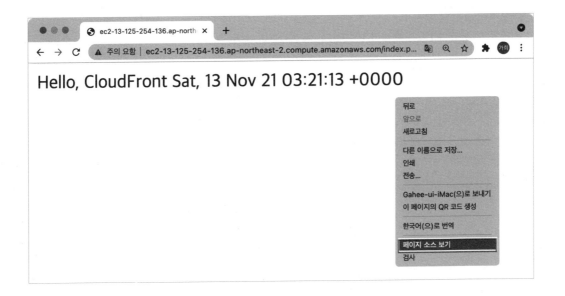

```
1  <html>
2      <body>
3          Hello, CloudFront
4          Sat, 13 Nov 21 03:21:13 +0000   </body>
5  </html>
6
7
```

```
<?php
        sleep(1);
?>
<html>
        <body>
                Hello, CloudFront
                <?php
                        print(date(DATE_RFC822));
                ?>
        </body>
</html>
"index.php" 12L, 115C                    12,0-1        All
```

이처럼 웹 사이트를 만들고 이 웹 사이트를 통해 여러 가지 일을 하고 있다면, 그리고 웹 페이지가 열릴 때마다 로딩 시간이 1초가 아니라 10초라면 우리는 어떤 불만족을 갖게 될 테고, 자연스럽게 그 불만족으로 인해 어떤 꿈을 갖게 될까요? 좀 더 빠르게 동작하는 웹 사이트를 만들고 싶어질 것입니다. 특별히 서버 쪽에서 뭔가를 복잡하게 하지 않고도 그렇게 하는 방법이 바로 CloudFront 같은 캐시 서버를 사용하는 것입니다.

다음 시간에 이 문제를 해결해 봅시다.

03 | CloudFront 생성

CloudFront를 만들어 봅시다. 상단바의 **서비스**를 선택하고, 카테고리 중에서 **네트워킹 및 콘텐츠 전송**의 **CloudFront**라고 하는 서비스를 클릭합니다.

다음 화면이 CloudFront의 메인 화면인데, 여기서 맨 먼저 해야 할 일은 **CloudFront 배포 생성** 버튼을 누르는 것입니다.

이 버튼을 누르기 전에 돌아가는 상황을 좀 살펴보죠. CloudFront를 사용하게 되면 더 이상 우리의 웹 서버는 사용자를 직접 만나지 않습니다. 누가 앞에 있느냐? CloudFront가 앞에 있게 됩니다. 그래서 사용자가 CloudFront로 접속하게 되면 CloudFront가 클라이언트가 돼서 웹 서버에게 요청해요. 웹 서버가 자기가 갖고 있던 정보를 CloudFront에게 보내주면 CloudFront는 그 정보를 가지고 있다가 사용자에게 응답해 줍니다. 그렇게 웹 서버의 정보를 CloudFront가 저장하게 되면 그다음부터 요청은

CloudFront가 처리하게 됩니다. 웹 서버는 이제 노는 상태가 되는 거예요. 바로 이런 점에 착안해서 웹 서버는 CloudFront에게 정보를 제공하는 원천이란 뜻에서 **오리진(Origin)**이라 표현합니다. 그리고 오리진의 데이터가 전 세계에 있는 CloudFront의 캐시 서버로 분배된다고 해서 CloudFront를 **디스트리뷰션(Distribution)**이라고 부릅니다.

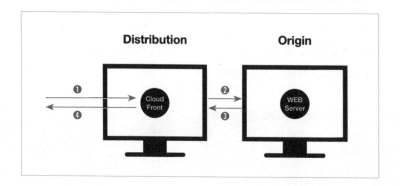

1. 사용자가 CloudFront로 접속

2. CloudFront가 클라이언트가 돼서 웹 서버에게 요청

3. 웹 서버가 자신의 정보를 CloudFront에 전송.

4. CloudFront는 웹 서버의 정보를 저장하고 사용자에게 응답

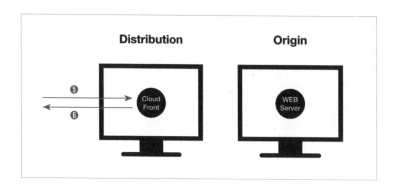

5. 사용자가 CloudFront로 접속

6. 웹 서버의 정보를 CloudFornt가 저장하게 되면 그 다음의 요청은 CloudFront가 응답

다시 AWS로 돌아가서 버튼을 클릭하면 배포를 생성하는 여러 가지 복잡한 화면이 나옵니다. 그중에서 여러분이 주목해야 할 것은 **원본 도메인**입니다.

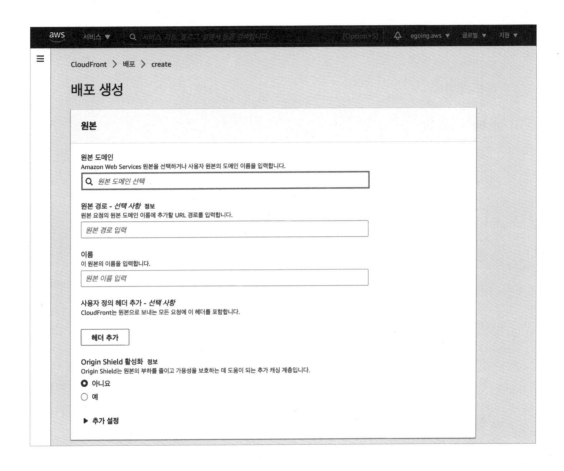

원본 도메인은 오리진 웹 서버의 주소를 적는 항목인데, 여러분이 서버의 성격을 갖고 있는 AWS 서비스를 쓰고 있다면 해당 칸을 클릭해서 리스트 중 하나를 선택하면 됩니다.

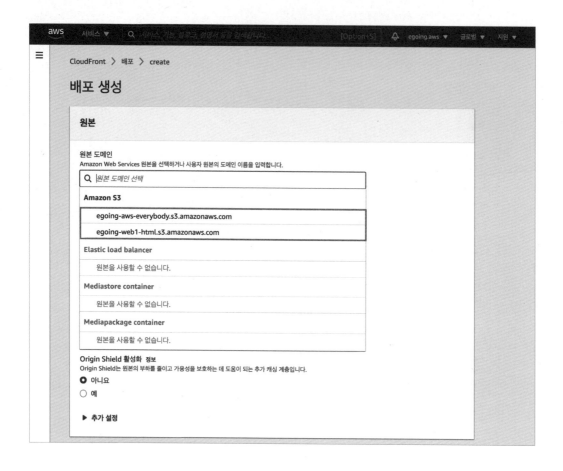

혹은 그렇지 않고 저처럼 직접 서버를 운영하고 있다면 그 주소를 복사해서 붙여넣기 해주세요. 이때 주소에는 파일의 이름, HTTP와 같은 프로토콜, IP 주소 모두 쓰면 안 되고 도메인만 써야 합니다. 그럼 아래 그림과 같이 화면이 바뀔 거예요. **원본** 섹션의 나머지 부분은 자동으로 설정되니 따로 변경하지 않아도 됩니다.

이때 만약 오리진이 기본 포트인 80번 포트를 쓰지 않고 있다면, 예를 들어 '도메인:8080/index.php'로 접속할 수 있다면 **HTTP 포트**에 '8080'이라고 입력해야 합니다. 즉, **HTTP 포트**는 오리진의 포트를 적는 부분입니다.

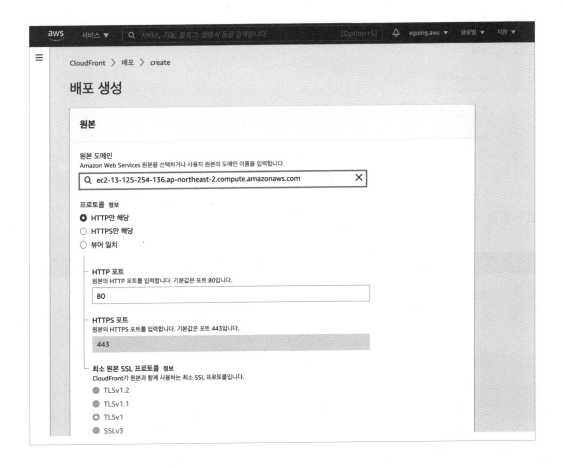

그리고 나서 캐시 정책과 관련된 **기본 캐시 동작**으로 넘어가겠습니다. 이 섹션은 기본 설정을 사용하면 됩니다.

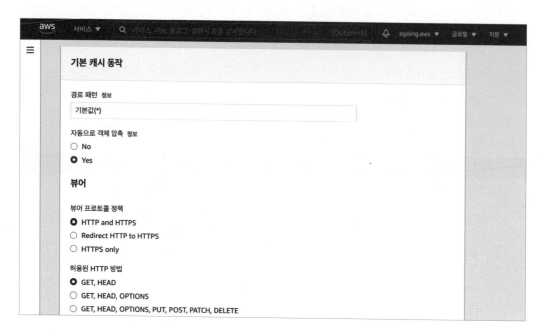

함수 연결 부분은 선택 사항이니 넘어가도 됩니다.

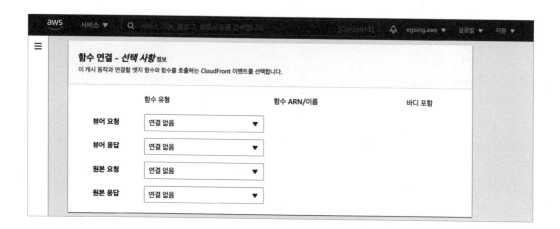

설정은 CDN과 관련된 섹션으로, 전 세계 어디에다 컴퓨터를 배치할 것인지를 지정합니다. 이것도 지금은 관심사가 아닙니다.

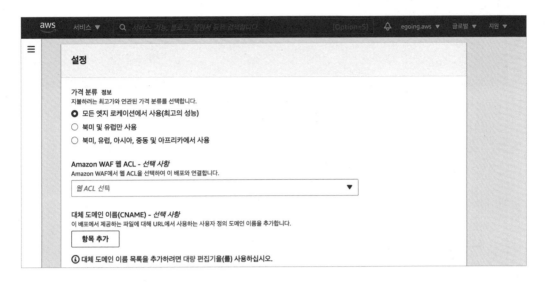

이렇게 해서 맨 마지막 페이지에 도착하면 **배포 생성** 버튼을 클릭합니다.

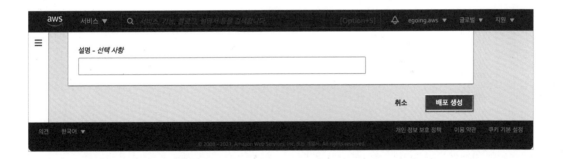

그럼 다음과 같이 배포가 생성 완료됐다는 문구와 이 배포의 상세 페이지가 나옵니다. **일반** 탭에서 **배포 도메인 이름**이라고 적혀 있는 이 주소가 중요합니다. 바로 이 주소가 우리가 생성한 CloudFront의 주소예요. 이 주소를 복사해 주세요.

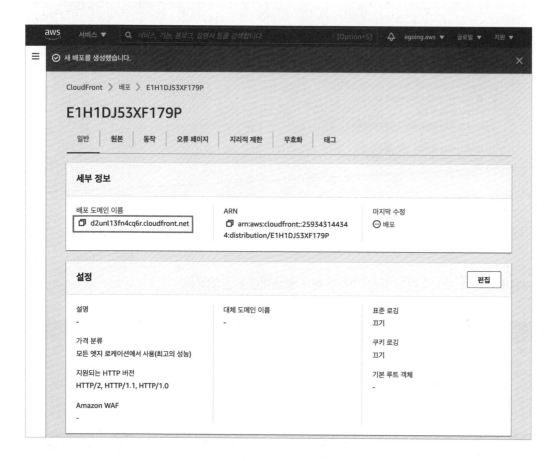

이 주소로 접속해 보겠습니다. 복사한 주소에 '/index.php'를 덧붙이고 엔터를 치면 페이지가 잘 열리는 것을 볼 수 있습니다. 우리가 만든 웹 서버와 똑같은 내용을 가지고 있는 것을 볼 수 있습니다.

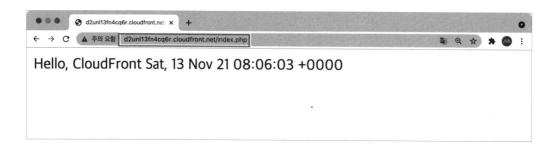

그런데 이렇게 만드는 게 중요한 것이 아니라 이전에 어떤 문제가 있었고 그 문제로 인해 어떤 꿈을 꿨었나요? 우리가 만든 웹 사이트는 접속할 때마다 시간이 1초씩 걸리는 대단히 느린 웹 사이트였습니다. 다시 웹 브라우저에서 개발자 모드를 열고 **Network** 탭을 보겠습니다. CloudFront를 앞단에 배치했더니 접속할 때 속도가 어떤가요? 1000ms가 1초인데 11ms, 또 페이지를 새로고침해서 접속해 보면 비슷한 속도가 나오는 것을 볼 수 있습니다. 굉장히 빠르게 반응하는 웹 애플리케이션을 만들 수 있게 된 겁니다.

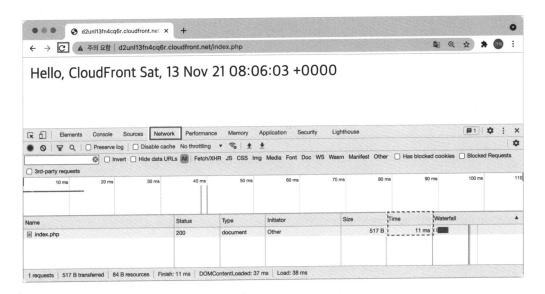

환상적이지 않나요? 이제 여러분은 '나 CloudFront 할 줄 알아'라고 이야기할 수 있는 상태가 된 겁니다. 축하드립니다.

하지만 현실은 복잡하고 사람의 욕심은 끝이 없죠. 우리의 웹 사이트는 조금 아쉬운 점이 있어요. 다음처럼 오리진은 느리긴 하지만 접속할 때마다 페이지가 새로고침되고 페이지의 숫자가 바뀝니다. 계속해서 변화하는 웹 사이트라는 말이죠.

느리지만 접속할 때마다 페이지의 숫자가 바뀌는 오리진

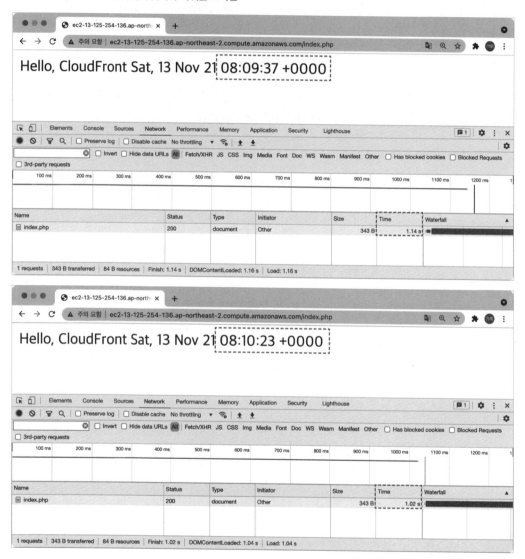

그런데 CloudFront로 만든 웹사이트는 아무리 접속해도 꽤 오랜 시간 동안 똑같은 내용이 나옵니다.

오랜 시간 똑같은 내용이 나오는 CloudFront로 만든 웹사이트

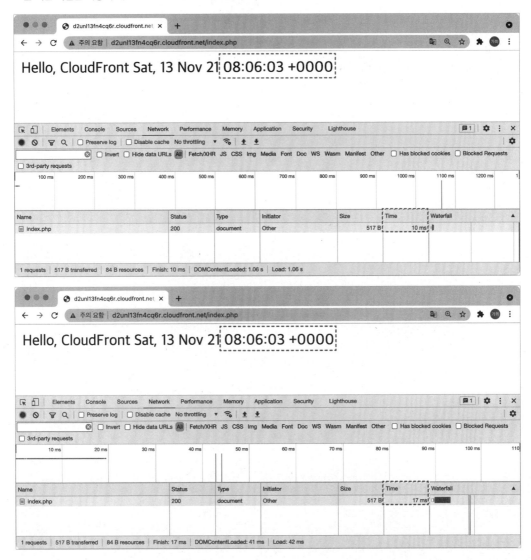

이것은 오리진의 데이터가 바뀌었는데 디스트리뷰션은 그것을 모르고 있기 때문에 생기는 문제입니다. 그럼 우리의 다음 도약 지점이 보이죠? 바로 캐시를 컨트롤하는 방법에 대해 다음 시간부터 살펴보겠습니다.

나의 첫
프로그래밍 교과서
**LEARNING
SCHOOL**

핵심 서비스만 쏙쏙 배우는 AWS 10일 완성

생활코딩!
아마존 웹 서비스

6일차

CloudFront를
이용해서
전 세계에
배포하기

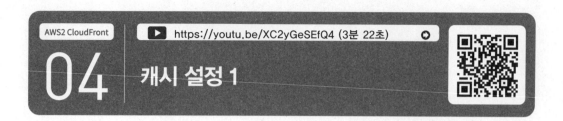

이전 시간에 오리진의 내용이 바뀌었음에도 배포가 그것을 반영하고 있지 못한 신선도의 문제에 대해
이야기했습니다. 성능을 적당히 발휘하면서 적당히 신선한, 이 두 가지를 완벽하게 하는 건 불가능하거
든요. 이번 시간에는 그 절충안을 찾는 방법을 살펴보겠습니다.

CloudFront 콘솔에서 아래 그림의 배포에 해당하는 관리자 화면으로 들어가 보겠습니다. 배포 ID를
클릭합니다.

동작 탭에 들어가 보면 **경로 패턴**이 별표(*)로 돼 있는 것은 CloudFront에 들어오는 모든 경로의 동작
방법을 지정한다는 뜻입니다. 해당 동작을 선택하면 **편집** 버튼이 활성화되는데, 이를 클릭합니다.

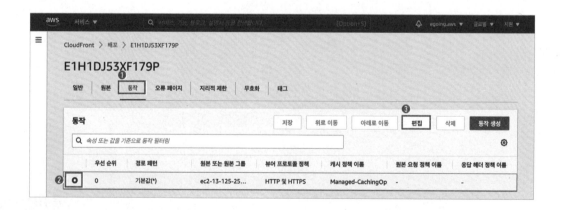

다음과 같이 배포의 **동작 편집** 화면이 나옵니다.

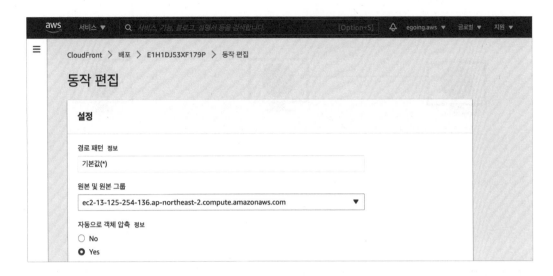

그중 **캐시 키 및 원본 요청**에서 Legacy cache settings를 선택하면 관련 항목이 나오는데, 우리의 관심사는 **객체 캐싱**입니다. 여기서 객체는 그냥 웹페이지 또는 이미지라고 생각하면 됩니다. 그리고 객체 캐싱에는 **Use origin cache headers**라는 항목이 있는데, 이는 오리진의 캐시와 관련된 헤더를 사용해서 캐시를 CloudFront에서 얼마 동안 살려둘 것인지를 지정하겠다는 뜻입니다.

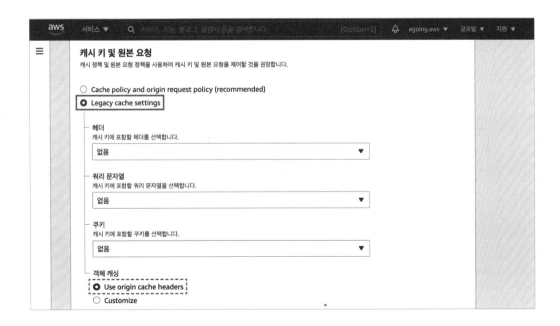

다음 그림을 한번 보죠. 웹 브라우저가 CloudFront에 접속하겠죠?

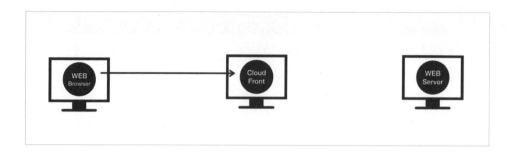

그림 CloudFront는 웹 브라우저가 요청한 파일과 경로를 웹 서버에게 다시 요청할 것입니다.

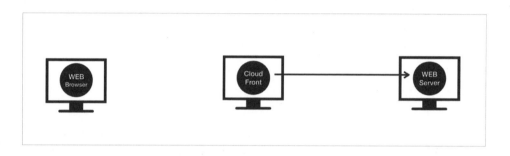

웹 서버는 자기가 가진 정보를 응답할 때 헤더 값으로 캐시와 관련된 설정, 즉 가장 중요한 Cache-Control의 값을 지정합니다. 예를 들어, max-age를 60초로 지정하면 웹 서버가 클라이언트에게 '이 정보는 60초 동안 유효하니까 60초 동안은 나한테 물어보지 마'라는 뜻입니다.

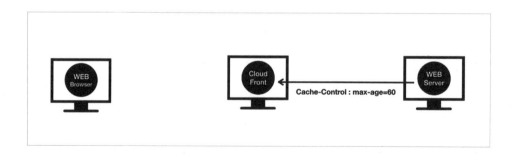

그러면 CloudFront는 그 정보를 보고 이 웹 서버가 제공한 정보를 60초 동안 지속하겠다라고 각오합니다. 그리고 그 정보를 웹 브라우저에게 다시 응답하면서 웹 서버가 알려준 그대로 돌려줍니다.

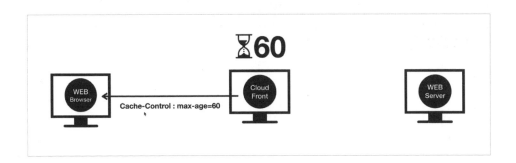

그럼 웹 브라우저는 어떻게 생각할까요? 60초 동안은 이 정보에 대해서는 요청하지 말아야 한다고 생각하게 되는 겁니다. 웹 브라우저는 웹 브라우저대로 60초 동안 CloudFront에게 요청하지 않습니다. 그런데 이 웹 브라우저가 아니라도 다른 사람들이 또 CloudFront에 접속할 거 아니에요? 그럼 60초 동안은 웹 서버에게 더 이상 정보를 요청하지 않고 자기 레벨에서 응답해 주면 웹 서버는 60초 동안 놀 수 있는 상태가 되는 것입니다.

그럼 이번 시간은 여기까지 하고, 다음 시간에 캐시를 바꿔 보는 것을 통해 캐시에 익숙해지는 시간을 가져보겠습니다.

이번 시간에는 캐시를 직접 컨트롤해 보겠습니다. 위쪽 화면은 웹 브라우저에서 접속한 웹 서버와 그 주소이고, 아래쪽 화면은 터미널에서 접속한 웹 서버입니다.

아파치 웹 서버는 접속이 들어올 때마다 액세스 로그(access log)라는 텍스트 파일에 접속자에 대한 정보를 적어 놓습니다. 이를 로그라고 하는데, 로그는 제가 쓰고 있는 컴퓨터에서는 var → log → apache2라는 디렉터리 안의 access.log라는 파일에 있습니다. 안의 apache2라는 디렉터리에 access.log라는 파일에 있습니다.

> 액세스 로그의 위치: /var/log/apache2/access.log

이 파일의 내용을 실시간으로 출력하고 싶을 때는 다음과 같은 명령을 실행하면 됩니다.

```
Terminal
ubuntu@ip-172-31-46-1:~$ tail -f /var/log/apache2/access.log
```

그럼 화면에 무언가 복잡하게 출력되는데, 저는 엔터를 여러 번 쳐서 출력된 내용을 위로 올려서 보이지 않도록 처리하겠습니다.

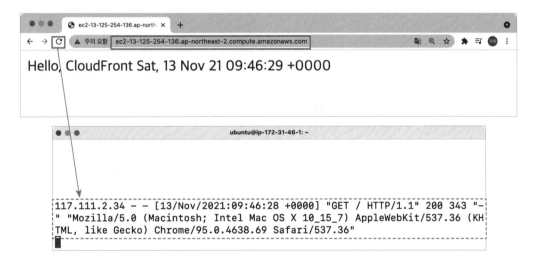

웹 페이지를 새로고침해 보면 접속할 때마다 웹 서버의 엑세스 로그에 한 줄씩 추가되는 것을 볼 수 있습니다.

이제 웹 브라우저에서 CloudFront에 접속하는 페이지로 바꾸고 진행하겠습니다. CloudFront에서 새로고침해 볼게요. 지금 엄청 빨리 새로고침하고 있는데도 전혀 반응이 없어요. 그 이유는 우리의 웹 서버는 놀고 있고 CloudFront 혼자서 일하고 있기 때문입니다.

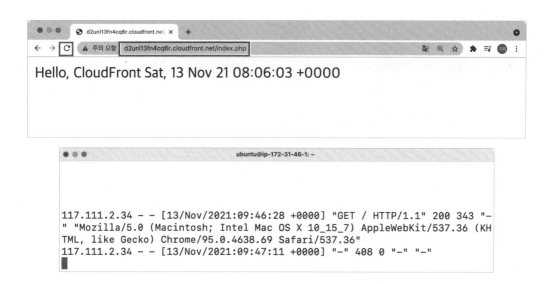

그런데 제가 하고 싶은 건 무엇이냐면 오리진 웹 서버의 정보가 사용자가 요청할 때마다 실시간으로 자주 바뀔 필요는 없지만, 예를 들어 10초에 한 번 정도는 최신 상태로 유지되게 하는 것입니다.

이를 위해서는 우리의 웹 서버가 웹 브라우저에게, 즉 웹 서버가 웹 클라이언트에게 캐시를 10초 동안 진행하라고 이야기해야 합니다. 그러자면 PHP에서는 header라는 명령을 쓰면 됩니다. 다음과 같이 '캐시의 최대 나이는 10초다'라고 적는 것입니다.

```
header("Cache-Control: max-age=10");
```

이 명령어를 입력하기 위해 index.php 파일을 열겠습니다. 먼저 index.php 파일이 있는 경로로 이동하고 다음과 같은 명령어를 입력해 파일을 엽니다.

Terminal
```
ubuntu@ip-172-31-46-1:~$ cd /var/www/html/
ubuntu@ip-172-31-46-1:/var/www/html$ sudo vim index.php
```

i를 누르면 하단에 'INSERT'라는 문구가 표시되는데, 이는 편집 모드로 변환된 것을 의미합니다.

```
● ● ●                    ubuntu@ip-172-31-46-1: /var/www/html
<?php
        sleep(1);
?>
<html>
        <body>
                Hello, CloudFront
                <?php
                        print(date(DATE_RFC822));
                ?>
        </body>
</html>
█
~
~
-- INSERT --                                      12,1          All
```

편집 모드에서 다음과 같이 코드를 추가합니다.

```
index.php

<?php

        header("Cache-Control: max-age=10");

        sleep(1);

?>
<html>

        <body>

                Hello, CloudFront

                <?php

                        print(date(DATE_RFC822));

                ?>

        </body>

</html>
```

코드를 추가하고 나면 ESC 키를 눌러 편집 모드에서 빠져나와 ':w'를 입력하고 엔터를 쳐서 파일의 변경 사항을 저장합니다.

```php
ubuntu@ip-172-31-46-1: /var/www/html
<?php
        header("Cache-Control: max-age=10");
        sleep(1);
?>
<html>
        <body>
                Hello, CloudFront
                <?php
                        print(date(DATE_RFC822));
                ?>
        </body>
</html>
~
:w
```

그럼 웹 브라우저에서 다시 웹 서버 페이지를 새로고침해 보겠습니다. 개발자 모드의 **Network** 탭을 열고 페이지를 새로고침하면 **Status**에 200이 표시되고 시간은 1초가 걸렸습니다. 그런데 캐시를 웹 브라우저가 받았을 텐데 그다음에 접속했을 때도 1초가 걸려요. 이상하죠? 저는 지금 CloudFront를 쓰고 있지 않습니다. **Network** 탭에서 index.php를 클릭해 봅시다.

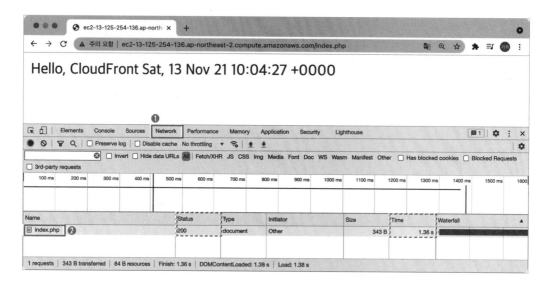

그럼 다음과 같은 정보가 나오는데, 스크롤을 내려서 요청의 **Request Headers**를 보면 Cache-Control의 max-age가 0으로 나옵니다. 이 얘기는 무슨 뜻이냐면 웹 브라우저가 웹 서버한테 '여기 있는 새로고침 버튼을 눌렀을 때, 나 캐시 안 쓸 거야'라고 얘기한 겁니다.

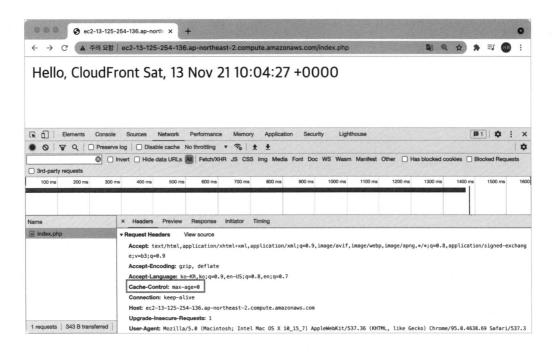

그럼 어떻게 하면 자연스럽게 캐시를 쓸까요? 바로 링크를 클릭해서 들어가면 됩니다. 저는 웹 페이지에 자기 자신으로 가는 링크를 달 거예요. 다시 index.php 파일을 열고 i를 눌러 편집 모드로 바꾼 후 다음과 같이 코드를 추가합니다.

```
index.php

<?php
        header("Cache-Control: max-age=10");
        sleep(1);
?>
<html>
        <body>
                Hello, CloudFront
                <?php
                        print(date(DATE_RFC822));
                ?>
                <a href="/index.php">self</a>
        </body>
</html>
```

코드 입력을 마치면 ESC키를 눌러 편집 모드에서 빠져나와 ':wq'를 입력하고 엔터를 쳐서 변경 사항을
저장합니다.

```
ubuntu@ip-172-31-46-1: /var/www/html
<?php
        header("Cache-Control: max-age=10");
        sleep(1);
?>
<html>
        <body>
                Hello, CloudFront
                <?php
                        print(date(DATE_RFC822));
                ?>
                <a href="/index.php">self</a>
        </body>
</html>

:wq
```

그런 다음 페이지를 새로고침하면 보다시피 시간 뒤에 'self'라는 링크가 나옵니다. 이 링크를 클릭합
니다.

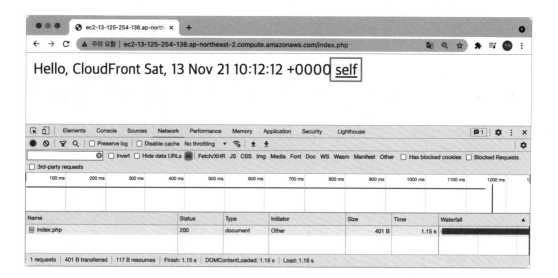

그럼 다음과 같이 **Size**라는 항목에 '(disk cache)'라고 표시됩니다. 웹 브라우저가 웹 서버에 요청하지 않는 상태가 된 겁니다.

index.php를 클릭하면 이 요청에 대한 헤더를 확인할 수 있습니다.

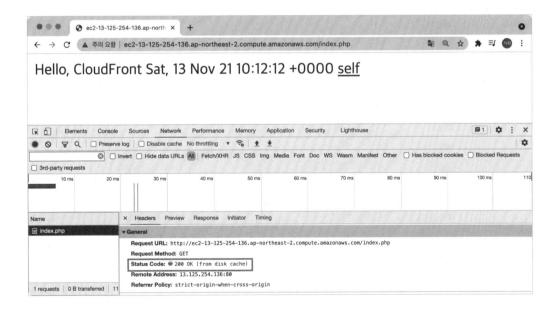

이제 테스트 환경을 갖췄으니 CloudFront로 접속해 보겠습니다. 이때 웹 서버는 앞에서 본 것과 같이 링크가 추가되는데 CloudFront는 아무리 페이지를 새로고침해도 링크가 추가되지 않습니다. 그 이유는 캐시가 살아 있기 때문입니다. 그리고 기본적으로 CloudFront는 캐시를 24시간 동안 저장합니다. 이래서는 링크가 반영되려면 24시간 동안 기다려야 되잖아요? 그럴 수는 없기 때문에 이제 우리한테는 또 어떤 도약 지점이 필요하냐면 캐시를 강제로 지우는 방법이 필요해진 것입니다. 다음 시간에 캐시를 강제로 지우는 방법을 살펴보고 그다음에 다시 캐시를 설정하는 이 파트로 돌아오겠습니다.

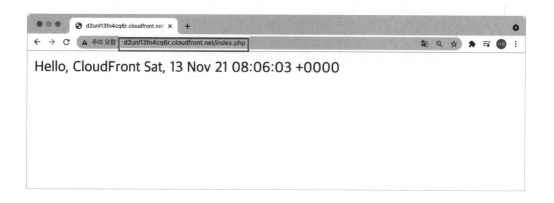

06 | 캐시 설정 3(무효화)

https://youtu.be/wdwN7bPl9GE (2분 2초)

이전 시간에 살펴본 것처럼 오리진이 바뀌었지만 디스트리뷰션은 여전히 이전의 신선하지 않은 콘텐츠를 가진 상태입니다. 이 경우에 여러 가지 옵션이 있는데 그중 하나가 바로 캐시를 강제로 지우는 것입니다. 이를 **무효화**(invalidation)라고 합니다. CloudFront 페이지에서 우리가 생성한 배포 ID를 클릭해 배포의 상세 페이지로 이동하겠습니다.

배포 상세 페이지의 여러 탭 중에 **무효화**라는 기능이 있는데, 그전에 무효화에 관한 AWS의 설명을 보겠습니다.

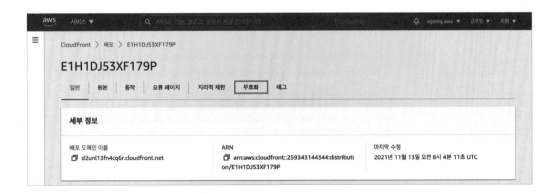

웹 브라우저에서 '파일 무효화'를 검색해 관련 링크를 클릭해 보겠습니다.

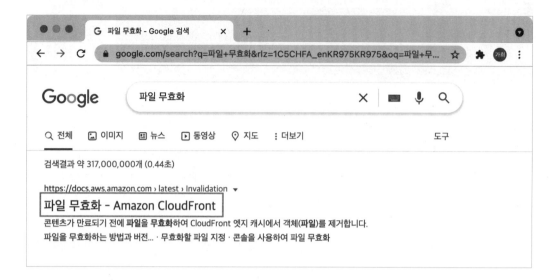

무효화를 어떻게 쓰면 되는지에 대한 페이지가 나오는데, 페이지와 같이 경로를 쓰면 된다는 이야기입니다. 즉 '/images/*'는 /images 밑에 있는 모든 파일을 무효화하겠다는 의미고, '/images/image*'는 /images 밑에 있는 파일 중 image라는 이름으로 시작하는 모든 것을 무효화하겠다는 의미입니다. '/images/image1.jpg'는 특정한 이름의 파일을 명확하게 무효화하겠다는 뜻이 됩니다.

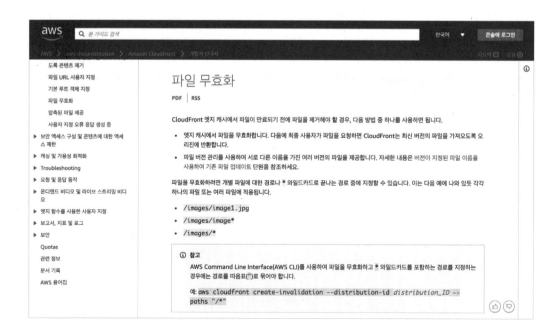

그럼 우리도 파일을 무효화해봅시다. 다시 CloudFront 페이지로 가서 **무효화 생성**을 클릭합니다.

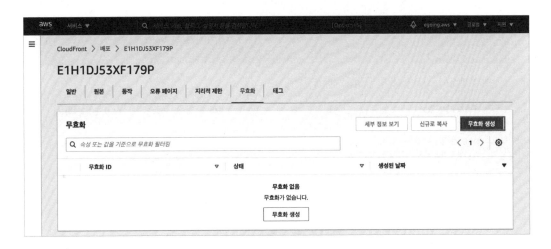

객체 경로 추가에 '/index.php'를 입력하고 **무효화 생성** 버튼을 클릭합니다.

그럼 무효화의 상태가 '진행 중'으로 표시됩니다. 이 과정이 끝나면 삭제가 완료됩니다.

그런데 무효화라고 하는 이 작업은 일정 수준 이상 사용하면 비용이 듭니다. 나중에 요금 관련 사항을 살펴볼 때 알게 되겠지만 무효화할 때는 비용이 들기 때문에 궁극적으로는 무효화보다는 다른 전략들을 세울 필요가 있습니다. 다만 지금 단계에서는 그 내용을 다루지 않아도 괜찮을 것 같습니다.

삭제가 완료되면 다음과 같이 상태에 '완료됨'이 표시됩니다. 전 세계에 흩어져 있기 때문에 시간이 다소 오래 걸리는 작업입니다.

페이지 상단에서 배포 ID를 클릭해 상세 페이지로 들어가면 **무효화** 탭에서도 무효화 상태를 확인할 수 있습니다.

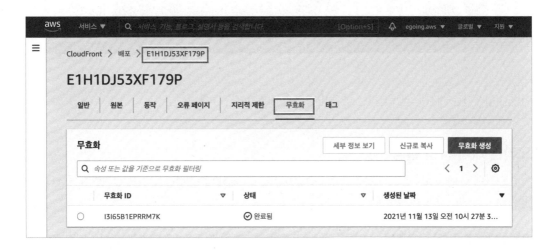

다시 웹 브라우저로 돌아가 CloudFront의 주소로 접속해 봅시다.

페이지를 새로고침해 보면 CloudFront의 페이지에 'self' 링크가 나타난 것을 볼 수 있습니다. 이것이 바로 무효화라고 하는 것입니다.

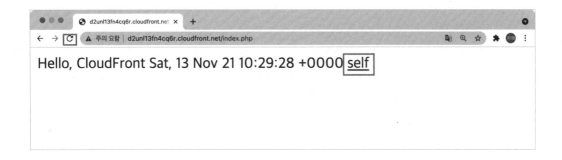

07 | 캐시 설정 4

▶ https://youtu.be/fzbnzZMpHGU (5분 49초)

이번 수업에서는 캐시를 컨트롤하는 다양한 방법을 배워보겠습니다.

오리진 캐시 타입 설정

이전 시간에 index.php의 헤더 부분에서 Cache-Control의 max-age를 지정하는 방법을 살펴봤습니다. 다음과 같이 index.php 파일을 열고,

```Terminal
ubuntu@ip-172-31-46-1:~$ cd /var/www/html/
ubuntu@ip-172-31-46-1:/var/www/html$ sudo vim index.php
```

header 명령을 이용해 max-age를 지정했습니다. 이번에는 max-age를 5초로 지정해 보겠습니다. 그럼 5초 동안만 캐시가 살아있는 거죠.

```index.php
<?php
        header("Cache-Control: max-age=5");
        sleep(1);
?>
<html>
        <body>
                Hello, CloudFront
                <?php
                        print(date(DATE_RFC822));
                ?>
        </body>
</html>
```

파일 수정이 완료되면 ESC 키를 눌러 편집 모드에서 빠져나와 'wq!'를 입력하고 엔터를 쳐서 수정사항을 저장합니다.

```
● ● ●                    ubuntu@ip-172-31-46-1: /var/www/html
<?php
        header("Cache-Control: max-age=5");
        sleep(1);
?>
<html>
        <body>
                Hello, CloudFront
                <?php
                        print(date(DATE_RFC822));
                ?>
                <a href="/index.php">self</a>
        </body>
</html>

:wq
```

이어서 웹 서버의 엑세스 로그를 살펴보기 위해 웹 서버에서 다음 명령어를 입력해 로그를 실시간으로 출력합니다.

```
ubuntu@ip-172-31-46-1:~$ tail -f /var/log/apache2/access.log
```

다음으로 웹 브라우저에서 CloudFront의 페이지로 들어가보겠습니다. 저는 웹 브라우저의 캐시는 필요없기 때문에 웹 브라우저에서 **Disable cache**를 체크하겠습니다. 그러면 웹 브라우저가 캐시를 사용하지 않게 됩니다.

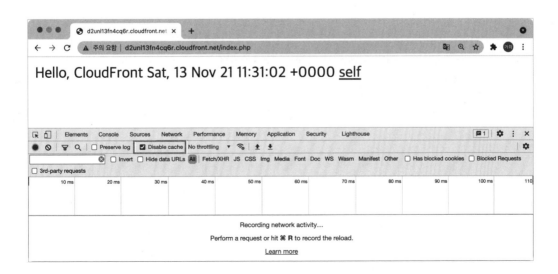

그리고 웹 브라우저의 'self' 링크를 클릭합니다.

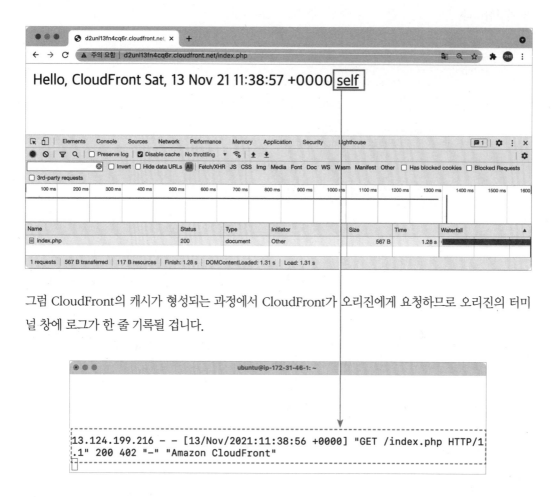

그럼 CloudFront의 캐시가 형성되는 과정에서 CloudFront가 오리진에게 요청하므로 오리진의 터미널 창에 로그가 한 줄 기록될 겁니다.

그다음 1초 간격으로 'self' 링크를 클릭하면 5초 동안 로그가 기록되지 않다가 5초가 지나면 접속이 이뤄집니다. 로그가 출력되면 제대로 잘 되는 거예요. 즉, 1초 간격으로 클릭하면 5초에 한 번 정도 오리진에 접속하는 것을 볼 수 있습니다.

바로 이처럼 Cache-Control이라는 헤더 값을 조종함으로써 CloudFront의 캐시의 수명을 조종할 수 있게 됩니다. 그리고 CloudFront는 오리진이 전달한 Cache-Control을 그대로 웹 브라우저에 전달합니다.

개발자 도구에서 index.php를 클릭해 봅시다. 해당 요청의 **Response Headers**를 보면 cache-control 이 5로 설정돼 있습니다.

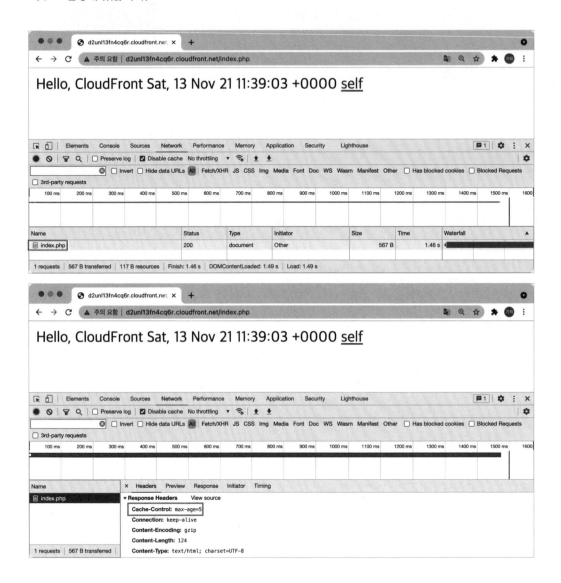

앞에서 체크했던 **Disable cache**를 해제해서 캐시 기능을 다시 활성화하겠습니다. 또한 **Preserve log**를 체크해서 웹 브라우저의 로그가 바뀌지 않게 합니다.

그러고 나서 웹 브라우저에서 self 링크를 1초 간격으로 클릭하면

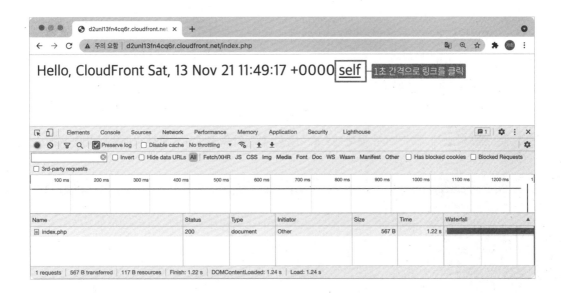

다음 그림처럼 웹 브라우저에 '(disk cache)'가 표시됩니다. 이것은 웹 브라우저가 아예 오리진 서버나 CloudFront에도 접속하지 않는다는 뜻입니다. 이런 식으로 제어하는 것입니다.

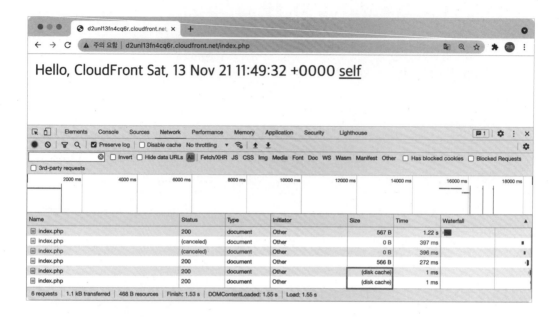

CloudFront 캐시 타입 설정

하지만 앞에서 한 것과 같이 캐시 설정을 마음대로 하기가 어렵거나 할 수 없는 경우도 있습니다. 그런 경우에는 배포의 상세 페이지에서 **동작** 탭으로 이동한 후 동작을 선택하고 **편집** 버튼을 클릭합니다.

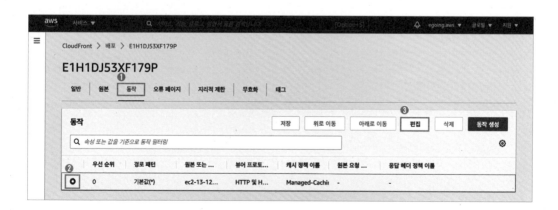

그러면 CloudFront의 기능 가운데 **동작 편집** 페이지가 나오고, 그중 **캐시 키 및 원본 요청** 부분을 보겠습니다.

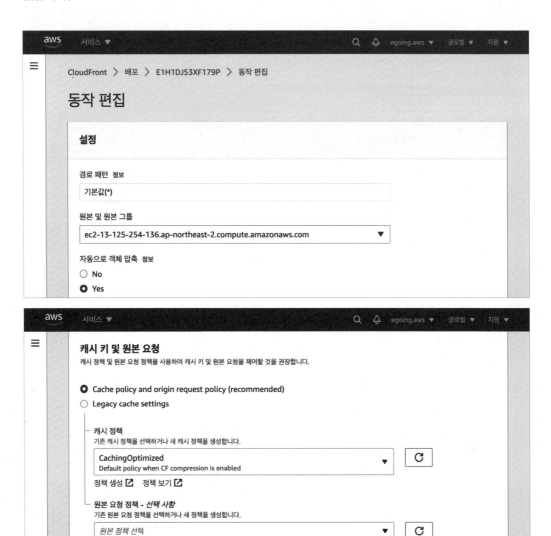

Legacy cache settings를 선택하면 객체 캐싱을 조정할 수 있는 부분이 있습니다.

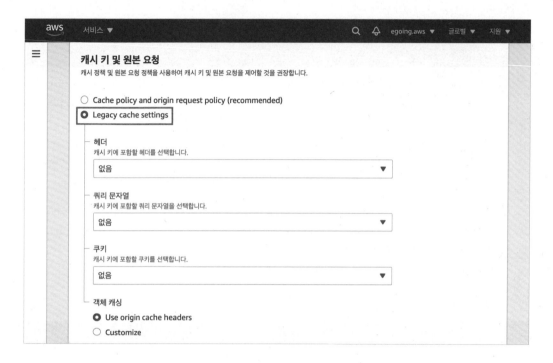

이 부분의 **Customize**에 체크하면 TTL 값을 입력하는 칸이 나옵니다.

최소 TTL(Time to live)은 캐시를 얼마 동안 살아 있게 할 것인가의 최솟값입니다. 예를 들어, 최소 TTL을 5로, 그리고 최대 TTL을 15로 지정하고 기본 TTL을 10으로 지정한다고 해봅시다. 이것은 캐시를 최소한 5초 이상, 최대한 15초 이하로 유지한다는 뜻이에요. 즉, 5초보다는 오래 가고 15초보다는 적게 가는 캐시를 사용하겠다는 것이죠. 그리고 앞서 index.php의 헤더 내용을 통해 캐시 타임을 오리진에서 지정했는데, 만약 이를 지정하지 않았다면 기본 TTL이라는 것을 통해 10초 동안 캐시를 살리겠다는 뜻입니다. 즉, 오리진의 캐시 타입과 CloudFront의 캐시 타입은 서로 무관하지 않습니다.

⚪ Use origin cache headers
🔘 Customize

최소 TTL	최대 TTL	기본 TTL
최소 TTL(Time to Live)(초)입니다.	최대 TTL(Time to Live)(초)입니다.	기본 TTL(Time to Live)(초)입니다.
5	15	10

```
ubuntu@ip-172-31-46-1: ~

13.124.199.50 - - [13/Nov/2021:12:04:43 +0000] "GET /index.php HTTP/1.
1" 200 402 "-" "Amazon CloudFront"
13.124.199.73 - - [13/Nov/2021:12:04:49 +0000] "GET /index.php HTTP/1.
1" 200 402 "-" "Amazon CloudFront"
13.124.199.50 - - [13/Nov/2021:12:04:55 +0000] "GET /index.php HTTP/1.
1" 200 402 "-" "Amazon CloudFront"
```

만약 최소 TTL을 5로 지정하고 index.php의 header 명령어에서 max-age를 6으로 지정했다면 6초 동안
지속되는 캐시를 갖게 되는 것입니다.

```
ubuntu@ip-172-31-46-1: /var/www/html
<?php
        header("Cache-Control: max-age=6");
        sleep(1);
?>
<html>
        <body>
                Hello, CloudFront
                <?php
                        print(date(DATE_RFC822));
                ?>
                <a href="/index.php">self</a>
        </body>
</html>

~
"index.php" 14L, 185C written                    14,0-1       All
```

```
ubuntu@ip-172-31-46-1: ~

13.124.199.50 - - [13/Nov/2021:12:05:36 +0000] "GET /index.php HTTP/1.
1" 200 402 "-" "Amazon CloudFront"
13.124.199.73 - - [13/Nov/2021:12:05:43 +0000] "GET /index.php HTTP/1.
1" 200 402 "-" "Amazon CloudFront"
13.124.199.50 - - [13/Nov/2021:12:05:50 +0000] "GET /index.php HTTP/1.
1" 200 402 "-" "Amazon CloudFront"
```

index.php의 header 명령어에서 max-age를 3으로 지정했다면 3은 5보다 작기 때문에 5초 동안 캐시가 지속됩니다.

```
●●●                    ubuntu@ip-172-31-46-1: /var/www/html
<?php
        header("Cache-Control: max-age=3");
        sleep(1);
?>
<html>
        <body>
                Hello, CloudFront
                <?php
                        print(date(DATE_RFC822));
                ?>
                <a href="/index.php">self</a>
        </body>
</html>

~
"index.php" 14L, 185C written                    14,0-1         All
```

```
●●●                      ubuntu@ip-172-31-46-1: ~
13.124.199.73 - - [13/Nov/2021:12:08:25 +0000] "GET /index.php HTTP/1.
1" 200 402 "-" "Amazon CloudFront"
13.124.199.73 - - [13/Nov/2021:12:08:31 +0000] "GET /index.php HTTP/1.
1" 200 401 "-" "Amazon CloudFront"
13.124.199.73 - - [13/Nov/2021:12:08:37 +0000] "GET /index.php HTTP/1.
1" 200 401 "-" "Amazon CloudFront"
```

그리고 index.php의 header 명령어에서 max-age를 20으로 지정했다면 20은 최대 TTL인 15보다 크기 때문에 15초 동안만 CloudFront에서 캐시가 유지됩니다. 하지만 웹 브라우저로 전송되는 데이터는 무조건 오리진의 max-age 값 20이 가는 것입니다. 상당히 어려운 얘기죠? 이해하도록 노력해 봅시다.

```
●●●                    ubuntu@ip-172-31-46-1: /var/www/html
<?php
        header("Cache-Control: max-age=20");
        sleep(1);
?>
<html>
        <body>
                Hello, CloudFront
                <?php
                        print(date(DATE_RFC822));
                ?>
                <a href="/index.php">self</a>
        </body>
</html>

~
"index.php" 14L, 186C written                    14,0-1         All
```

```
●●●                    ubuntu@ip-172-31-46-1: ~
13.124.199.50 - - [13/Nov/2021:12:09:06 +0000] "GET /index.php HTTP/1.
1" 200 403 "-" "Amazon CloudFront"
13.124.199.50 - - [13/Nov/2021:12:09:22 +0000] "GET /index.php HTTP/1.
1" 200 403 "-" "Amazon CloudFront"
13.124.199.73 - - [13/Nov/2021:12:09:38 +0000] "GET /index.php HTTP/1.
1" 200 403 "-" "Amazon CloudFront"
```

여러분이 캐시 설정을 하지 않으면 CloudFront의 TTL 값에 따라가므로 이 기능을 이용해도 좋겠습니다.

쿼리 문자열과 캐시

CloudFront의 **동작 편집** 페이지에서 한 가지만 더 설정하고 캐시 수업을 마무리하겠습니다.

캐시 키 및 원본 요청의 **쿼리 문자열** 부분을 봅시다. **쿼리 문자열**이라는 것은 URL에 포함되는 '?id=1'과 같은 정보를 말합니다. 현재 예제에서는 쿼리 문자열을 무시하고 있습니다. 즉, 쿼리 문자열이 있건 없건 무조건 주소는 index.php로 간주되고 있는 상황입니다.

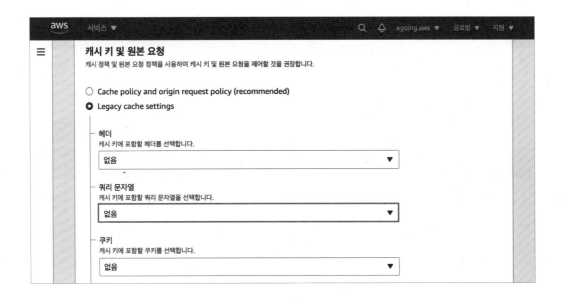

그래서 **쿼리 문자열** 부분을 **모두**로 지정하면 많은 경우에 더 의미가 있을 거예요.

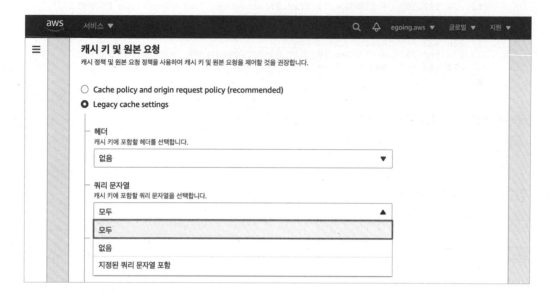

그리고 페이지의 끝으로 가서 **변경 사항 저장** 버튼을 클릭합니다.

그러면 동작이 업데이트됐다는 문구가 표시됩니다. 이제 웹 브라우저에서 쿼리 문자열을 이용해 CloudFront에 접속해 보겠습니다.

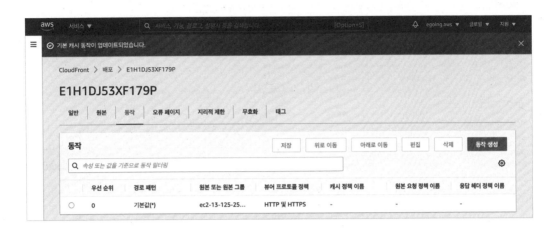

id를 1로 설정하고 접속한 경우와 id를 2로 설정하고 접속한 경우는 CloudFront가 완전히 다른 요청으로 생각하게 됩니다. 즉, 쿼리 문자열을 다르게 해서 접속할 때마다 오리진에서 로그가 기록될 것입니다.

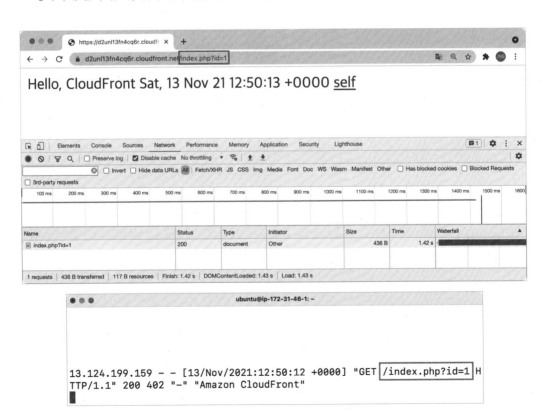

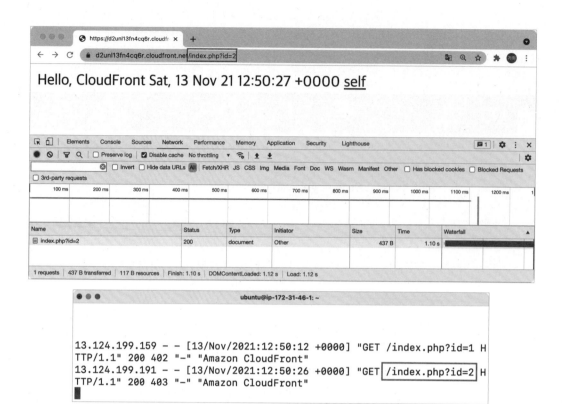

이렇게 해서 캐시를 다루는 방법을 살펴봤습니다. 여기까지 하면 이제 여러분은 CloudFront의 캐시를 사용할 수 있는 사람이 된 것입니다. '나 캐시 다룰 줄 알아'라고 생각하셔도 전혀 손색이 없습니다. 축하드려요.

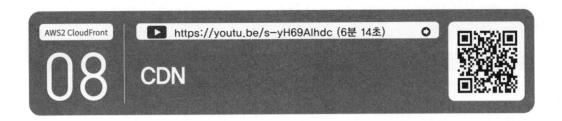

여러분이 갖은 노력을 다해서 웹사이트를 흥행시키고 전 세계에서 사람들이 오고 있는 상태라고 생각해 보세요. 그럼 우리는 어떤 불만족을 갖게 될까요? 내가 서울에 있으면 상파울루에서 접속하는 사람은 느리겠죠? 뉴욕에서 접속한 사람도 느릴 겁니다. 그럼 우리는 "전 세계 어디에서 접속하든 비슷하고 빠른 시간 내에 서비스를 제공할 수 있다면 얼마나 좋을까"라는 꿈을 꾸게 될 것입니다.

그 꿈을 실현하는 기술들을 콘텐츠를 전달(delivery)하는 네트워크라고 해서 CDN(Content Delivery Network)이라고 합니다. CloudFront는 기본적으로 CDN입니다. CDN 기능이 이미 활성화돼 있기 때문에 CDN을 활성화한 적이 없음에도 CDN이 사용되고 있었던 것입니다. 이번 시간에는 CDN을 통해 전 세계의 사용자와 빠르게 만나는 방법을 살펴봅시다.

CloudFront 페이지에서 우리가 생성한 배포의 ID를 클릭해봅시다.

배포의 상세 페이지로 들어가 **일반** 탭의 **설정** 섹션에서 **편집** 버튼을 클릭해 보세요.

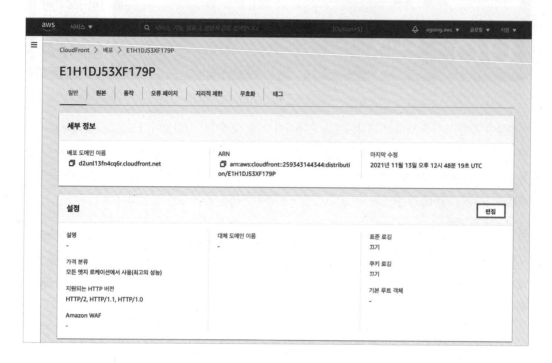

그러면 **설정 편집** 페이지가 나오고, **모든 엣지 로케이션에서 사용(최고의 성능)**이 체크돼 있습니다. 엣지 로케이션마다 데이터 전송 비용이 다르기 때문에 그에 따라 옵션이 나눠져 있는 것입니다. 그런데 여기서 엣지 로케이션이란 무엇일까요?

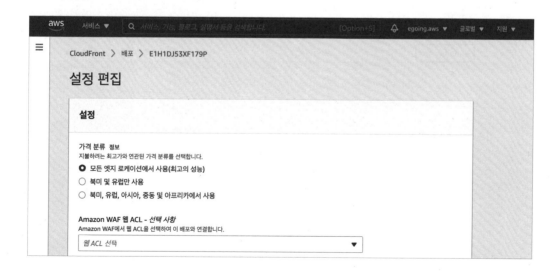

로그인하지 않은 상태로 CloudFront 홈페이지에서 **기능** 페이지로 들어가면 엣지 로케이션에 대한 설명이 나옵니다. 지도를 보면 이 지도에 크고 작은 원이 있는데, 바로 이 원들이 전 세계에 흩어져 있는 엣지 로케이션입니다. 그리고 이 엣지 로케이션 하나하나가 CloudFront의 캐시 서버라고 생각하면 됩니다.

요금 메뉴를 클릭해 CloudFront의 요금 체계 페이지에 들어가 봅시다. 그러면 데이터를 인터넷으로 전송하는 지역별 요금이 나와 있어요.

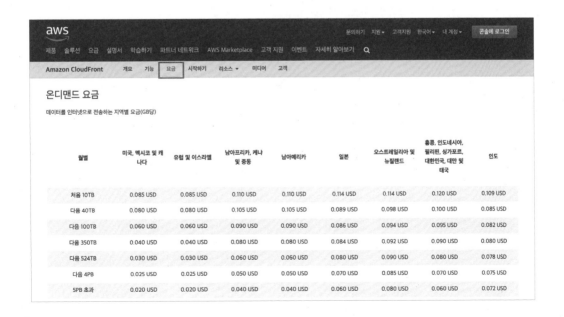

온디맨드 요금

데이터를 인터넷으로 전송하는 지역별 요금(GB당)

월별	미국, 멕시코 및 캐나다	유럽 및 이스라엘	남아프리카, 케냐 및 중동	남아메리카	일본	오스트레일리아 및 뉴질랜드	홍콩, 인도네시아, 필리핀, 싱가포르, 대한민국, 대만 및 태국	인도
처음 10TB	0.085 USD	0.085 USD	0.110 USD	0.110 USD	0.114 USD	0.114 USD	0.120 USD	0.109 USD
다음 40TB	0.080 USD	0.080 USD	0.105 USD	0.105 USD	0.089 USD	0.098 USD	0.100 USD	0.085 USD
다음 100TB	0.060 USD	0.060 USD	0.090 USD	0.090 USD	0.086 USD	0.094 USD	0.095 USD	0.082 USD
다음 350TB	0.040 USD	0.040 USD	0.080 USD	0.080 USD	0.084 USD	0.092 USD	0.090 USD	0.080 USD
다음 524TB	0.030 USD	0.030 USD	0.060 USD	0.060 USD	0.080 USD	0.090 USD	0.080 USD	0.078 USD
다음 4PB	0.025 USD	0.025 USD	0.050 USD	0.050 USD	0.070 USD	0.085 USD	0.070 USD	0.075 USD
5PB 초과	0.020 USD	0.020 USD	0.040 USD	0.040 USD	0.060 USD	0.080 USD	0.060 USD	0.072 USD

데이터를 인터넷으로 전송한다는 것은 다음 그림과 같이 오리진 서버가 중앙에 있고 웹 브라우저(사용자 컴퓨터)가 있으면 그 중간에 엣지 로케이션이라는 캐시 서버가 있습니다. 이 캐시 서버에서 사용자에게 데이터를 전송하는 2번 구간과 엣지 로케이션에서 오리진 서버로 전송하는 3번 구간에 대해서도 과금됩니다.

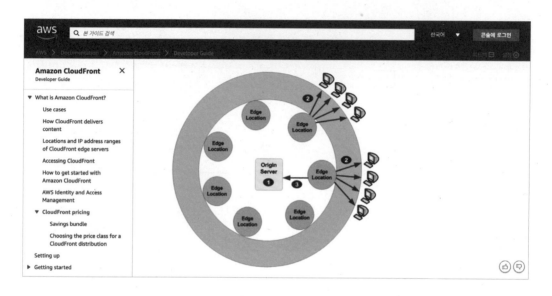

다시 CloudFront의 요금 페이지로 돌아와 온디맨드 요금표를 보면 많이 쓸수록 비용이 저렴해지는 것을 알 수 있습니다. 그리고 미국과 유럽은 0.085USD인 반면, 대한민국은 0.120USD입니다. 즉, 대한민국에서 접속하는 사용자들은 더 많은 요금을 유발한다는 것을 알 수 있습니다.

온디맨드 요금

데이터를 인터넷으로 전송하는 지역별 요금(GB당)

월별	미국, 멕시코 및 캐나다	유럽 및 이스라엘	남아프리카, 케냐 및 중동	남아메리카	일본	오스트레일리아 및 뉴질랜드	홍콩, 인도네시아, 필리핀, 싱가포르, 대한민국, 대만 및 태국	인도
처음 10TB	0.085 USD	0.085 USD	0.110 USD	0.110 USD	0.114 USD	0.114 USD	0.120 USD	0.109 USD
다음 40TB	0.080 USD	0.080 USD	0.105 USD	0.105 USD	0.089 USD	0.098 USD	0.100 USD	0.085 USD
다음 100TB	0.060 USD	0.060 USD	0.090 USD	0.090 USD	0.086 USD	0.094 USD	0.095 USD	0.082 USD
다음 350TB	0.040 USD	0.040 USD	0.080 USD	0.080 USD	0.084 USD	0.092 USD	0.090 USD	0.080 USD
다음 524TB	0.030 USD	0.030 USD	0.060 USD	0.060 USD	0.080 USD	0.090 USD	0.080 USD	0.078 USD
다음 4PB	0.025 USD	0.025 USD	0.050 USD	0.050 USD	0.070 USD	0.085 USD	0.070 USD	0.075 USD
5PB 초과	0.020 USD	0.020 USD	0.040 USD	0.040 USD	0.060 USD	0.080 USD	0.060 USD	0.072 USD

그래서 AWS에는 **요금 계층**이라는 것이 있습니다. CloudFront의 요금 페이지에서 요금 계층에 대한 표를 봅시다. **요금 계층 전체**라는 프라이스 클래스를 선택하면 모든 엣지 로케이션을 쓰는 것이고, **요금 계층 200**이라고 돼 있는 것을 쓰면 오스트레일리아 및 뉴질랜드와 남아메리카를 제외한 나머지 지역을 쓰는 거예요. 이 리전들이 엄청 비싸다는 뜻이겠죠? 그리고 **요금 계층 100**은 미국, 멕시코 및 캐나다 그리고 유럽처럼 가장 저렴한 지역만 서비스하게 되는 것입니다. 여러분은 CloudFront 콘솔에서 프라이스 클래스를 어디로 지정하느냐에 따라 요금을 절약할 수 있습니다.

엣지 로케이션 포함 리전	미국, 멕시코 및 캐나다	유럽 및 이스라엘	남아프리카, 케냐 및 중동	남아메리카	일본	오스트레일리아 및 뉴질랜드	홍콩, 인도네시아, 필리핀, 싱가포르, 대한민국, 대만 및 태국	인도
요금 계층 전체	예	예	예	예	예	예	예	예
요금 계층 200	예	예	예	x	예	x	예	예
요금 계층 100	예	예	x	x	x	x	x	x

CDN과 관련해서는 우리가 할 게 사실 없어요. 재미로 오리진만을 사용했을 때와 CDN, 즉 AWS의 CloudFront를 사용했을 때의 전 세계적인 속도 차이를 여러분이 체감할 수 있도록 보여드리겠습니다.

저는 dotcom-tools.com이라는 사이트에서 **Website Speed Test** 메뉴로 들어온 상태입니다. **Starting URL**에 주소를 입력하면 이 사이트에서 운영하는 전 세계의 컴퓨터에서 여러분이 입력한 주소에 접속해서 속도를 테스트합니다.

위쪽 화면에 있는 이 주소는 서울에 있는 저의 오리진이고요, 아래쪽 화면에 있는 이 주소는 CloudFront를 통해서 제공되는 서비스 화면입니다. 현재 저는 무료 패키지 테스트를 진행하고 있기 때문에 'From Locations'에서 지역을 5개만 지정할 수 있습니다.

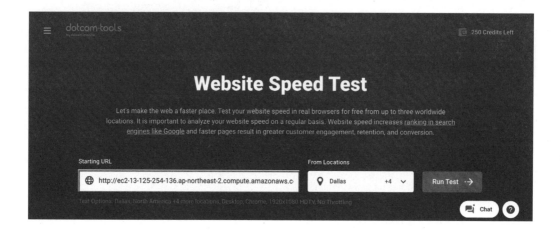

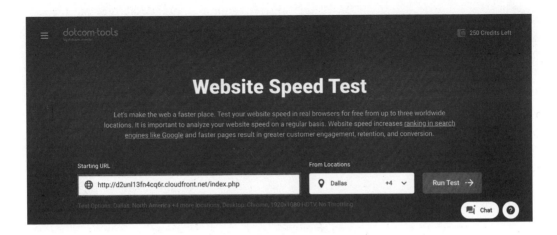

다음과 같이 임의로 5가지 지역을 선택하고 테스트해 보겠습니다.

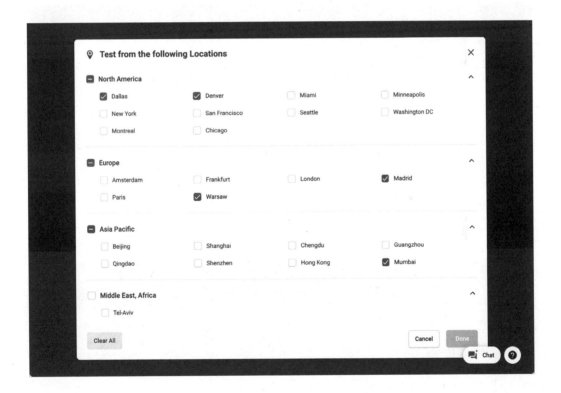

테스트를 위해서는 기존의 CloudFront 캐시를 없애야 합니다. 이전 시간에 배운 캐시 무효화 수업을 참고해서 다음과 같이 모든 캐시를 삭제합니다.

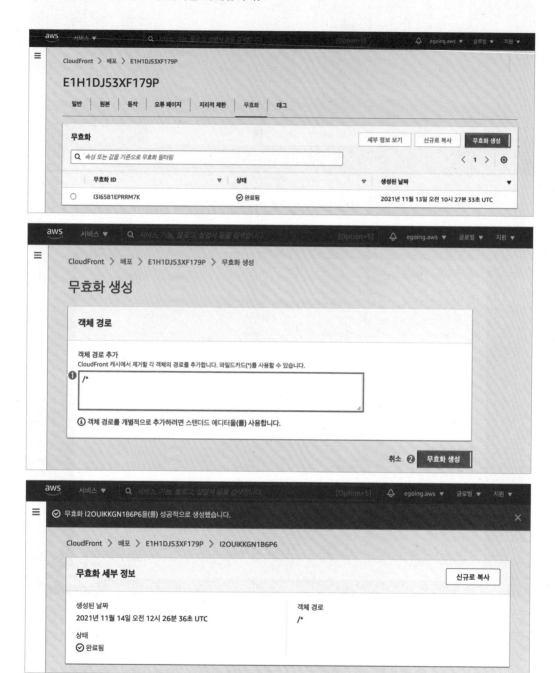

테스트를 진행하기 전에 index.php에서 1초 지연시키는 코드(sleep(1);)를 빼고 header의 Cache-Control: max-age를 2로 줄인 후, 이미지를 로드하는 서비스로 코드를 바꾸겠습니다.

먼저 index.php 파일을 열고,

```Terminal
ubuntu@ip-172-31-46-1:~$ cd /var/www/html/
ubuntu@ip-172-31-46-1:/var/www/html$ sudo vim index.php
```

다음과 같이 코드를 수정합니다.

```index.php
<?php
        header("Cache-Control: max-age=2");
?>
<html>
        <body>
                Hello, CloudFront
                <?php
                        print(date(DATE_RFC822));
                ?>
                <a href="/index.php">self</a>
                <img src="image.jpg">
        </body>
</html>
```

코드를 수정한 후 'wq!'를 입력하고 엔터를 쳐서 변경사항을 저장합니다.

```
●  ●  ●                    ubuntu@ip-172-31-46-1: ~
<?php
        header("Cache-Control: max-age=2");
?>
<html>
        <body>
                Hello, CloudFront
                <?php
                        print(date(DATE_RFC822));
                ?>
                <a href="/index.php">self</a>
                <img src="image.jpg">
        </body>
</html>

~
:wq
```

이제 테스트를 시도해 보겠습니다. 테스트가 시작되면 오리진의 터미널 창에서 액세스 로그가 기록되는 모습을 볼 수 있습니다.

```
ubuntu@ip-172-31-46-1:~
103.159.84.142 - - [14/Nov/2021:00:31:59 +0000] "GET /index.php HTTP/1.1" 200 424 "-" "Mozilla/5.0 (Windows NT 10.0;
Win64; x64) AppleWebKit/537.36 (KHTML, like Gecko) Chrome/91.0.4472.77 Safari/537.36 DMBrowser/2.1 (UV)"
103.159.84.141 - - [14/Nov/2021:00:32:00 +0000] "GET /index.php HTTP/1.1" 200 424 "-" "Mozilla/5.0 (Macintosh; Intel
Mac OS X 10_14_6) AppleWebKit/537.36 (KHTML, like Gecko) Chrome/84.0.4143.7 Safari/537.36 Chrome-Lighthouse"
195.12.50.155 - - [14/Nov/2021:00:32:00 +0000] "GET /index.php HTTP/1.1" 200 424 "-" "Mozilla/5.0 (Windows NT 10.0;
Win64; x64) AppleWebKit/537.36 (KHTML, like Gecko) Chrome/91.0.4472.77 Safari/537.36 DMBrowser/2.1 (UV)"
195.12.50.156 - - [14/Nov/2021:00:32:00 +0000] "GET /index.php HTTP/1.1" 200 424 "-" "Mozilla/5.0 (Macintosh; Intel
Mac OS X 10_14_6) AppleWebKit/537.36 (KHTML, like Gecko) Chrome/84.0.4143.7 Safari/537.36 Chrome-Lighthouse"
103.159.84.142 - - [14/Nov/2021:00:32:00 +0000] "GET /image.jpg HTTP/1.1" 200 1017839 "http://ec2-13-125-254-136.ap-
northeast-2.compute.amazonaws.com/index.php" "Mozilla/5.0 (Windows NT 10.0; Win64; x64) AppleWebKit/537.36 (KHTML, l
ike Gecko) Chrome/91.0.4472.77 Safari/537.36 DMBrowser/2.1 (UV)"
103.159.84.141 - - [14/Nov/2021:00:32:00 +0000] "GET /image.jpg HTTP/1.1" 200 1017839 "http://ec2-13-125-254-136.ap-
northeast-2.compute.amazonaws.com/index.php" "Mozilla/5.0 (Macintosh; Intel Mac OS X 10_14_6) AppleWebKit/537.36 (KH
TML, like Gecko) Chrome/84.0.4143.7 Safari/537.36 Chrome-Lighthouse"
```

테스트가 끝나고 오리진에 대한 결과인 위쪽 화면을 보면 오리진은 첫 번째로 접속했을 때는 2초, 그리고 아래쪽 화면의 CloudFront는 약 1.8초 정도가 걸렸습니다. 그리고 두 번째로 방문할 때도 속도 차이가 나는데 2번째로 방문했을 때는 오리진이 0.6초 정도의 시간이 걸렸다면 CloudFront는 0.1초 정도의 시간이 걸린 것을 볼 수 있습니다. 만약 오리진이 제공하는 콘텐츠가 캐시가 없거나 오리진이 느리게 동작하는 애플리케이션이라면 이 속도 차이는 훨씬 더 클 것입니다.

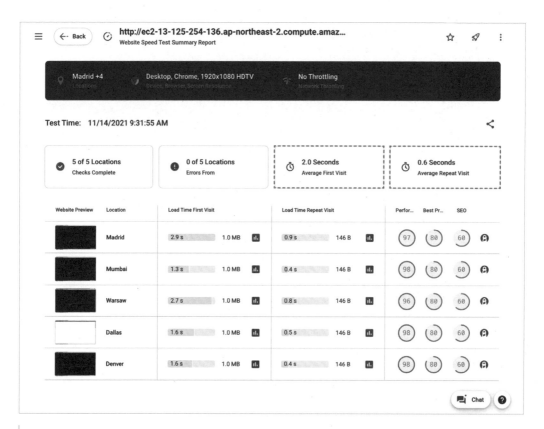

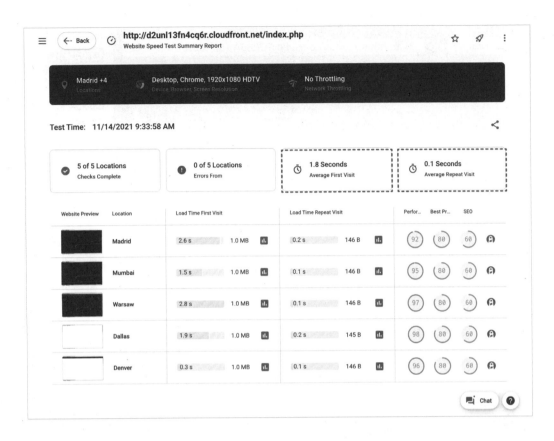

이렇게 해서 CloudFront의 CDN 기능과 그것의 성능에 대해 알아봤습니다.

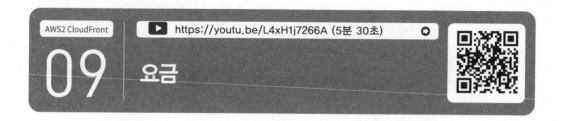

09 요금

수업을 마치기 전에 CloudFront의 요금이 어떻게 되는지 살펴보고 수업을 마무리합시다.

기본적으로 CloudFront는 활성화해도 비용이 발생하지 않습니다. 사용하는 만큼 비용이 발생하는 서비스이기 때문에 사용량이 많지 않을 때는 부담 없이 켜둬도 됩니다. CloudFront의 기본적인 요금 체계는 오리진 서버가 있고 엣지 로케이션, 그리고 엣지 로케이션에 접속하는 클라이언트(웹 브라우저일 가능성이 크겠죠?)로 구성돼 있습니다. 이러한 구도를 기반으로 **엣지 로케이션에서 각각의 클라이언트에게** 보내는 데이터 요금이 있고, **엣지 로케이션이 오리진 서버로** 데이터를 업로드하고 요청하는 데이터 사용량이 있는데, 이 두 가지가 가장 중요한 사용요금이 됩니다. 이번 수업에서는 다음 그림의 *2번 구간*과 *3번 구간*은 지속해서 언급할 테니 기억해 주세요.

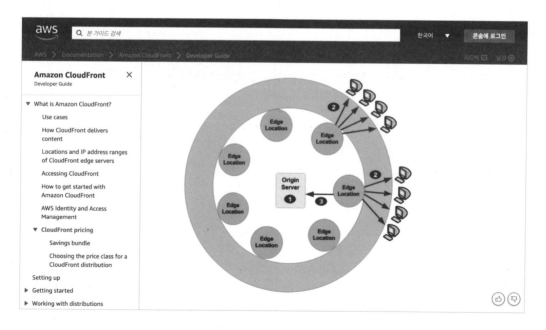

CloudFront의 요금 페이지로 가보면 이 가운데 온디맨드 요금, 즉 **데이터를 인터넷으로 전송**한다고 표현된 것이 위 그림의 *2번 구간*에 해당하는 요금입니다.

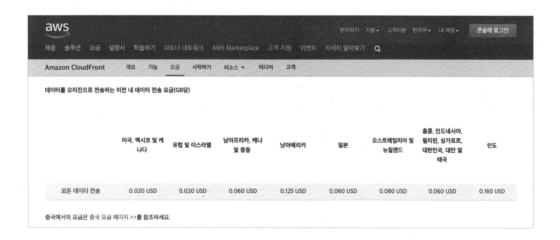

온디맨드 요금

데이터를 인터넷으로 전송하는 지역별 요금(GB당)

월별	미국, 멕시코 및 캐나다	유럽 및 이스라엘	남아프리카, 케냐 및 중동	남아메리카	일본	오스트레일리아 및 뉴질랜드	홍콩, 인도네시아, 필리핀, 싱가포르, 대한민국, 대만 및 태국	인도
처음 10TB	0.085 USD	0.085 USD	0.110 USD	0.110 USD	0.114 USD	0.114 USD	0.120 USD	0.109 USD
다음 40TB	0.080 USD	0.080 USD	0.105 USD	0.105 USD	0.089 USD	0.098 USD	0.100 USD	0.085 USD
다음 100TB	0.060 USD	0.060 USD	0.090 USD	0.090 USD	0.086 USD	0.094 USD	0.095 USD	0.082 USD
다음 350TB	0.040 USD	0.040 USD	0.080 USD	0.080 USD	0.084 USD	0.092 USD	0.090 USD	0.080 USD
다음 524TB	0.030 USD	0.030 USD	0.060 USD	0.060 USD	0.080 USD	0.090 USD	0.080 USD	0.078 USD
다음 4PB	0.025 USD	0.025 USD	0.050 USD	0.050 USD	0.070 USD	0.085 USD	0.070 USD	0.075 USD
5PB 초과	0.020 USD	0.020 USD	0.040 USD	0.040 USD	0.060 USD	0.080 USD	0.060 USD	0.072 USD

그리고 페이지 바로 아래를 보면 **데이터를 원본으로 전송하는 리전 내 데이터 전송 요금** 부분이 바로 *3번 구간* 요금에 해당합니다.

데이터를 오리진으로 전송하는 리전 내 데이터 전송 요금(GB당)

	미국, 멕시코 및 캐나다	유럽 및 이스라엘	남아프리카, 케나 및 중동	남아메리카	일본	오스트레일리아 및 뉴질랜드	홍콩, 인도네시아, 필리핀, 싱가포르, 대한민국, 대만 및 태국	인도
모든 데이터 전송	0.020 USD	0.020 USD	0.060 USD	0.125 USD	0.060 USD	0.080 USD	0.060 USD	0.160 USD

중국에서의 요금은 중국 요금 페이지 >>를 참조하세요.

그리고 또 한 가지 살펴봐야 할 부분으로 **모든 HTTP 메서드에 대한 요청 요금**이라는 것이 있습니다. 지금까지 설명한 것은 데이터를 전송하는 양에 대한 요금이었습니다. 반면 **모든 HTTP 메서드에 대한 요청 요금**은 각 클라이언트가 엣지 로케이션에 요청을 보낼 때 그 요청의 개수에 대한 요금입니다. 이때 HTTPS로 요청이 들어왔다면 HTTPS는 암호화 같은 좀 더 많은 컴퓨팅 자원을 쓰기 때문에 HTTP보다 비쌉니다.

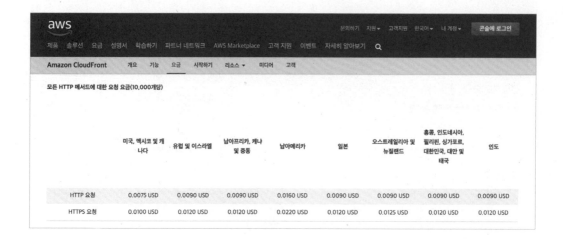

	미국, 멕시코 및 캐나다	유럽 및 이스라엘	남아프리카, 케냐 및 중동	남아메리카	일본	오스트레일리아 및 뉴질랜드	홍콩, 인도네시아, 필리핀, 싱가포르, 대한민국, 대만 및 태국	인도
HTTP 요청	0.0075 USD	0.0090 USD	0.0090 USD	0.0160 USD	0.0090 USD	0.0090 USD	0.0090 USD	0.0090 USD
HTTPS 요청	0.0100 USD	0.0120 USD	0.0120 USD	0.0220 USD	0.0120 USD	0.0125 USD	0.0120 USD	0.0120 USD

구글에서 'aws price calculator'라고 검색해보면 다음과 같은 간단한 서비스가 나오는데, 요금을 시뮬레이션해 볼 수 있는 서비스입니다. 'Amazon Web Services Monthly Calculator'라는 사이트로 들어가 봅시다.

- https://calculator.s3.amazonaws.com/index.html

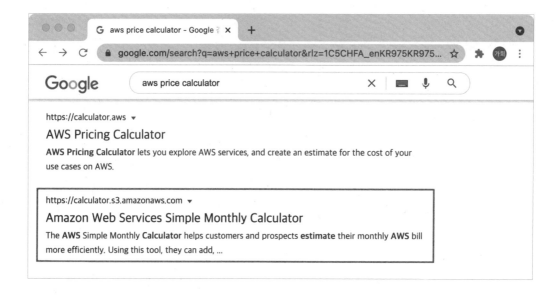

다음과 같은 사이트가 나오면 좌측에서 **Amazon CloudFront** 메뉴를 선택하고 **Choose region**을 **Asia Pacific (Seoul)**, 즉 서울로 지정하겠습니다.

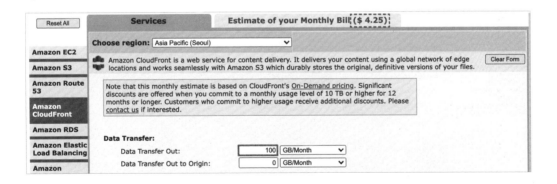

이 중에서 **Data Transfer Out**에는 *2번 구간*에 해당하는 사용량을 적습니다. 예를 들어, 100GB를 한 달에 쓴다면 다음과 같이 $4 정도가 나온다는 것을 볼 수 있습니다.

Data Transfer Out to Origin이라고 적힌 부분은 *3번 구간*에 해당하는 요금입니다. 대부분의 경우에 이 비용은 많지 않겠죠? 1GB가 추가되더라도 가격 차이가 거의 없는 것을 알 수 있습니다.

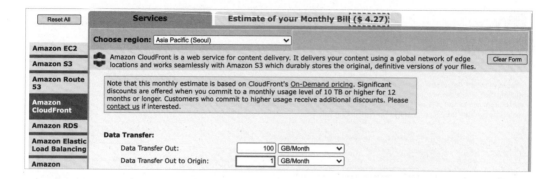

앞서 *2번 구간*에 해당하는 요청마다 비용이 든다고 했습니다. 그렇다면 만약 데이터를 100GB를 사용했을 때 서비스하는 콘텐츠가 하나당 1MB 정도 된다면 요청의 숫자를 계산할 수가 있겠죠?

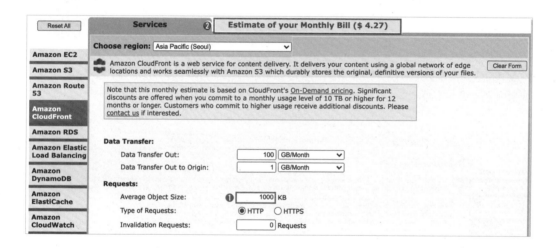

그렇게 계산했더니 Estimate of your Monthly Bill 탭에서 Requests 항목에 $0.09로 계산되는 것을 알 수 있습니다.

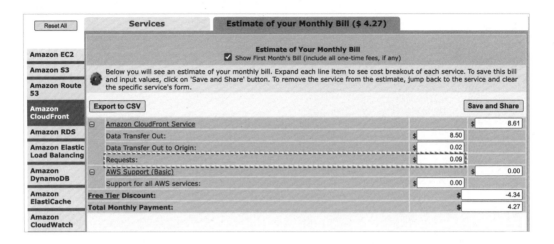

반대로 요청 각각의 콘텐츠가 1KB밖에 되지 않는 작은 콘텐츠를 많이 서비스한다는 이야기는 요청이 엄청나게 많다는 것이죠. 100GB를 쓸 만큼 요청이 많아야 하니까 이런 경우에는 가격이 확 뜁니다.

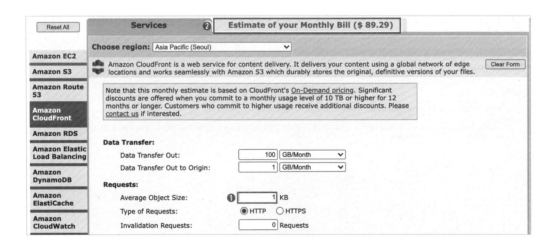

다음과 같이 $89.29로 가격이 확 뛰는 것을 볼 수 있습니다.

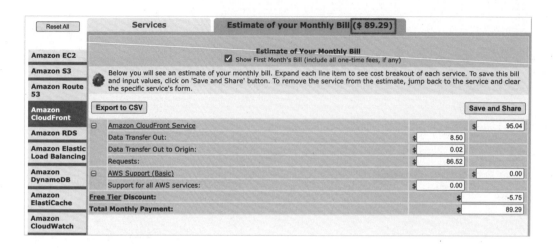

다시 CloudFront의 요금 페이지로 돌아와서 **무효화 요청**에 대한 내용을 보겠습니다. CloudFront에 있는 캐시를 지우는 무효화 요청은 1,000개까지는 무료인데, 1,000개 이후부터는 경로당 $0.005가 청구된다고 적혀 있습니다. 그 밖에도 기타 등등의 가격이 나와 있습니다.

그리고 위로 스크롤을 올리면 **요금 계층**이라는 매우 중요한 부분이 있습니다.

여러분이 사용하는 트래픽이 주로 어디에서 발생하는지를 앞의 요금 계산기에 입력하면 그에 따라 최종적으로 예상되는 요금을 계산해서 보여줍니다.

마지막으로 AWS 요금 페이지를 보면 아주 중요한 **프리 티어**가 있습니다. 50GB를 송신하는 것까지는 12개월 동안 무료이고, HTTP 또는 HTTPS에 대해서는 2백만 건까지는 과금하지 않습니다. 그 이후로는 과금한다는 뜻이겠죠?

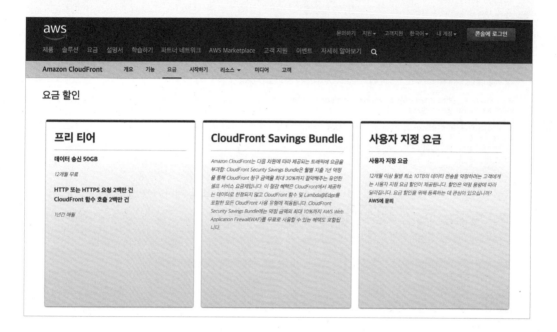

이번 시간에 본 숫자들은 굉장히 추상적입니다. 이것들을 피부로 느끼려면 일단은 서비스에 적용해 봐야 합니다. 비용이 많이 들지는 않을 테니 한번 적용해 보고 사용해 보면서 숫자에 대한 감각을 길러야 해요. 이러한 감각을 길러서 여러분에게 더 유리한 의사결정을 하길 바랍니다.

지금까지 CloudFront에 대해 충분히 많은 것을 살펴봤습니다. 앞으로 여러분이 관심을 가질 만한 주제를 소개하고 이만 물러나겠습니다

CloudFront 끄기

우선 CloudFront를 끄는 방법을 알아야겠죠? 우리의 배포를 찾아보면 이 배포에 비활성화라는 버튼이 있습니다. 배포를 선택한 다음 비활성화 버튼을 클릭합니다.

확인 창이 나오면 비활성화를 선택합니다.

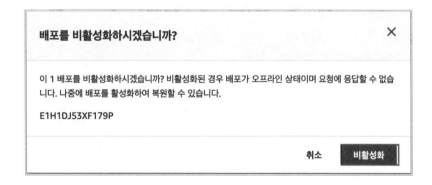

그럼 다음과 같이 배포의 상태가 사용 중지로 나오고 CloudFront가 더 이상 사용할 수 없는 상태가 됩니다.

비활성화 과정이 끝난 다음에는 삭제 버튼이 활성화되도록 잠시 기다렸다가 다시 배포를 선택하고 삭제 버튼을 클릭합니다.

배포 삭제를 확인하는 창이 나오면 삭제를 클릭합니다.

그럼 해당 배포가 삭제됐다는 문구가 나옵니다.

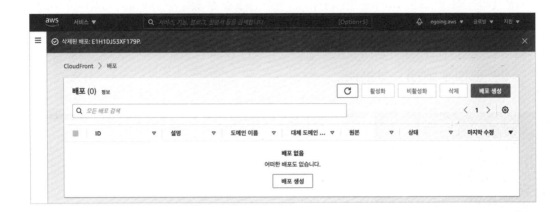

도메인

CloudFront를 계속 사용하다 보면 도메인 이름이 아쉬울 것입니다. 웹 브라우저의 주소 표시줄에 기재된 URL이 복잡하고 아름답지 않잖아요? CloudFront에 도메인을 부여하고 싶다면 DNS에 대해 공부[1]해보고, 그 외에는 AWS에서 제공하는 DNS 전용 서비스인 Route53을 적용하면 쉽게 도메인을 적용할 수 있습니다.

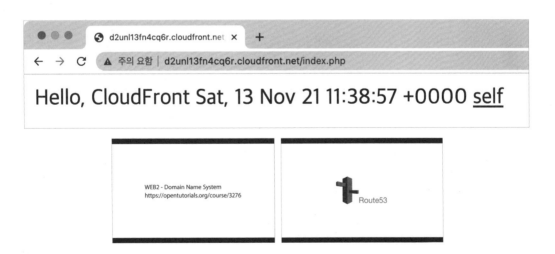

---

1 https://opentutorials.org/course/3276

보안

여러분이 만든 웹사이트가 로그인을 한다거나 사용자가 글을 쓸 수 있는 등 사용자의 개인화된 정보를 다루고 있다면 웹사이트와 사용자 사이에는 정보를 주고받게 됩니다. 그럼 보안이 매우 중요해집니다. 그런 상황이라면 HTTPS와 이를 가리키는 똑같은 말인 SSL, TLS라는 기술을 살펴보세요. 사용자의 정보를 훨씬 안전하게 보관할 수 있습니다.

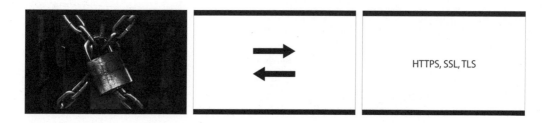

CloudFront는 기본적으로 HTTPS를 제공합니다. 주소 앞에 'https'만 붙이면 돼요. 만약 도메인을 새롭게 장만해서 그 도메인을 CloudFront에 적용했다면 Certificate Manager라고 하는 AWS 서비스를 이용해보세요. 이 서비스는 HTTPS를 사용하는 데 필요한 인증서를 자동으로 만들어 줘서 복잡한 과정 없이 바로 HTTPS를 적용할 수 있습니다.

| HTTP → HTTPS | AWS certificate manager | |

동적인 콘텐츠

많은 웹사이트는 동적입니다. 예를 들면, 사용자가 로그인했다면 로그인한 사용자마다 다른 웹 페이지를 보여 주잖아요? 또한 사용자가 접속한 디바이스가 모바일인지 데스크톱인지에 따라 같은 주소지만 서로 다른 디자인의 웹 페이지를 보여주기도 합니다. 그리고 접속한 사용자의 지역에 따라 다른 정보를 보내주기도 하죠.

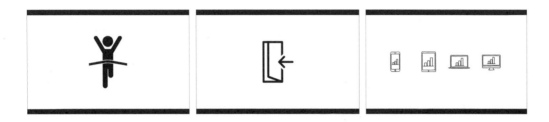

CloudFront에는 쿠키, 헤더, 지역에 따라 서로 다른 캐시를 보관할 수 있는 기능이 있습니다. 이 기능을 활성화하면 사용자마다 개인화된 정보를 CloudFront를 통해 제공하면서도 성능은 향상할 수 있게 됩니다. 동적인 콘텐츠를 제공하는 방법에 대해 살펴보세요.

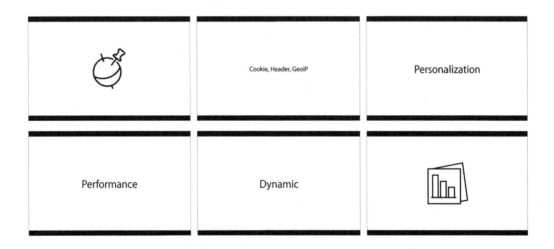

통계 기능

CloudFront는 애플리케이션의 상태를 보여주는 여러 통계 기능도 제공합니다. 이런 기능들을 자주 살펴본다면 서비스 상태와 그 상태에 따른 숫자 감각이 길러질 것입니다. 이런 감각을 갖췄을 때 어떤 이상 징후나 대박 조짐과 같은 특이점을 감지할 수 있을 것입니다.

자, 여기까지입니다. 이제 우리는 전 세계를 대상으로 서비스할 수 있는 강력한 힘을 갖게 됐습니다. 여기까지 왔다면 '나 CloudFront 할 줄 알아', '캐시 서버 쓸 줄 알아', 'CDN 사용할 줄 알아'라고 남한테 이야기해도 손색없는 상태가 됐습니다. 고생하셨고, 축하합니다.

5일차, 6일차 수업에서 배운 주요 용어를 살펴보겠습니다.

- CloudFront: 짧은 대기 시간과 빠른 전송 속도로 전 세계 고객에게 콘텐츠를 안전하게 전달하는 AWS의 고속 콘텐츠 전송 네트워크(CDN) 서비스다.

- 캐시: 사용자가 데이터에 빠르게 접근할 수 있도록 값을 미리 복사해 놓는 임시 장소를 말한다. 우리 수업에서 말하는 캐시는 사용자의 요청이 들어왔을 때 처음 한번은 동적으로 웹 페이지를 생성해서 전송하지만, 그다음 다시 요청이 왔을 때는 저장해둔 결과를 전송하는 것을 말한다.

- 캐시 서버: 캐시 역할을 전담하는 서버를 말한다.

- CDN(Content Delivery Network): 콘텐츠 전송 네트워크. 전 세계에 CDN 서버를 분산하여 요청이 들어오면 가장 가까운 곳에서 미리 저장하고 있던 콘텐츠를 보내주는 기술을 말한다. CDN을 이용하면 전 세계에 있는 사용자에게 빠르게 콘텐츠를 전송할 수 있다.

- PHP: 웹 서버에서 실행되는 프로그래밍 언어로, 동적으로 콘텐츠(주로 HTML 코드)를 생성할 때 사용한다. 비슷한 기술로는 Node.js, 파이썬, 루비, JSP 등이 있다.

잊지 마세요!

CloudFront는 활성화해도 비용이 발생하지 않습니다. 사용하는 만큼만 비용이 발생하므로 사용량이 많지 않다면 켜두어도 괜찮습니다. 하지만 사용량에 따라 비용이 부과될 수 있으므로 CloudFront 서비스를 더는 사용하지 않는다면 비용이 발생하지 않도록 꼭 삭제해주세요.

나의 첫
프로그래밍 교과서

**LEARNING
SCHOOL**

핵심 서비스만 쏙쏙 배우는 AWS 10일 완성

생활코딩!
아마존 웹 서비스

7일차
RDS − 1

01 | 수업 소개

AWS RDS 수업을 시작하겠습니다. 이 수업은 'AWS1' 수업[1]과 '관계형 데이터베이스' 수업[2]에 의존하고 있습니다. AWS의 기본 사용법이 익숙하지 않다면 AWS1 수업을 먼저 볼 것을 권합니다. 관계형 데이터베이스가 익숙하지 않다면 관계형 데이터베이스에 대한 학습을 먼저 할 것을 권하고요. 제가 만든 수업 중에는 MySQL 수업을 추천합니다. Oracle, SQL Server, PostgreSQL 같은 관계형 데이터베이스 제품에 이미 익숙하다면 이 수업에 참여하는 데 큰 어려움이 없을 것입니다.

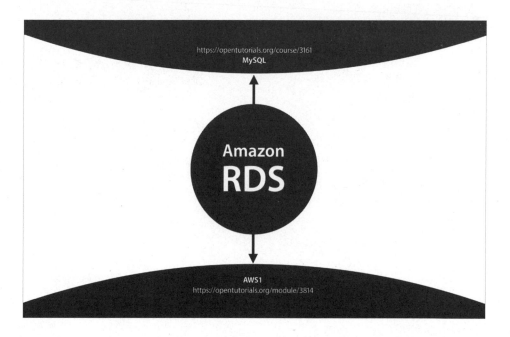

아마존 RDS는 Amazon Relational Database Service의 줄임말입니다. 즉, 컴퓨터에 데이터베이스를 설치하고, 여러분 대신 운영해 주는 서비스입니다. RDS의 최대 단점은 비싸다는 것입니다. 여러분이 현재 사용 중인 컴퓨터에 MySQL 같은 무료 데이터베이스를 설치한다면 돈이 들지 않잖아요? 또한

---

1 https://opentutorials.org/module/3814
2 https://opentutorials.org/course/3161

EC2 인스턴스와 같이 AWS 내에서 비어있는 컴퓨터를 임대해주는 서비스에 데이터베이스를 직접 설치하는 것보다도 훨씬 비쌉니다.

그럼에도 불구하고 RDS 같은 서비스를 많은 개발자들이 선택하는 이유가 무엇인지 중요하겠죠? 아마존은 RDS를 'Managed'라고 소개합니다. 이는 '우리가 대신 관리해 줄게요'라는 뜻입니다. 데이터베이스를 관리하는 것은 매우 어렵고 위험한 일입니다. 정보 비즈니스의 심장은 데이터거든요. 데이터가 유실되거나 유출되는 것은 그 어떤 사고보다 치명적입니다. 그렇기 때문에 정보 비즈니스에서는 데이터베이스를 빠르고 안전하게 지키기 위해 갖은 노력과 큰 비용을 투자하고 있습니다. 이런 노력을 전문인력에게 위임하는 비용만큼 RDS는 비싸다고 생각하면 될 것 같습니다. 단순 비교는 어렵지만 EC2 컴퓨터를 빌려 쓰는 것에 비해 두 배 정도 비쌉니다.

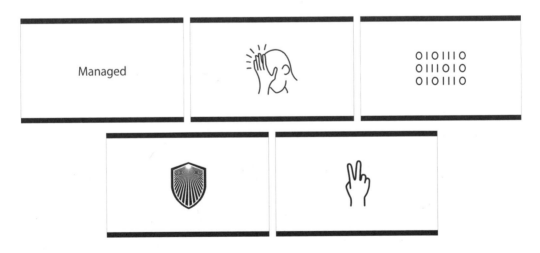

지금부터 RDS를 이용해 관계형 데이터베이스를 운영하는 방법을 살펴볼 것입니다. 이 수업에서는 RDS의 방대한 기능 중 필수적인 데이터베이스를 만들고 그 데이터베이스의 상태를 파악하고, 또 데이터베이스의 설정을 변경하고 삭제하는 방법을 살펴볼 것입니다. 요금 체계를 살펴보는 것은 덤이고요.

이 수업이 끝나면 여러분은 RDS를 통해 데이터베이스에 대한 부담은 내려놓고 애플리케이션을 잘 구현하는 데 좀 더 집중할 수 있게 될 것입니다. 자, 준비됐나요? 출발합시다.

데이터베이스 생성 1

지금부터 RDS를 이용해 MySQL 인스턴스를 한번 만들어 보겠습니다. AWS 페이지의 상단 바에서 **서비스**로 들어간 후 **데이터베이스** 파트의 **RDS**를 클릭합니다.

RDS를 제어할 수 있는 콘솔 페이지가 나옵니다. 좌측 메뉴바에서 **데이터베이스**라고 돼 있는 부분으로 들어가 봅시다.

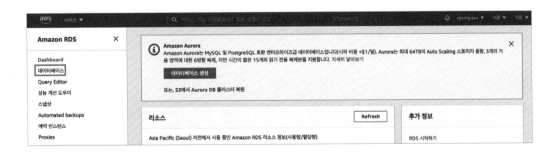

바로 이곳에서 컴퓨터를 빌리고 그곳에 데이터베이스 서버까지 설치할 수 있습니다. 이미 제가 opentutorials라는 데이터베이스를 하나 만들어서 샘플로 하나 갖다 놓았는데, 다시 한번 데이터베이스 서버를 생성해 보겠습니다. 우측 상단의 **데이터베이스 생성** 버튼을 클릭합니다.

그럼 데이터베이스를 생성하는 화면이 나옵니다. 이제부터 생성할 데이터베이스에 대한 여러 가지 구성 옵션을 살펴보겠습니다.

데이터베이스 생성 방식 선택

먼저 데이터베이스 생성 방식으로 '표준 생성'을 선택해 데이터베이스를 만들겠습니다.

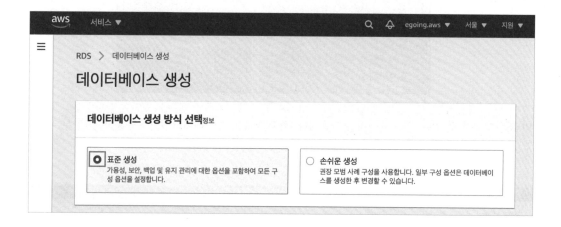

엔진 옵션

엔진 유형을 보면 RDS라고 하는 이 서비스는 여러 개의 주요한 관계형 데이터베이스를 빌려주는 서비스라는 것을 알 수 있습니다. 여기서는 그중에서도 MySQL을 사용하겠습니다.

하단의 **버전**에서는 여러분이 원하는 데이터베이스 버전을 선택할 수 있습니다. 저는 기본으로 설정된 버전을 선택하겠습니다.

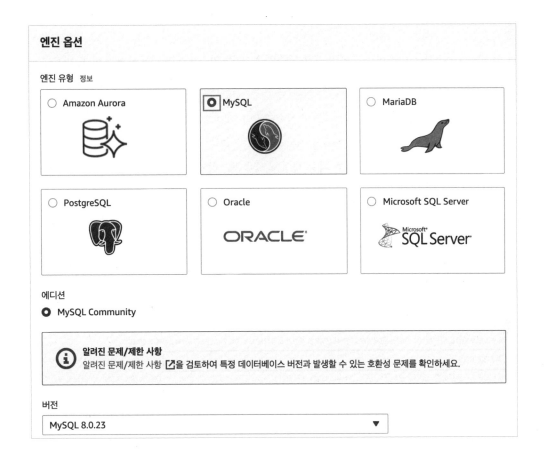

템플릿

프리 티어라고 적힌 항목을 체크합니다. 프리 티어에는 1년 동안 여러분에게 무료로 제공하는 상품들이 있습니다. 앞의 엔진 옵션에서 Amazon Aurora를 제외하고 나머지 제품들은 특정 버전에 한해 1년 동안 프리 티어를 제공합니다. 최신 버전일수록 프리 티어 옵션이 나타나지 않을 수 있으니 참고하세요.

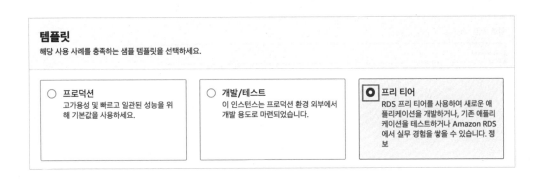

설정

DB 인스턴스 식별자는 인스턴스를 여러 개를 만들었을 때 각 인스턴스의 이름이 필요한데, 바로 그 이름을 설정하는 부분입니다. 여기서는 'AWS2-RDS'라고 이름을 정하겠습니다.

마스터 사용자 이름은 우리가 데이터베이스에 접속하려면 해당 데이터베이스에 대한 사용자와 비밀번호가 있어야 하는데, 사용자에 대한 이름을 적는 곳입니다. 저는 'egoing'으로 입력하겠습니다. 저는 직접 암호를 생성할 것이기 때문에 **암호 자동 생성** 옵션에 체크하지 않겠습니다. 그리고 **마스터 암호**라고 돼 있는 부분에는 앞의 마스터 사용자 이름에 대한 비밀번호를 적으면 됩니다. 저는 'egoing111'이라는 말도 안 되는 비밀번호를 적었어요. 이런 비밀번호를 쓰면 안 되겠죠? **암호 확인**에서는 앞에서 입력한 암호를 재입력해 확인합니다.

설정

DB 인스턴스 식별자 정보
DB 인스턴스 이름을 입력하세요. 이름은 현재 AWS 리전에서 AWS 계정이 소유하는 모든 DB 인스턴스에 대해 고유해야 합니다.

```
AWS2-RDS
```

DB 인스턴스 식별자는 대소문자를 구분하지 않지만 'mydbinstance'와 같이 모두 소문자로 저장됩니다. 제약: 1자~60자의 영숫자 또는 하이픈으로 구성되어야 합니다. 첫 번째 문자는 글자이어야 합니다. 하이픈 2개가 연속될 수 없습니다. 끝에 하이픈이 올 수 없습니다.

▼ 자격 증명 설정

마스터 사용자 이름 정보
DB 인스턴스의 마스터 사용자에 로그인 ID를 입력하세요.

```
egoing
```

1~16자의 영숫자. 첫 번째 문자는 글자이어야 합니다.

☐ **암호 자동 생성**
   Amazon RDS에서 사용자를 대신하여 암호를 생성하거나 사용자가 직접 암호를 지정할 수 있습니다.

마스터 암호 정보

```
••••••••
```

제약 조건: 8자 이상의 인쇄 가능한 ASCII 문자. 다음은 포함할 수 없습니다. /(슬래시), '(작은따옴표), "(큰따옴표) 및 @(앳 기호).

암호 확인 정보

```
••••••••
```

DB 인스턴스 클래스

여러분이 데이터베이스 서버를 이용하려면 컴퓨터가 있어야겠죠? **DB 인스턴스 클래스**는 컴퓨터의 사양을 지정하는 겁니다. 이때 **버스터블 클래스** 옵션의 'db.t2.micro'만 활성화돼 있고 프리 티어가 아닌 제품들, 즉 프리 티어가 아닌 사양의 컴퓨터는 보이지 않습니다. 그 이유는 템플릿 섹션에서 프리 티어 옵션을 체크하고 왔기 때문입니다.

현재 AWS RDS는 마이크로 인스턴스라고 하는, CPU는 하나고 1GB의 메모리를 제공하는 컴퓨터만 무료로 제공합니다. 그런데 이 정도 사양만으로도 처음 서비스를 시작하는 분들에게는 충분합니다. 이것보다 더 비싼 제품으로 시작할 필요가 전혀 없으며, 언제든지 상위 사양으로 업그레이드할 수 있어요. 이것을 가리켜 **스케일업**이라고 합니다. 스케일업은 5분이면 할 수 있기 때문에 처음부터 비싼 컴퓨터를 쓸 필요가 전혀 없습니다.

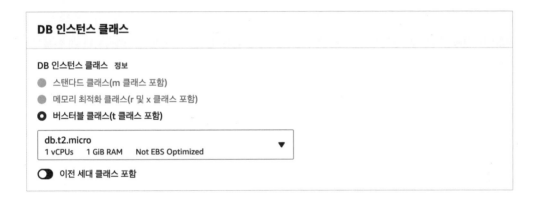

스토리지

프리 티어는 **스토리지 유형**에서 **범용(SSD)** 옵션만 선택할 수 있으므로 설명을 위해 템플릿 섹션에서 프리 티어가 아닌 다른 옵션을 선택한 후 다른 스토리지 유형도 선택할 수 있도록 바꾸겠습니다. 여러분은 바꾸지 않고 여기서 설명하는 내용만 읽어봐도 됩니다.

Amazon RDS용 AWS 프리 티어

- MySQL, MariaDB, PostgreSQL, Oracle BYOL 또는 SQL Server(SQL Server Express Edition 실행)를 실행하는 Amazon RDS 단일 AZ db.t2.micro 인스턴스를 750시간 무료 사용 - 매월 지속적으로 DB 인스턴스를 실행하기에 충분한 시간
- 20GB의 범용(SSD) DB 스토리지
- 자동 데이터베이스 백업과 사용자 실행 DB 스냅샷을 위한 백업 스토리지 20GB

이러한 서비스 외에도 Amazon RDS에서 DB 인스턴스를 구축하고 관리할 수 있는 AWS Management Console이 무료로 제공됩니다.

스토리지는 데이터를 저장하는 디스크입니다. 예전에는 하드디스크 형식도 제공했는데, AWS가 현재 새로 만드는 인스턴스들은 SSD만 제공합니다. **범용(SSD)**이라고 돼 있는 부분은 저렴한 저장장치입니다. 가격이 저렴하다면 뭐가 나쁘겠어요? 속도가 느리겠죠. 그래서 최소 20GiB에서 최대 16,384GiB까지 저장장치를 빌릴 수 있습니다.

그리고 이 용량이 커지면 **월별 추정 요금**의 값이 올라갑니다. 월별 추정 요금은 페이지의 맨 아래에서 확인할 수 있습니다.

프로비저닝된 IOPS(SSD)에서 IO는 Input/Output을 의미합니다. 즉, 데이터를 저장하고 데이터를 쓸 때 초당 얼마나 작업할 수 있느냐를 의미하는데, 기본적으로 프로비저닝된 IOPS(SSD)는 범용(SSD)보다 더 비싼 대신 더 빠릅니다. 그리고 범용(SSD)의 경우에는 **용량**에 따라 저장장치의 **속도**가 달라지는데, 프로비저닝된 IOPS(SSD)에서는 용량과 속도를 따로따로 지정할 수 있어요.

할당된 스토리지를 800으로, **프로비저닝된 IOPS**를 40,000으로 설정합니다. 할당된 스토리지와 프로비저닝된 IOPS는 완전히 연동이 안 되는 것이 아니라, 약간의 연관성은 있지만 별도로 저장장치 용량과 성능을 더 자유롭게 지정할 수 있다는 차이점이 있습니다. 이처럼 800GiB의 스토리지와 40,000

IOPS라는 속도를 설정한다면 한 달에 부과되는 금액이 9,800USD나 됩니다. 이렇게 설정하면 큰일 나는 거예요.

DB 인스턴스 클래스: db.t3.micro/ 다중 AZ 배포: 대기 인스턴스 생성

스토리지

스토리지 유형 정보

프로비저닝된 IOPS(SSD) ▼

할당된 스토리지

800 GiB

최소: 100 GiB, 최대: 16,384 GiB

프로비저닝된 IOPS 정보

40000 IOPS

최소: 1,000 IOPS, 최대: 80,000 IOPS

월별 추정 요금

DB 인스턴스	18.98 USD
스토리지	240.00 USD
다중 AZ 대기 인스턴스	18.98 USD
프로비저닝된 IOPS	9600.00 USD
합계	**9877.96 USD**

가격에 영향을 미치는 첫 번째 요소는 **인스턴스 유형**, 즉 컴퓨터의 사양이고 두 번째는 **저장장치의 용량**입니다. 저장장치의 용량은 특이한 면이 있는데, 용량이 클수록 저장장치의 **속도**가 빨라집니다. 그래서 범용(SSD)에서는 여러분이 얼마만큼의 저장 공간을 확보하느냐에 따라 속도가 달라져요. 속도는 스토리지에 연동돼 있고, 스토리지가 클수록 속도가 빠릅니다.

여러분은 지금 초보자이기 때문에 프로비저닝된 IOPS(SSD)를 사용하지 말고, 다음과 같이 기본 설정된 범용(SSD)를 선택해서 요금을 작게 잡길 바랍니다.

스토리지

스토리지 유형 정보

범용(SSD) ▼

할당된 스토리지

20 GiB

(최소: 20GiB, 최대: 16,384GiB) 할당된 스토리지가 많으면 IOPS 성능이 **개선될 수 있습니다.**

스토리지 자동 조정 정보
애플리케이션의 필요에 따라 데이터베이스 스토리지의 동적 조정 지원을 제공합니다.

☑ 스토리지 자동 조정 활성화
　　이 기능을 활성화하면 지정한 임계값 초과 시 스토리지를 늘릴 수 있습니다.

최대 스토리지 임계값 정보
데이터베이스를 지정된 임계값으로 자동 조정하면 요금이 부과됩니다.

1000 GiB

최소: 21 GiB, 최대: 16,384 GiB

가용성 및 내구성

다중 AZ 배포의 AZ는 Availability Zone이라고 해서 AWS의 리전 지역에는 두 개에서 세 개의 가용성 지역이라고 하는 건물들이 있습니다. 이 건물들은 서로 멀리 떨어져 있어요. 그래서 하나의 건물이 파괴돼도 다른 건물은 멀쩡한 상태가 유지가 되는 것이죠.

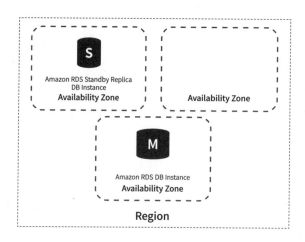

여러분이 **다중 AZ 배포**에서 **대기 인스턴스 생성** 옵션을 선택하면 컴퓨터가 서로 다른 가용성 지역에 생성됩니다. 그리고 데이터가 들어오게 되면 그 데이터는 위 그림과 같이 두 개의 건물(M, S)에 있는 데이터베이스 서버에 모두 저장됩니다. 만약 이 데이터베이스 인스턴스를 사용하다가 사고로 M이 완파되면 자동으로 다른 가용 지역에 있는 데이터베이스 서버 S의 데이터를 사용함으로써 데이터의 유실을 막고 서비스의 중지를 막는 것이 바로 다중 AZ 배포라고 하는 것입니다.

가용성 및 내구성

다중 AZ 배포 정보

⦿ 대기 인스턴스 생성(생산 사용량에 권장)
데이터 중복을 제공하고, I/O 중지를 없애고, 시스템 백업 중에 지연 시간 스파이크를 최소화하기 위해 다른 가용 영역(AZ)에 대기 인스턴스를 생성합니다.

○ 대기 인스턴스를 생성하지 마세요.

대신 다중 AZ 배포는 비용이 두 배로 든다는 단점이 있습니다. 왜냐하면 컴퓨터가 2대가 필요하거든요. 그래서 경제적인 상황을 잘 판단해서 안전함이 중요한지, 비용이 중요한지를 따져 보면 좋겠습니다. 지금 다중 AZ 배포를 선택할 수 없는 이유는 프리 티어라는 옵션을 체크했기 때문입니다.

가용성 및 내구성

다중 AZ 배포 정보

● 대기 인스턴스 생성(생산 사용량에 권장)
 데이터 중복을 제공하고, I/O 중지를 없애고, 시스템 백업 중에 지연 시간 스파이크를 최소화하기 위해 다른 가용 영역(AZ)에 대기 인스턴스를 생성합니다.

◎ 대기 인스턴스를 생성하지 마세요.

그 아래의 네트워크와 관련된 옵션들은 다음 수업에서 살펴보겠습니다.

데이터베이스 생성 2

이번 시간에는 RDS의 인스턴스를 생성하는 페이지에서 **연결** 파트에 대한 이야기를 이어서 해보겠습니다.

https://youtu.be/aUVQ58e9vas
(8분 58초)

연결

Virtual Private Cloud(VPC) 부분은, 우선 결론부터 말하자면 기본 VPC를 사용하면 됩니다.

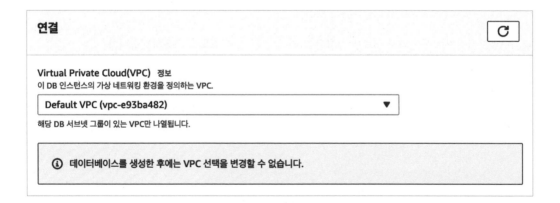

VPC는 AWS 안에서 외부로부터 독립되고 안전한 네트워크를 구성해주는 서비스입니다. VPC를 생성하고 그 VPC 안에다가 AWS RDS 인스턴스를 만들면, 이 VPC를 통해 외부에서 직접적으로 RDS에 접속하는 것을 막을 수 있어요. 그렇게 되면 해킹과 같은 위협으로부터 훨씬 더 안전해지는 것이죠. 그리고 같은 VPC 안에 AWS EC2 인스턴스 같은 컴퓨터를 세팅합니다. 이곳에 Node.js, 파이썬, PHP 같은 애플리케이션 서버를 설치한 후 이 애플리케이션 서버만큼은 RDS에 접근할 수 있게 합니다. 그렇게 되면 RDS가 훨씬 더 안전해지겠죠? 바로 이런 것들을 할 수 있게 해 주는 것이 VPC라고 생각하면 되겠습니다. 실제로는 상당히 복잡하겠죠? 저는 다음 그림을 지금부터 *VPC 그림*이라고 부르겠습니다.

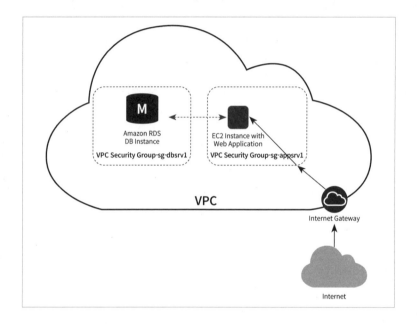

다시 AWS 페이지로 돌아와서 **서브넷 그룹**은 미리 설정된 기본 항목을 사용하겠습니다.

다음으로 **퍼블릭 액세스**를 '아니요'로 지정하면 앞에서 본 *VPC 그림*과 같은 상태가 됩니다. 즉, 같은 VPC 안에서 RDS가 허가한 EC2 인스턴스만 RDS에 접속하게 할 수 있다는 것입니다. 만약 외부에서 인터넷에 접속할 수 있게 한다면 *VPC 그림*과 다르게 외부에서 직접 AWS RDS에 접속할 수 있는 상태가 됩니다. 따라서 EC2 인스턴스를 만들어서 RDS를 사용할 예정이라면 외부에서 접속할 수 없도록 하는 편이 훨씬 더 안전한 방법입니다. 그것이 아니라 외부에서 RDS를 이용하게 하려고 한다면, 즉 AWS 서비스가 아닌 것이 RDS를 이용하려고 한다면 외부에서 인터넷으로 접속할 수 있게 하는 것이 가장 단순한 설정일 것 같습니다.

퍼블릭 액세스 정보

○ **예**
VPC 외부의 Amazon EC2 인스턴스 및 디바이스는 데이터베이스에 연결할 수 있습니다. 데이터베이스에 연결할 수 있는 VPC 내부의 EC2 인스턴스 및 디바이스를 지정하는 하나 이상의 VPC 보안 그룹을 선택하세요.

● **아니요**
RDS는 데이터베이스에 퍼블릭 IP 주소를 할당하지 않습니다. VPC 내부의 Amazon EC2 인스턴스 및 디바이스만 데이터베이스에 연결할 수 있습니다.

다음으로 **VPC 보안그룹**의 **새로 생성**을 체크하고 **새 VPC 보안 그룹 이름**에서 우리의 VPC 이름을 지정하면 됩니다. *VPC 그림* 상에서 네모 박스로 표시돼 있는 부분이 보안 그룹이에요. 어떤 VPC 안에 RDS가 있을 때 같은 VPC라고 하더라도 이 VPC 안에 있는 모든 머신들이 RDS에 접속할 수 있는 것이 아니라 어떤 특정 머신만 RDS로 접속할 수 있도록 지정할 수 있습니다. 바로 그렇게 하는 것이 **보안 그룹**이라고 하는 것입니다. 지금은 설명하는 것이 오히려 복잡할 수도 있기 때문에 나중에 실제로 RDS 인스턴스에 접속을 시도할 때 좀 더 자세하게 설명하겠습니다.

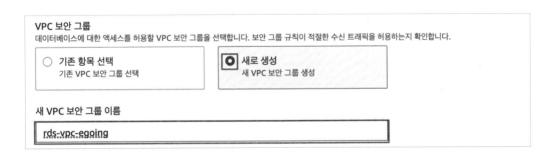

VPC 보안 그룹
데이터베이스에 대한 액세스를 허용할 VPC 보안 그룹을 선택합니다. 보안 그룹 규칙이 적절한 수신 트래픽을 허용하는지 확인합니다.

○ **기존 항목 선택**
기존 VPC 보안 그룹 선택

● **새로 생성**
새 VPC 보안 그룹 생성

새 VPC 보안 그룹 이름

rds-vpc-egoing

그럼 연결에 대한 설정이 다음과 같이 마무리되는데, 하단의 **추가 구성**을 클릭해 데이터베이스의 포트에 대해 살펴보겠습니다.

연결 ⟳

Virtual Private Cloud(VPC) 정보
이 DB 인스턴스의 가상 네트워킹 환경을 정의하는 VPC.

> Default VPC (vpc-e93ba482) ▼

해당 DB 서브넷 그룹이 있는 VPC만 나열됩니다.

> ⓘ 데이터베이스를 생성한 후에는 VPC 선택을 변경할 수 없습니다.

서브넷 그룹 정보
선택한 VPC에서 DB 인스턴스가 어떤 서브넷과 IP 범위를 사용할 수 있는지를 정의하는 DB 서브넷 그룹.

> default-vpc-e93ba482 ▼

퍼블릭 액세스 정보

○ 예
VPC 외부의 Amazon EC2 인스턴스 및 디바이스는 데이터베이스에 연결할 수 있습니다. 데이터베이스에 연결할 수 있는 VPC 내부의 EC2 인스턴스 및 디바이스를 지정하는 하나 이상의 VPC 보안 그룹을 선택하세요.

● 아니요
RDS는 데이터베이스에 퍼블릭 IP 주소를 할당하지 않습니다. VPC 내부의 Amazon EC2 인스턴스 및 디바이스만 데이터베이스에 연결할 수 있습니다.

VPC 보안 그룹
데이터베이스에 대한 액세스를 허용할 VPC 보안 그룹을 선택합니다. 보안 그룹 규칙이 적절한 수신 트래픽을 허용하는지 확인합니다.

○ 기존 항목 선택	● 새로 생성
기존 VPC 보안 그룹 선택	새 VPC 보안 그룹 생성

새 VPC 보안 그룹 이름

> rds-vpc-egoing

가용 영역 정보

> 기본 설정 없음 ▼

▶ **추가 구성**

추가 구성을 보면 포트에 대한 설정이 나옵니다. **데이터베이스 포트**는 데이터베이스에 접속할 때 해당 데이터베이스의 기본 포트를 지정하는 것입니다. 앞에서 엔진 유형을 MySQL로 선택했기 때문에 MySQL의 기본 포트인 3306번으로 설정돼 있습니다. 여러분이 원하는 포트 정보를 지정해도 됩니다.

데이터베이스 인증

데이터베이스 인증 옵션은 현시점에서 중요하지 않으므로 기본 설정인 **암호 인증** 옵션을 사용하겠습니다.

추가 구성

그럼 인스턴스에 대한 기본적인 구성은 다 끝났습니다. **추가 구성**을 클릭해 이에 관한 내용도 설정해 보겠습니다.

데이터베이스 옵션

아래 값을 입력하기 전에 **초기 데이터베이스 이름**에 대해 먼저 살펴보겠습니다.

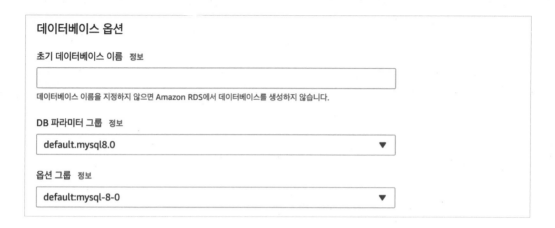

터미널 창에서 MySQL을 실행한 후 show databases라고 명령어를 실행하면 결과로 나오는 항목 하나하나가 데이터베이스입니다. 우리가 RDS를 대상으로 데이터베이스 접속을 설정할 때 **초기 데이터베이스 이름**은 그 데이터베이스를 지정하는 것입니다.

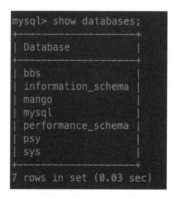

예를 들어, 'example'이라는 데이터베이스를 만들고 싶다면 다음과 같이 초기 데이터베이스 이름에 'example'이라고 적습니다.

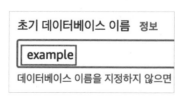

이것은 명령어로 example이라는 데이터베이스를 생성하고, 데이터베이스 목록을 출력했을 때 example이 나오는 것과 똑같이 기본 데이터베이스를 지정하는 것입니다. 직접 만들 수도 있겠죠?

```
mysql> create database example;
Query OK, 1 row affected (0.01 sec)

mysql> show databases;
+--------------------+
| Database           |
+--------------------+
| bbs                |
| example            |
| information_schema |
| mango              |
| mysql              |
| performance_schema |
| psy                |
| sys                |
+--------------------+
8 rows in set (0.00 sec)
```

그다음으로 **DB 파라미터 그룹, 옵션 그룹**은 나중에 관련 맥락에서 설명하는 편이 더 좋을 것 같으므로 넘어가겠습니다.

백업

자동 백업을 활성화합니다 옵션을 체크한 후 **백업 보존 기간**을 7일로 지정하겠습니다. AWS RDS는 자동으로 백업을 생성하는데, 자동으로 생성된 백업의 저장 기한은 최대 7일이라는 뜻입니다. 그래서 8일째가 되는 과거 백업 데이터는 자동으로 삭제됨으로써 요금을 아낄 수 있습니다. 만약 좀 더 오랫동안 백업을 유지해야 한다면 이 기간을 늘리면 되겠지만 그렇게 되면 그만큼 비용이 더 든다는 사실도 기억하길 바랍니다.

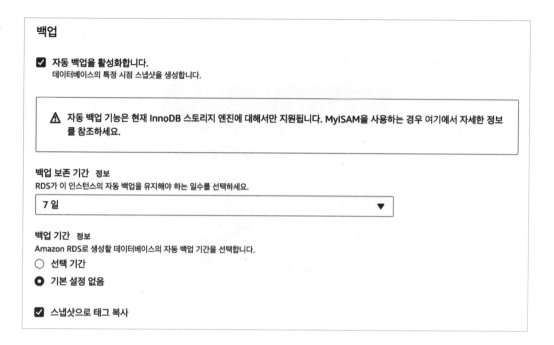

이때 **백업 기간**은 자동 백업을 언제 수행할지 지정하는 것입니다. 저는 기본값인 **기본 설정 없음**을 사용하겠습니다. 만약 **선택 기간**을 지정하면 화면이 다음과 같이 바뀌는데, 사용자들이 많이 안 쓰는 시간에 백업하는 것이 좋겠죠? 이때 **백업 기간** 옆에 있는 **정보**를 클릭하면 오른쪽과 같은 창에 이에 대한 설명이 나타납니다.

모니터링

Enhanced 모니터링 활성화를 지정하면 이 AWS RDS 인스턴스에 대한 아주 상세한 상태를 기록할 수 있습니다. 여기서는 모니터링을 활성화해 보겠습니다. **Enhanced 모니터링 활성화**를 체크해주세요.

모니터링

☑ **Enhanced 모니터링 활성화**
Enhanced 모니터링 지표를 활성화하면 다른 프로세스 또는 스레드에서 CPU를 사용하는 방법을 확인하려는 경우에 유용합니다.

세부 수준

60 초 ▼

역할 모니터링

기본값 ▼

'데이터베이스 생성'을 클릭하면 RDS가 IAM 역할 rds-monitoring-role을 생성하도록 권한을 부여합니다

로그 내보내기

로그 내보내기를 이용하면 에러가 발생하거나 어떤 데이터베이스 쿼리를 실행했을 때 너무 오래 걸리는 쿼리에 대해서 별도로 관리할 수 있습니다. 이러한 동작의 유형을 다음 목록 중에서 선택해 나중에 문제가 발생하면 그 문제를 파악하는 데 도움을 주는 기능입니다.

로그 내보내기

Amazon CloudWatch Logs로 게시할 로그 유형 선택

☐ 감사 로그
☐ 에러 로그
☐ 일반 로그
☐ 느린 쿼리 로그

IAM 역할
다음 서비스 연결 역할은 로그를 CloudWatch Logs로 게시하기 위해 사용됩니다.

RDS 서비스 연결 역할

ⓘ 일반 로그, 느린 쿼리 로그 및 감사 로그 설정이 활성화되어 있는지 확인하세요. 오류 로그는 기본적으로 활성화됩니다. 자세히 알아보기

유지 관리

다음으로 **유지 관리**의 **마이너 버전 자동 업그레이드 사용**은 마이너한 버전업을 자동으로 수행하는 옵션입니다. 참고로 MySQL 5를 8 버전으로 업그레이드하는 것은 마이너가 아니라 메이저 버전 업그레이드이고, 아주 마이너한 버전업을 할 때를 마이너 버전 업그레이드라고 합니다.

앞에서 본 마이너 버전 자동 업그레이드 기능 또는 RDS의 여러 가지 설정들을 변경할 때 아무 때나 설정을 변경하면 사용자의 데이터베이스가 죽을 수도 있습니다. 또 사용자가 불편함을 겪을 수도 있고, 사고가 났을 때 사고에 대응하기도 어렵습니다. **유지 관리 기간**은 어떤 특정한 시간에 여러분이 RDS에 변화를 주고 싶은 사항들을 모아났다가 그 시간에 RDS가 자동으로 변경되는 기능입니다. **기본 설정 없음**을 선택하면 RDS가 알아서 특정 시간을 지정합니다. 여기서는 **기본 설정 없음**을 사용하겠습니다. 만약 **선택 기간**을 선택하면 다음과 같이 변경되는 시간을 지정할 수 있습니다.

삭제 방지

삭제 방지 활성화를 선택하면 나중에 인스턴스를 삭제하려고 했을 때 기본적으로 삭제가 안 되도록 하는 옵션입니다. 일종의 안전장치라고 할 수 있겠죠?

삭제 방지

☑ 삭제 방지 활성화
데이터베이스가 실수로 삭제되는 것을 방지합니다. 이 옵션을 활성화하면 데이터베이스를 삭제할 수 없습니다.

그러면 모든 추가 설정까지 완료했고, 페이지 하단으로 가서 **데이터베이스 생성** 버튼을 클릭합니다.

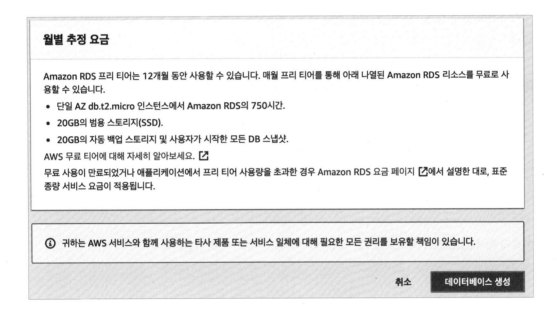

그럼 데이터베이스 생성이 시작되고, 약간의 시간이 지난 후 생성이 완료됩니다.

다음 화면과 같이 현재 인스턴스가 '사용 가능' 상태로 표시됩니다. 방금 생성한 인스턴스를 클릭해 들어가 보겠습니다.

인스턴스의 현재 상태, 인스턴스와 관련된 여러 가지 정보, 설정, 상황과 같은 내역을 살펴볼 수 있습니다.

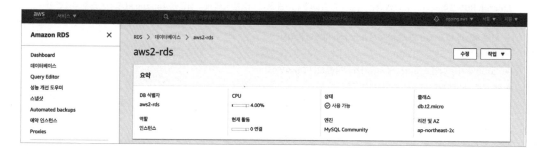

이렇게 해서 RDS 인스턴스를 만드는 방법에 대해서는 여기까지 하겠습니다.

AWS2 RDS

▶ https://youtu.be/unrLNSJOr7w (7분 11초) ◉

03 데이터베이스 서버 접속

접속 1 - 퍼블릭 방식으로 접속

이전 시간에 RDS를 통해 데이터베이스 서버를 생성하는 것을 해봤습니다. 손볼 게 되게 많았는데요, 이제 데이터베이스 서버를 만들었으면 뭘 해야 할까요? 사용할 수 있어야죠. 그래서 이번 시간에는 데이터베이스 클라이언트를 이용해 데이터베이스 서버에 접속해 보겠습니다. 이를 위해서는 두 가지 방법이 있습니다. 쉬운 방법과 어려운 방법, 덜 안전한 방법과 안전한 방법입니다. 여기서는 안전하지 않지만 쉬운 방법을 먼저 해봅시다.

안전하지 않지만 쉬운 방법이 뭐냐면 바로 **퍼블릭 액세스**를 이용하는 방법입니다. 이전 시간에 생성한 aws2-rds 인스턴스의 상세 페이지를 보면 **퍼블릭 액세스 가능**이 현재 **아니요**로 돼 있습니다. 이를 바꾸는 방법과 RDS의 설정을 바꾸는 방법을 소개하겠습니다. 먼저 우측 상단의 **수정** 버튼을 클릭합니다.

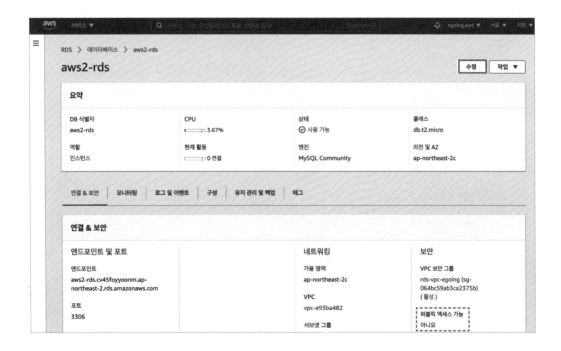

그럼 다음과 같이 DB 인스턴스 수정 화면이 나오는데, 이 가운데 **연결** 섹션을 보겠습니다.

그러고 나서 하단의 **추가 구성**을 클릭합니다.

그러면 **퍼블릭 액세스**라는 것이 나오는데, 이를 **퍼블릭 액세스 가능**으로 바꾸면 됩니다.

그리고 페이지 끝으로 스크롤을 내린 후 **계속** 버튼을 선택합니다.

수정 사항 요약이라고 적힌 부분에서 **퍼블릭 액세스 가능성**이라는 항목을 볼 수 있습니다. 이때 페이지 하단의 **DB 인스턴스 수정** 버튼을 눌러도 수정 사항이 바로 적용되지 않습니다. 그 이유는 기본값으로 **예약된 다음 유지관리 기간에 적용**이라는 항목이 선택돼 있어서 RDS가 이 시간에 여러분이 설정한 사항들을 한 번에 지정하기 때문입니다. 하지만 여기서는 바로 변경사항을 적용할 것이기 때문에 **즉시 적용**을 선택해 설정을 바꾸겠습니다. 그런 다음 **DB 인스턴스 수정** 버튼을 누릅니다.

그럼 수정이 완료됐다는 문구와 함께 인스턴스의 **상태**가 '사용 가능'인 것을 볼 수 있습니다. 데이터베이스에 접속하기 위해 인스턴스를 클릭해 정보를 보러 갑시다.

인스턴스의 상세 페이지에서 **연결 & 보안** 부분을 보면 **엔드포인트**라는 항목이 있는데, 이것이 바로 데이터베이스 **서버의 주소**, 즉 **호스트 네임**입니다. 이를 복사합니다.

여기서는 MySQL 모니터를 이용하겠습니다. 내 컴퓨터에서 터미널 창을 열고 다음과 같이 명령어를 실행합니다.

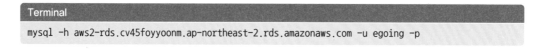

```
Terminal
mysql -h aws2-rds.cv45foyyoonm.ap-northeast-2.rds.amazonaws.com -u egoing -p
```

이때 -h는 호스트(host)라는 뜻이고, 이 뒤에다 앞에서 복사한 엔드포인트 값을 붙여넣습니다. 그다음 -u에는 앞에서 데이터베이스 서버를 생성했던 수업에서 입력했던 사용자 ID를 쓰면 됩니다. 참고로 저는 'egoing'이라고 지정했습니다. 그리고 -p를 붙이고 엔터 키를 칩니다.

그럼 비밀번호를 입력하라는 문구가 나옵니다. 참고로 저는 'egoing111'이라는 비밀번호를 인스턴스를 생성할 때 지정했습니다. 그래서 이 비밀번호를 입력한 후 엔터 키를 쳐서 접속하면 다음 그림처럼 데이터베이스에 접속될 것입니다.

```
~ ) mysql -h aws2-rds.cv45foyyoonm.ap-northeast-2.rds.amazonaws.com -u egoing -p
Enter password:
Welcome to the MySQL monitor.  Commands end with ; or \g.
Your MySQL connection id is 496
Server version: 8.0.23 Source distribution

Copyright (c) 2000, 2020, Oracle and/or its affiliates. All rights reserved.

Oracle is a registered trademark of Oracle Corporation and/or its
affiliates. Other names may be trademarks of their respective
owners.

Type 'help;' or '\h' for help. Type '\c' to clear the current input statement.

mysql>
```

그런데 비밀번호를 입력해도 접속이 안 되는 분들이 있을 것입니다. 아마존에서 서비스 차원으로 제공하는 방화벽 기능을 Security group(보안 그룹)이라고 하는데, 우리는 지금 MySQL 클라이언트에서 데이터베이스 서버로 접속하려고 합니다. 그리고 데이터베이스 서버는 어떠한 보안 그룹 안에 속합니다. 해당 보안 그룹의 보안을 설정하면 그룹에 속한 머신들, 즉 그룹의 데이터베이스 서버들은 동일한 보안 설정을 갖게 됩니다. 우리가 보안 그룹에서 설정해야 할 것은 두 가지입니다. 먼저 '어떤 특정 IP를 가진 클라이언트만' 혹은 '누구나' 접속할 수 있게 접속하는 **소스를 제약**하는 것이 첫 번째입니다. 아무 클라이언트나 접속하게 하면 위험하기 때문이죠.

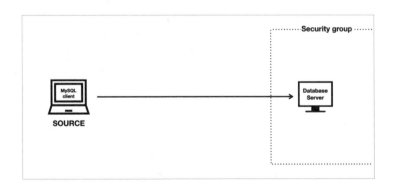

두 번째로는 이 클라이언트가 서버에 접속할 때 서버 컴퓨터에는 여러 서버가 설치돼 있을 수 있단 말이죠? 그럼 클라이언트가 그중 어떤 서버에 접속할 것인지를 지정하는 것이 바로 **포트(port)**라고 하는 것입니다. 포트를 지정해서 이 클라이언트가 데이터베이스 서버에 있는 모든 서버에 접속하는 것이 아니라 우리가 **열어준 포트에 해당하는 서버에만 접속**하게 하는 것이 가능합니다.

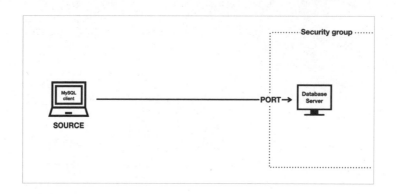

다시 RDS 인스턴스의 상세 페이지로 가서 **연결 & 보안**을 보면 **포트**에는 우리가 데이터베이스 서버를 생성할 때 지정한 번호, 혹은 데이터베이스 제품마다 다른 기본 포트 번호가 지정돼 있습니다. 서버에 접속하기 위해서는 바로 이 포트가 개방돼 있어야 합니다.

또한 접속하는 사람의 정보가 허용돼 있어야 합니다. **VPC 보안 그룹**이라고 RDS 인스턴스가 기본적으로 속해 있는 보안 그룹이 있는데, 접속하는 소스를 제약하는 작업은 이곳에서 하면 됩니다. **VPC 보안 그룹**을 클릭합니다.

그럼 EC2 제품의 페이지로 가게 되는데, 그 이유는 RDS도 결국에는 EC2 위에서 돌아가기 때문에 EC2가 쓰는 보안 그룹과 같은 것을 사용한다고 생각하면 됩니다. 페이지를 보면 우리가 선택한 보안 그룹이 기본적으로 지정돼 있을 텐데요, 아래 탭을 보면 그중 **인바운드 규칙, 아웃바운드 규칙**이 있습니다.

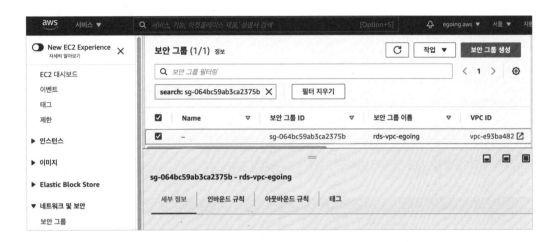

인바운드는 다음 그림의 화살표처럼 데이터베이스 서버 입장에서 안으로 들어오는 것이고, **아웃바운드**는 응답하는 것입니다. 그렇기 때문에 클라이언트를 허용하려면 인바운드를 설정하면 됩니다. 아웃바운드는 설정하지 않아도 자동으로 동작합니다.

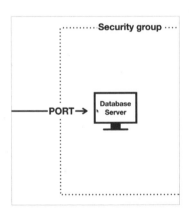

인바운드 규칙 탭에서 **인바운드 규칙 편집** 버튼을 클릭합니다.

그러면 다음과 같이 **인바운드 규칙 편집**이라는 페이지가 나오는데, 여기서 **유형** 항목을 보겠습니다. 이미 선택된 값이 있을 수도 있지만 없다고 가정하고 진행하겠습니다.

이 책에서는 MySQL을 사용할 것이기 때문에 **MYSQL/Aurora**를 선택합니다. 즉, 자신의 데이터베이스를 선택하면 됩니다.

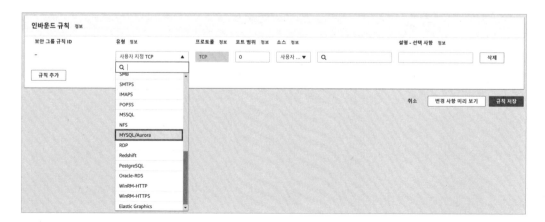

그러면 자동으로 **프로토콜**은 'TCP'로 **포트 범위**는 '3306'으로 입력됩니다. 데이터베이스가 다르면 **포트 범위**도 달라집니다.

그다음으로 **소스**를 지정해 보겠습니다. '사용자 지정'을 선택한 후 'Anywhere'라는 것을 선택하면 누구나 데이터베이스 서버에 접속할 수 있게 됩니다. '내 IP'를 선택하면 현재 사용 중인 컴퓨터의 IP 주소가 지정됩니다. 그러면 집 밖에서 접속하거나 사용 중인 컴퓨터의 IP 주소가 바뀌면 데이터베이스에 접속하지 못하는 상황이 생기는데, 그때는 이 설정을 바꿔주면 됩니다.

'Anywhere'보다는 자신의 IP 주소를 직접 지정하는 편이 훨씬 더 안전하기 때문에 여기서는 '내 IP'를 선택하겠습니다. 그리고 나서 **규칙 저장** 버튼을 클릭합니다.

그럼 규칙이 수정됐다는 문구와 함께 이 보안 그룹의 상세 페이지가 나옵니다.

만약 여러 곳에서 데이터베이스에 접속해야 한다면 방금 한 것처럼 편집해 규칙을 추가하면 됩니다. 그러고 나서 터미널 창에서 다시 접속을 시도해 봅시다. 다음과 같이 나온다면 접속에 성공한 것입니다. 축하드려요.

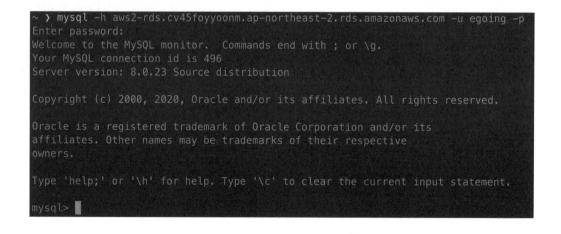

접속 2 - 비공개 상태로 접속

https://youtu.be/sLFvVdfDk7M
(10분 22초)

이전 시간에는 RDS를 통해 만든 데이터베이스 서버를 어디서나 접속할 수 있게, 또는 어떤 특정 IP 주소에서만 접속할 수 있게 하는 방법을 살펴봤습니다. IP 주소를 제한하는 것만으로도 충분히 안전해지지만 그보다 더 안전하게 하는 방법은 다음과 같은 구도를 만드는 겁니다. 같은 VPC 안에서 RDS는 외부에서 접속할 수 없게 하고, VPC 안에 소속된 EC2 인스턴스를 만듭니다. 이 EC2 인스턴스만이 RDS에 접속할 수 있게 하면 외부에서 RDS에 직접 접속하는 것을 막을 수가 있기 때문에 훨씬 더 안전해질 수 있다는 것이죠. 더 많은 보안적인 고려가 필요한 상황이라면 이 같은 방식을 추천하고, AWS에서도 이 방식을 추천합니다.

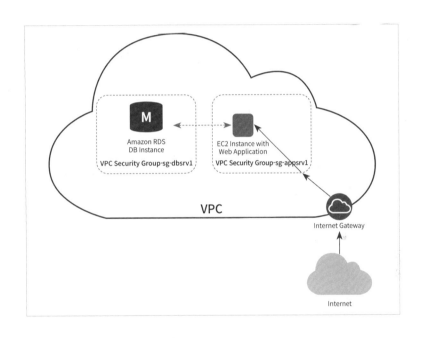

1단계: 외부에서 접속할 수 없는 RDS 만들기

이를 테스트해보기 위해 첫 번째로 필요한 것은 기존에 설정해둔 퍼블릭 액세스 같은 부분을 일단 비활성화하는 것입니다. 인스턴스의 상세 페이지에서 **수정** 버튼을 누릅니다.

DB 인스턴스 수정 페이지에 있는 설정 중에서 **연결**의 **추가 구성**을 클릭합니다.

퍼블릭 액세스 불가능을 선택해 퍼블릭 액세스를 불가능하게 만듭니다.

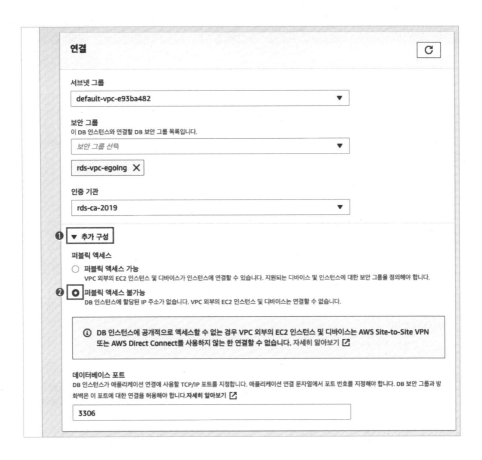

페이지 하단으로 내려가 **계속**을 선택합니다.

다음 페이지에서 **즉시 적용**을 선택하고 **DB 인스턴스 수정**을 클릭합니다.

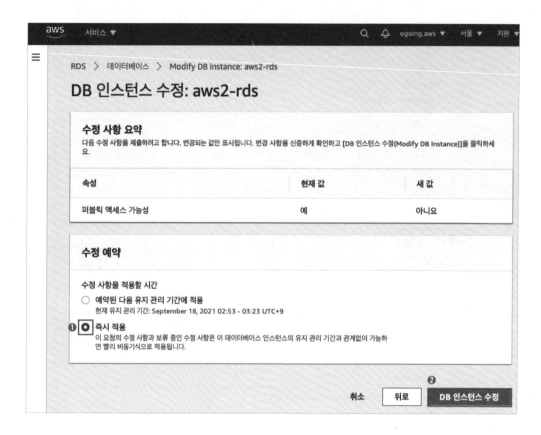

또 하나 해야 할 것은 보안 그룹과 관련된 것인데, 우선 aws2-rds를 클릭해 이 데이터베이스의 상세 페이지로 들어가 봅시다.

RDS의 설정 중 **연결 & 보안** 탭에서,

보안의 **VPC 보안 그룹**을 클릭해 보안 그룹 페이지로 들어가 봅시다.

이 보안 그룹의 **인바운드 규칙** 탭으로 들어가 **인바운드 규칙 편집** 버튼을 클릭합니다.

삭제 버튼을 눌러 이 보안 그룹의 이미 생성된 인바운드를 삭제한 후,

규칙 저장 버튼을 클릭합니다. 아무도 접속할 수 없게 만들어 놓고 여기서부터 출발해 봅시다.

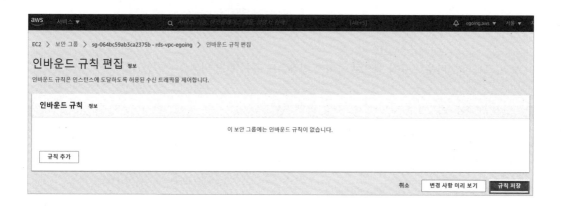

보안 그룹의 인바운드 규칙이 수정됐다는 페이지가 나오고 우리의 보안 그룹에 인바운드 규칙이 하나도 없는 것을 확인할 수 있죠?

2단계: RDS와 같은 VPC에 소속된 EC2 인스턴스 만들기

EC2 페이지로 가서 EC2 인스턴스를 하나 생성하겠습니다.

여기서는 **Ubuntu Server 20.04 LTS**를 선택했습니다.

그리고 프리 티어를 사용할 수 있기 때문에 't2.micro'를 사용하겠습니다. 만약 프리 티어가 1년이 넘어 사용할 수 없다면 가장 저렴한 't2.nano' 인스턴스를 쓰면 됩니다. 그러고 나서 **다음: 인스턴스 세부 정보 구성** 버튼을 클릭합니다.

여기서 이 VPC 값을 RDS와 같은 값으로 지정했는지 꼭 확인해야 합니다. 그리고 **퍼블릭 IP 자동 할당**을 **활성화**로 선택해 외부에서도 접속할 수 있게 했습니다.

다음: 스토리지 추가 버튼을 클릭합니다.

스토리지 추가, 태그 추가 페이지는 기본 설정된 값으로 두고, 두 페이지 모두 바로 **다음** 버튼을 클릭해 넘어갑니다.

보안 그룹 구성 페이지를 보면 기본적으로 현재 22번 포트가 열려 있는 것을 알 수 있습니다. 커맨드 라인을 통해 유닉스, 리눅스, macOS 같은 운영체제를 원격 제어할 수 있는 SSH라는 도구를 사용하려면 컴퓨터의 22번 포트가 열려 있어야 합니다. 그리고 어느 사용자나 접속할 수 있도록 이 규칙의 소스를 '0.0.0.0/0'으로 설정해 놨어요. 왜냐하면 EC2 인스턴스만큼은 우리가 접속할 수 있어야 EC2 인스턴스를 통해 데이터베이스인 MySQL에 접속할 수 있거든요. **검토 및 시작** 버튼을 클릭합니다.

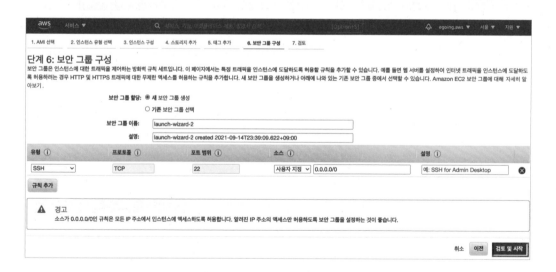

마지막 단계인 **인스턴스 시작 검토** 페이지에서 **시작하기** 버튼을 클릭하면 키 페어 관련 창이 나옵니다.

여기서는 이전에 내려받은 키 페어를 사용할 예정이기 때문에 **기존 키 페어 선택** 항목을 선택했습니다. 기존의 키 페어가 없으면 **새 키 페어 생성**을 선택하면 됩니다. 이 키 페어는 비밀번호라고 할 수가 있죠? 아래의 항목을 체크하고 **인스턴스 시작** 버튼을 클릭합니다.

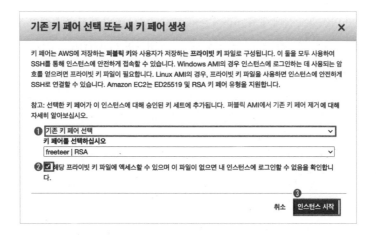

참고로 지금 진행 중인 과정은 EC2 인스턴스를 한 번도 켜본 적이 없는 분들은 따라오기 힘들기 때문에 이 부분을 넘어가거나 EC2 인스턴스를 만드는 방법에 대한 수업을 봐야 명확하게 이해될 겁니다. 이 수업만으로는 많이 부족할 겁니다.

인스턴스가 시작되는 중이라는 문구가 다음과 같이 나타나면 하단의 **인스턴스 보기** 버튼을 클릭합니다.

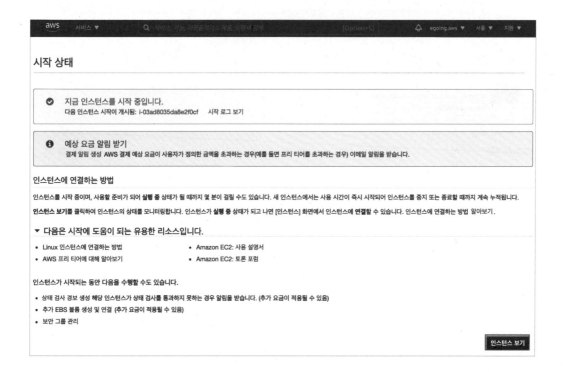

조금 시간이 지나면 인스턴스 상태가 'running'으로 표시되면서 준비 완료된 상태가 됩니다. 그리고 인스턴스의 **설명** 탭의 **IPv4 퍼블릭 IP** 또는 그 위에 있는 **퍼블릭 DNS(IPv4)**로 접속하면 인스턴스에 접속됩니다. 저는 DNS 값을 복사하겠습니다.

내 컴퓨터에서 터미널 창을 열고 SSH를 통해 우리가 만든 AWS 인스턴스를 원격 제어할 것이기 때문에 다음과 같이 명령어를 입력합니다.

Terminal

```
ssh [사용자 아이디]@[서버 주소] -i [키 파일 경로]
```

여기서는 우분투 인스턴스를 만들었기 때문에 EC2에 기본적으로 'ubuntu'라는 이름의 사용자가 생성돼 있습니다(이건 우분투를 사용할 때 약속으로 정해진 바입니다). 따라서 ssh 뒤에 사용자명으로 ubuntu 를 추가합니다. 그리고 ubuntu라는 사용자로 접속할 때 서버의 주소는 앞에서 복사한 퍼블릭 DNS 값입니다. 접속할 때 제출하는 비밀번호는 -i라는 옵션 뒤에 비밀번호가 위치하고 있는 디렉터리 경로를 입력합니다. 저는 ~/freeteer.pem이 키 파일의 경로입니다. 키 파일의 이름과 경로는 여러분이 지정하는 것이니 각자의 상황에 맞게 명령어를 입력해 주세요. 모두 입력하고 엔터 키를 치면 접속이 시작됩니다.

```
~ ) ssh ubuntu@ec2-13-209-65-176.ap-northeast-2.compute.amazonaws.com -i ~/freeteer.pem
```

중간에 다음과 같은 문장이 나타나면 'yes'를 입력하면 됩니다.

```
The authenticity of host 'ec2-13-209-65-176.ap-northeast-2.compute.amazonaws.com (13.209.65.176)' can't be established.
ECDSA key fingerprint is SHA256:qP3L30WFeXc4ppOdOVcmKe9EXEuEJPoEpX4+0PxkXNY.
Are you sure you want to continue connecting (yes/no/[fingerprint])? yes
Warning: Permanently added 'ec2-13-209-65-176.ap-northeast-2.compute.amazonaws.com,13.209.65.176' (ECDSA) to the list o
f known hosts.
```

조금 지나면 다음과 같이 우분투 계정으로 접속하게 됩니다.

```
Welcome to Ubuntu 20.04.2 LTS (GNU/Linux 5.4.0-1045-aws x86_64)

 * Documentation:  https://help.ubuntu.com
 * Management:     https://landscape.canonical.com
 * Support:        https://ubuntu.com/advantage

  System information as of Wed Sep 15 01:18:51 UTC 2021

  System load:  0.0                Processes:             105
  Usage of /:   19.5% of 7.69GB    Users logged in:       0
  Memory usage: 23%                IPv4 address for eth0: 172.31.42.219
  Swap usage:   0%

 * Ubuntu Pro delivers the most comprehensive open source security and
   compliance features.

   https://ubuntu.com/aws/pro

1 update can be applied immediately.
To see these additional updates run: apt list --upgradable


The list of available updates is more than a week old.
To check for new updates run: sudo apt update


The programs included with the Ubuntu system are free software;
the exact distribution terms for each program are described in the
individual files in /usr/share/doc/*/copyright.

Ubuntu comes with ABSOLUTELY NO WARRANTY, to the extent permitted by
applicable law.

To run a command as administrator (user "root"), use "sudo <command>".
See "man sudo_root" for details.

ubuntu@ip-172-31-42-219:~$
```

새로 깔끔하게 설치된 컴퓨터에서 MySQL 모니터를 실행하려고 했더니 없죠? 그 이유는 MySQL이 아직 EC2 인스턴스에 설치돼 있지 않기 때문입니다. 하단에 안내하는 것처럼 MySQL 설치를 진행하면 됩니다.

```
ubuntu@ip-172-31-42-219:~$ mysql

Command 'mysql' not found, but can be installed with:

sudo apt install mysql-client-core-8.0      # version 8.0.23-0ubuntu0.20.04.1, or
sudo apt install mariadb-client-core-10.3  # version 1:10.3.25-0ubuntu0.20.04.1
```

MySQL을 설치하기 전에 먼저 우분투의 패키지 관리자인 apt의 상태를 최신 상태로 업데이트해야 합니다. 이를 위해 다음 명령어를 실행합니다.

```Terminal
sudo apt update
```

```
ubuntu@ip-172-31-42-219:~$ sudo apt update;
Hit:1 http://ap-northeast-2.ec2.archive.ubuntu.com/ubuntu focal InRelease
Get:2 http://ap-northeast-2.ec2.archive.ubuntu.com/ubuntu focal-updates InRelease [114 kB]
Get:3 http://ap-northeast-2.ec2.archive.ubuntu.com/ubuntu focal-backports InRelease [101 kB]
```

apt의 업데이트가 끝나면 다음 명령어를 통해 MySQL 모니터를 설치합니다. 중간에 계속 실행할 것인지 물어보면 'y'를 입력하고 엔터 키를 칩니다.

```Terminal
sudo apt install mysql-client
```

```
ubuntu@ip-172-31-42-219:~$ sudo apt install mysql-client
Reading package lists... Done
Building dependency tree
Reading state information... Done
The following additional packages will be installed:
  mysql-client-8.0 mysql-client-core-8.0 mysql-common
The following NEW packages will be installed:
  mysql-client mysql-client-8.0 mysql-client-core-8.0 mysql-common
0 upgraded, 4 newly installed, 0 to remove and 110 not upgraded.
Need to get 4261 kB of archives.
After this operation, 65.1 MB of additional disk space will be used.
Do you want to continue? [Y/n] y
```

그런 다음 RDS 인스턴스의 상세 페이지로 가서 엔드포인트 주소를 복사합니다.

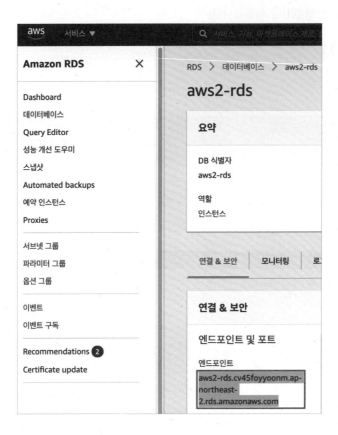

복사한 주소를 사용해 다음과 같이 명령어를 실행합니다.

```Terminal
mysql -h [엔드포인트] -u [마스터 사용자 이름] -p
```

엔터 키를 친 다음에 비밀번호를 적으면 되는데, 지금 접속이 안 되는 것처럼 아무것도 안 나오고 대기 상태에 빠져 있네요. 접속을 못 하고 있다는 뜻인 것 같습니다.

```
ubuntu@ip-172-31-42-219:~$ mysql -h aws2-rds.cv45foyyoonm.ap-northeast-2.rds.amazonaws.com -u egoing -p
Enter password:
```

그 이유는 이렇습니다. *VPC 그림*을 다시 보면 우리의 RDS와 EC2 모두 같은 VPC 안에 속해 있지만
EC2가 RDS에 접속하려고 하면 역시나 보안 그룹을 통해 허용돼야 합니다. 그렇게 하는 방법을 함께
살펴봅시다.

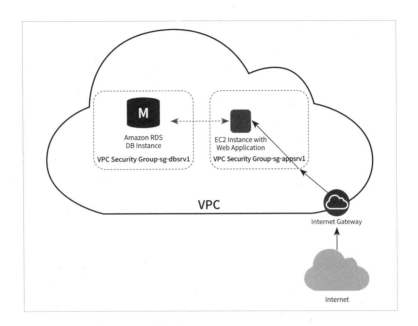

RDS의 상세 페이지로 다시 돌아가서 **VPC 보안 그룹**을 클릭합니다.

그럼 이 RDS 인스턴스에 대한 보안 그룹의 페이지로 이동하고, 이곳에서 **인바운드 규칙** 탭을 클릭합니다.

인바운드에 뭔가를 등록하기 전에 좌측 메뉴에서 **인스턴스**를 클릭해 우리가 만든 EC2 인스턴스로 먼저 가 봅시다. 우리가 접속하려고 하는 EC2 인스턴스를 선택하면 EC2 인스턴스의 IP 주소가 있습니다. 이 주소를 RDS의 보안 그룹으로 등록해 놓으면 됩니다.

그런데 더 좋은 방법이 있어서 그 방법을 설명해 보겠습니다. **보안 그룹**을 클릭합니다.

EC2 인스턴스가 속한 보안 그룹 페이지로 들어왔습니다. **Name** 부분의 빈칸을 클릭해 주세요.

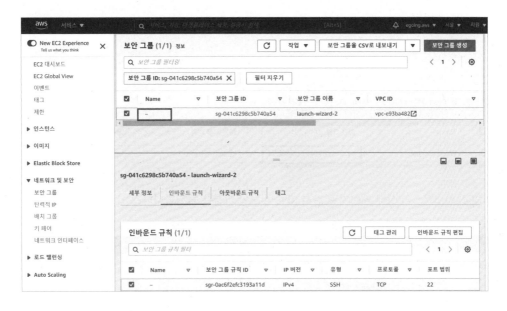

나중에 보기 편하도록 보안 그룹의 이름을 'EC2-Security'라고 설정하겠습니다. 원하는 이름을 적고 저장을 클릭합니다.

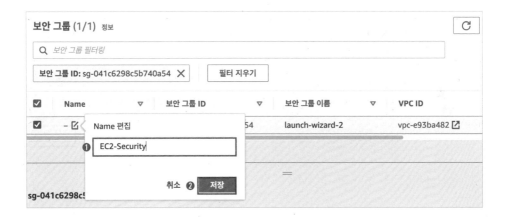

그러고 나서 이름 옆의 **보안 그룹 ID** 값을 복사합니다. 이 값은 마지막에 사용하니 가지고 있어 주세요.

다시 RDS 인스턴스의 상세 페이지로 가서 RDS의 보안 그룹을 클릭합니다.

그리고 이 보안 그룹의 이름으로 'AWS2-RDS-security'이라고 적어서 헷갈리지 않도록 구분합니다.
나중에 보안 그룹이 엄청 많아지거든요.

인바운드 규칙 탭으로 들어가서 인바운드 규칙 편집 버튼을 클릭합니다.

규칙을 추가하기 전에 다음 그림을 봅시다. EC2 인스턴스의 보안 그룹 B에 속한 머신들이 누구나 데이터베이스의 보안 그룹 A에 접속할 수 있게 하려면 보안 그룹 B의 아이디 값을 보안 그룹 A에 등록해야합니다.

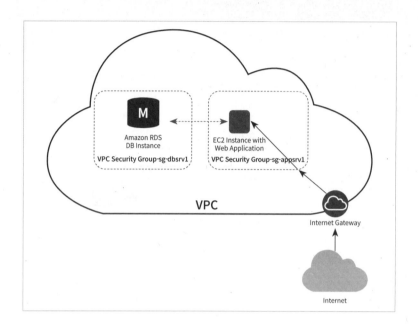

이를 위한 규칙을 추가하기 위해 **규칙 추가**를 클릭합니다.

여기서는 **유형**으로 'MySQL/Aurora'를 지정했기 때문에 자동으로 **포트 범위**도 3306으로 설정됐습니다. **사용자 지정**이라고 적힌 부분에 앞서 복사한 EC2 인스턴스의 보안 그룹 아이디 값을 붙여넣습니다. **설명**란에는 'for EC2'라고 도움말을 적고 **규칙 저장** 버튼을 클릭합니다.

성공적으로 RDS 인스턴스 보안 그룹의 인바운드 규칙이 수정됐다는 문구가 표시됩니다.

앞에서 살펴본 *VPC 그림*을 다시 봅시다. 이제 어떤 상태가 된 걸까요? EC2가 속한 보안 그룹 B의 머신들은 RDS가 속한 보안 그룹 A에 누구나 접속할 수 있도록 허용한 겁니다. 잘 되는지 확인하기 위해 앞에서 실행했던 명령을 다시 실행해보겠습니다. 그럼 다음과 같이 접속에 성공한 것을 볼 수 있습니다.

```
ubuntu@ip-172-31-42-219:~$ mysql -h aws2-rds.cv45foyyoonm.ap-northeast-2.rds.amazonaws.com -u egoing -p
Enter password:
Welcome to the MySQL monitor.  Commands end with ; or \g.
Your MySQL connection id is 670
Server version: 8.0.23 Source distribution

Copyright (c) 2000, 2021, Oracle and/or its affiliates.

Oracle is a registered trademark of Oracle Corporation and/or its
affiliates. Other names may be trademarks of their respective
owners.

Type 'help;' or '\h' for help. Type '\c' to clear the current input statement.

mysql>
```

이렇게 해서 좀 더 안전하게 RDS에 접속할 수 있는 방법을 살펴봤습니다. 즉, RDS에 EC2만 접속할 수 있게 되기 때문에 훨씬 더 안전해집니다. 다만 조금 불편한 것은 항상 EC2를 경유해서 RDS를 접속해야 한다는 것이지만 안전함이 최우선이죠.

이렇게 해서 RDS를 좀 더 안전하게 운영하는 방법을 살펴봤습니다.

핵심 서비스만 쏙쏙 배우는 AWS 10일 완성

생활코딩!
아마존 웹 서비스

8일차
RDS – 2

AWS2 RDS

▶ https://youtu.be/c4xzEbkU4T0 (5분 56초)

04 | 모니터링

데이터베이스 서버를 운영하기 시작했다면 서버의 상태를 파악하는 것이 굉장히 중요하겠죠? RDS의 데이터베이스 페이지에서 aws2-rds 인스턴스를 클릭해 들어가 봅시다.

인스턴스의 상세 페이지에서 하단의 **모니터링** 탭을 선택하면 CloudWatch라는 섹션이 있습니다. CloudWatch는 RDS 내의 기능이 아니고 AWS에 있는 모든 인프라의 상황을 여러분이 관제 혹은 파악할 수 있게 하는 AWS의 독립된 서비스입니다.

원래는 다음과 같이 페이지의 상단 바에 있는 **서비스**에서 **관리 및 거버넌스**의 CloudWatch로 들어가면 데이터가 모이는 것을 확인할 수 있지만 RDS 서비스 내에서 보면 더욱 편하기 때문에 이곳에서도 보여주고 있습니다.

RDS의 상세 페이지로 돌아와서 다시 **CloudWatch** 부분을 보겠습니다. 이때 **모니터링**에서 CloudWatch가 선택돼야 여러분이 CloudWatch 기능을 보는 것인데요, 모니터링에는 이 밖에도 **확장 모니터링**, **OS 프로세스 목록**으로 총 3가지를 현재 제공하고 있네요.

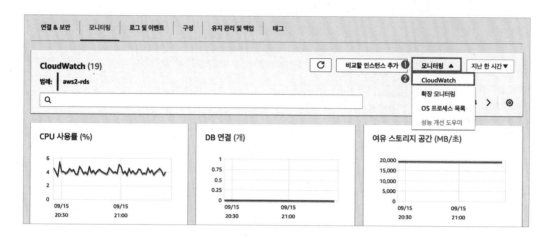

그중에서 첫 번째 페이지에 나오는 게 아무래도 중요한 것이겠죠? 네 번째 페이지까지 여러 가지 항목들이 있습니다.

첫 번째 페이지에서 **CPU 사용률**은 RDS, 즉 데이터베이스 서버가 돌아가는 컴퓨터의 CPU 점유율을 보여줍니다. CPU가 거의 사용되지 않는 모습을 볼 수 있는데, 그 이유는 이 서버가 실 서버가 아니기 때문입니다.

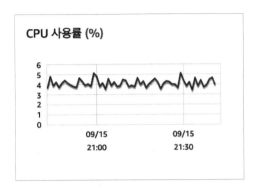

DB 연결은 데이터베이스 클라이언트가 데이터베이스 서버에 접속할 때 그 접속 하나하나를 말합니다. 이때 연결이 꽉 차면 성능에 상당히 많은 영향을 미치기 때문에 연결이라고 하는 지표도 아주 중요합니다.

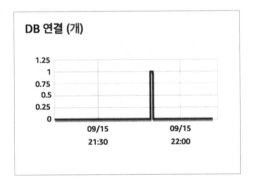

여유 스토리지 공간이라고 적힌 부분도 상당히 중요합니다. 왜냐하면 데이터베이스가 꽉 차면 데이터를 쓸 수 없게 되고 문제가 생기기 때문입니다. 여유 스토리지 공간이 꽉 차기 전에 조치를 취하는 게 필요합니다. CloudWatch에는 여러분이 어떤 조건을 걸어 놓고 그 조건에 해당됐을 때 여러분에게 이메일 등 알림을 보내는 작업을 하게 할 수 있습니다. 예를 들어, 여유 스토리지 공간 같은 것들의 하한을 정해 놨다가 그 상황에 도달하면 경보가 울리면서 여러분에게 이메일이나 메시지 같은 것들을 전달하게 할 수 있습니다.

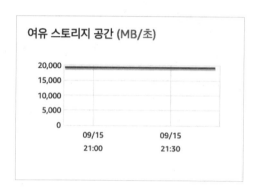

사용 가능 메모리라고 적힌 부분도 아주 중요합니다. 메모리가 꽉 차 있으면 느리기 때문이죠. CPU 사용률이 아주 높게 계속해서 올라가고 있는 상황에서 그것이 여러분이 의도하는 것이 아니라고 한다면 RDS의 인스턴스 타입 중에서 CPU 쪽이 특히 강력한 것들을 고려해 보면 좋습니다. 그리고 사용 가능한 메모리가 아주 조금밖에 남아 있지 않다면 메모리가 강력한 인스턴스로 업그레이드하는 것을 고려해 보는 것도 좋겠죠?

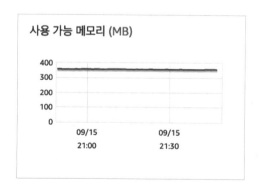

IOPS(Input Output Per Second)는 초당 입력과 출력에 대한 성능인데, 이것은 저장장치의 성능을 파악할 때 많이 사용되는 벤치마킹 지표입니다. 어느 정도가 적당한지는 여러분이 선택한 스토리지의 성능과 연관돼 있습니다. 여러분은 스토리지의 IOPS를 지정할 수가 있고, 그 IOPS와 CloudWatch에 기록된 IOPS의 현재 상태를 비교해서 더 증설할지, 높일지, 낮출지 등을 파악해야 합니다. **IOPS 읽기**, **IOPS 쓰기**가 있고 다음 페이지로 넘어가 보면 기타 등등의 것들이 있습니다.

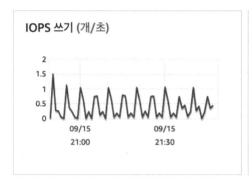
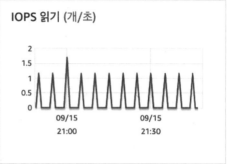

CloudWatch 다음으로, **모니터링**을 선택한 후 **확장 모니터링**으로 설정을 바꿔 살펴보겠습니다.

확장 모니터링은 여러분이 기능을 활성화해야만 사용되고, 유료입니다. 확장 모니터링과 CloudWatch 는 둘 다 비슷하게 시스템의 상태를 보여주는데, CloudWatch는 컴퓨터의 하드웨어를 감시하고 확장 모니터링은 데이터베이스 서버가 설치된 운영체제에다 프로그램을 심어서 그 프로그램이 실시간으로 현재 상태를 전송합니다. 확장 모니터링은 1초 간격으로 데이터를 업데이트하는 굉장히 기민한 서비스 인 반면 CloudWatch는 일 분에 한 번씩 기록하기 때문에 확장 모니터링 기능이 훨씬 더 정교한 데이 터를 보여준다고 할 수 있습니다. 다만 확장 모니터링을 쓰려면 돈을 내야 한다는 점을 알아두세요.

마지막으로 **모니터링**의 **OS 프로세스 목록**은 인스턴스, 즉 컴퓨터의 운영체제 상에서 실행되고 있는 여러 가지 프로그램들의 상태를 보여주는 지표입니다.

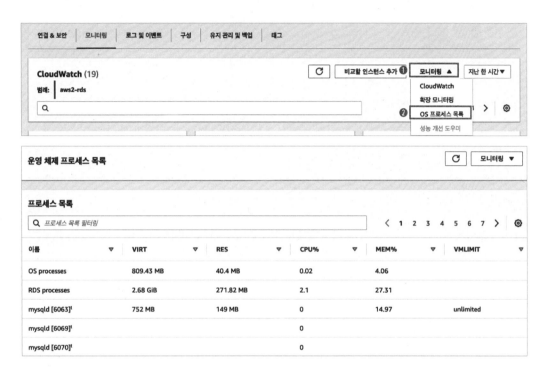

이렇게 해서 데이터베이스의 상태를 파악하는 방법을 살펴봤습니다. 제가 생각하기에 중요한 것은 숫자 감각을 갖는 거예요. 각 지표가 무엇인지 대략 알았다면 이러한 상태 중 어떤 상태가 일반적인 시스템의 상태인지를 계속 보고 있으면 알 수 있습니다. 따라서 나중에 어떤 문제가 생겼을 때 어떤 특이점에 의해 문제가 발생했는지 또는 어떤 특이점이 다가오고 있는지에 대한 숫자 감각을 갖게 될 테고, 숫자 감각을 갖고 있다면 정확한 의사결정을 내릴 수 있습니다. 쉽지 않은 일이지만 아무튼 자주 봐야 한다는 이야기입니다.

이렇게 해서 RDS에서 데이터베이스의 상태를 모니터링하는 방법에 대해 간단히 알아봤습니다. 그런데 이것만으로는 잘 되지 않겠죠? 더 자세한 내용은 여러분 스스로 좀 더 찾아보고 저도 후속 강의를 준비해 보겠습니다. 여기까지 하겠습니다.

이번 시간에는 백업과 복원이라는 주제에 대해 이야기해 보겠습니다. 이 주제는 별도로 수업을 만들 필요가 있을 만큼 굉장히 중요하면서도 깊게 들어갈 수 있는 내용입니다. 그렇기 때문에 이 수업에서는 백업과 복원이라는 주제에 대해 간략하게 소개하겠습니다.

백업

RDS의 데이터베이스 페이지에서 aws2-rds 인스턴스를 클릭해 봅시다.

인스턴스의 상세 페이지에서 **유지 관리 및 백업** 탭을 선택합니다.

유지 관리 및 백업 탭에서 **백업**에 대한 부분을 보겠습니다. AWS는 기본적으로 8시간 간격으로 백업합니다. **자동 백업**이라고 하는 것은 우리가 만든 백업을 AWS가 7일 동안 보관하겠다는 뜻이에요. 자동 백업 값은 여러분이 지정하지 않을 경우 백업을 하지 않을 수도 있고, 더 짧게 또는 더 길게 할 수도 있습니다. 길게 지정할수록 더 안정감이 있겠지만 돈이 더 많이 들겠죠?

백업 기간은 백업을 몇 시에 진행할지 지정하는 항목입니다. GMT로 계산했을 때 대략 오후 7시 20분에서 50분 사이에서 백업이 진행된다는 뜻입니다.

최근 복원 시간이라고 하는 것은 다음과 같습니다. 백업에는 두 가지 타입이 있는데 그중 첫 번째는 모든 변경 사항을 다 기록하는 타입입니다. 이를 이용하면 초 단위의 어떤 특정한 시기로 돌아갈 수 있습니다. 굉장히 중요한 백업 방법인데, 이 백업 방법을 이용했을 때 현시점에서는 **최근 복원 시간**까지 복원이 가능하다는 뜻입니다. AWS에 따르면 이 시간은 5분 단위로 갱신됩니다. 이처럼 설정을 바꾸는 것을 통해 백업 정책을 바꿀 수 있습니다.

백업		
자동 백업 활성화됨(7 Days) 스냅샷으로 태그 복사 활성화됨	최근 복원 시간 September 15, 2021, 1:05:00 PM UTC 백업 기간 19:18-19:48 UTC (GMT)	리전으로 복제 - 복제된 자동 백업 -

좌측 메뉴바를 보면 **스냅샷**이라고 적힌 부분이 있는데, 이 메뉴로 들어가면 현재 백업된 버전들을 볼 수 있습니다. **시스템** 탭으로 들어가면 AWS 시스템이 자동으로 백업한 스냅샷들을 볼 수 있습니다. 그 림에서 초록색 박스로 표시한 스냅샷이 가장 최근에 'aws2-rds' 인스턴스를 백업한 스냅샷입니다. 이 때 **스냅샷 생성 시간**은 이 시간까지의 전체 데이터가 이 백업에 담겨 있다는 뜻입니다.

필요에 따라 위험한 작업을 하기 전에 데이터베이스 전체를 백업해 놓을 수 있습니다. 좌측 메뉴바에서 **데이터베이스** 페이지로 들어갑니다. 그 후 데이터베이스를 선택하고 **작업**에서 **스냅샷 생성**을 클릭해주 세요.

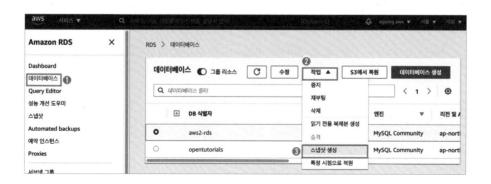

스냅샷 이름에 원하는 이름을 적습니다. 저는 이 스냅샷이 왜 만들어진 것인지 설명하는 내용을 적었습니다. 그리고 나서 **스냅샷 생성**을 클릭합니다.

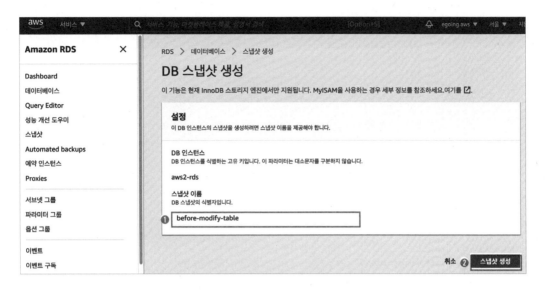

그러면 스냅샷 페이지에서 스냅샷이 생성되기 시작하는데, 앞에서 본 **시스템** 탭에 있던 백업과 달리 우리가 직접 만든 스냅샷이기 때문에 **수동** 탭에서 작업이 진행되는 것을 알 수 있습니다. 이 작업은 시간이 좀 걸리고 사용 중인 데이터베이스의 형식에 따라 데이터베이스가 잠깐 꺼지는 다운타임이 발생할 수 있습니다. 따라서 이를 기억했다가 서비스를 켜놓고 백업을 진행하면서 서비스가 잘 돌아가고 있는지 체크하는 것도 필요합니다.

복원

이제 백업을 복원해 봅시다. 복원하고 싶은 스냅샷의 이름을 클릭합니다.

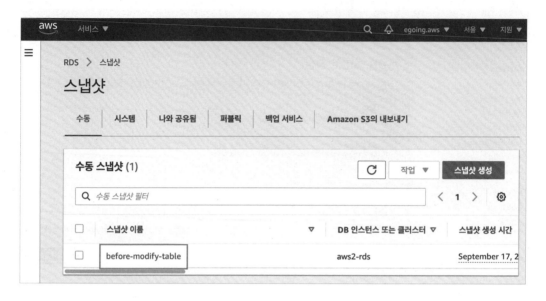

스냅샷의 상세 페이지가 나오는데, 페이지 우측 상단의 **작업**에서 **스냅샷 복원**을 선택합니다.

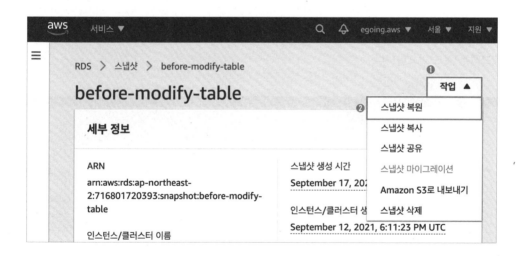

그러면 인스턴스를 새로 생성하는 화면이 나오는데, 기존 인스턴스를 옛날로 돌리는 것이 아니라 새로운 인스턴스를 만들고 그 인스턴스에 여러분이 복원하고 싶은 지점을 적용하는 방식이기 때문에 그렇습니다.

그리고 어떤 특정한 시기로 정확하게 돌아가고 싶다면 좌측 메뉴바에서 **Automated backups**를 클릭해 자동 백업 페이지에서 원하는 DB의 이름을 클릭합니다.

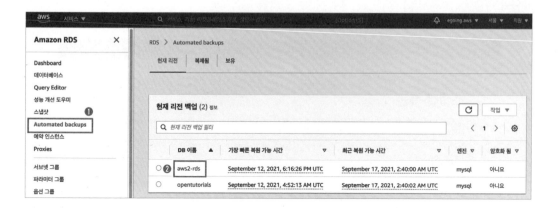

여기에는 **가장 빠른 복원 가능 시간, 최근 복원 가능 시간**이 있는데, 용어가 좀 헷갈리죠? **가장 빠른 복원 가능 시간**이라는 것은 여기에 적혀 있는 시간보다 더 이전 시간으로는 복원할 수 없다는 뜻이에요. 그리고 **최근 복원 가능 시간**이라는 것은 이 시간보다 더 빠른, 더 최근의 변화를 복원할 수는 없다는 뜻입니다. 두 용어 모두 복원 범위를 표현하는 용어입니다. 특정 시점으로 복원하고 싶다면 **작업**에서 **특정 시점으로 복원**을 클릭합니다.

복원 가능한 최근 시간은 최대한 빨리, 그리고 가장 최근에 생겼던 문제를 복원하는 것입니다. 우리가 하고자 하는 특정 시기로의 복원은 **사용자 지정**을 선택하면 됩니다. 사용자 지정에서 언제 몇 시, 몇 분, 몇 초까지 지정해서 그 시기로 정교하게 복원할 수 있는 기능을 제공하고 있습니다.

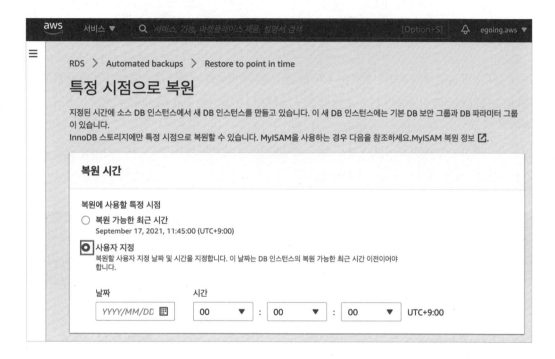

이제 몇 가지 더 짚어보고 마무리하겠습니다. 자동으로 백업되는 것들, 즉 시스템 스냅샷은 인스턴스를 삭제하면 백업도 삭제된다는 점을 기억해 주세요. 반면 인스턴스가 삭제돼도 여러분이 수동으로 백업한 것들, 즉 여러분이 만든 스냅샷은 삭제되지 않습니다. 나중에라도 이러한 수동 백업본을 이용해 복원할 수 있습니다.

그리고 인스턴스를 삭제할 때 스냅샷을 만들 것인지 물어보는데, 그런 경우에는 어떤 경우라도 반드시 스냅샷을 일단 만들어 놓고 삭제하기를 권장합니다. 혹시나 삭제하면 절대로 안 되는 것을 삭제하는 경우가 생길 수 있거든요.

이렇게 해서 백업과 복원에 대해 살펴봤습니다. 백업만큼이나 중요한 것이 복원이고, 복원에서의 핵심은 수련입니다. 복원에 대해 막연하게 '만약의 사태에 보관하면 되지'라고 생각한다면 굉장히 안일한 생각일 수 있어요. 만약의 사태가 발생했을 때 능수능란하게 보관할 수 있지 않다면 마음이 초조해서 혹은 시간이 없어서 복원하는 과정에서 굉장히 심각한 실수를 저지를 수 있습니다.

AWS2 RDS

06 | 가격

▶ https://youtu.be/qVo9KJKCc0Y (13분 2초)

지금부터 RDS 요금 체계를 살펴보겠습니다. RDS는 데이터베이스 서버의 종류에 따라 가격이 다 다릅니다. 그렇기 때문에 요금을 보려면 RDS의 요금 페이지에서 자신이 사용하는 데이터베이스 서버를 선택하면 됩니다. 각 데이터베이스 서버의 구체적인 가격은 다르지만 기본적인 골격은 같습니다. 그렇기 때문에 여기서는 MySQL로 설명하지만 다른 데이터베이스 서버도 대략적으로 마찬가지일 것으로 생각합니다. MySQL 페이지로 들어가 봅시다.

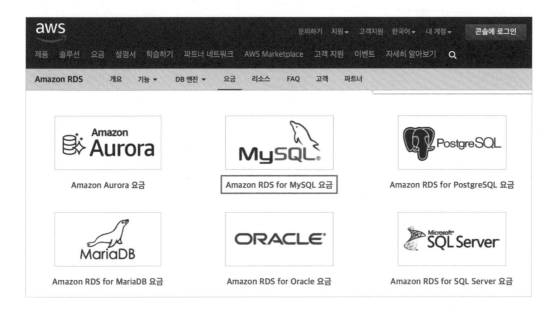

MySQL에 대한 요금 페이지가 나오고 좌측의 **페이지 콘텐츠**를 보겠습니다.

이 중에서 크게 구분해 보면 **온디맨드 DB 인스턴스** 타입이나 **예약 인스턴스** 타입 중 하나를 선택해야합니다. **온디맨드 DB 인스턴스**와 **예약 인스턴스**는 데이터베이스 서버가 동작하는 컴퓨터의 사양과 관련이 있습니다. **데이터베이스 스토리지**는 데이터를 저장하는 저장 장치의 크기와 관련이 있습니다. **스냅샷 내보내기**는 RDS 내에서 스냅샷을 내보낼 때 필요한 비용이고 **백업 스토리지**는 데이터를 백업할 때 필요한 스토리지와 관련된 비용입니다. **데이터 전송**은 인터넷 사용 요금이라고 생각하면 되겠습니다.

이 중에서 각 컴퓨터 사양에 해당하는 가격 체계는 **단일 AZ 배포**와 **다중 AZ 배포**로 구분돼 있습니다. AZ는 Availability Zone이라고 해서 **가용성 지역**이라고 불립니다. AWS는 지역마다 2~3개 정도의 독립된 건물이 있는데, 단일 AZ는 한 건물에 데이터베이스 서버와 데이터를 모두 두는 것입니다. 그럼 위험하겠죠? 반면 다중 AZ는 멀리 떨어진 독립된 두 채의 건물에 데이터를 동시에 분산하는 것이기 때문에 훨씬 더 안전해진다는 장점이 있습니다.

온디맨드 DB 인스턴스

온디맨드 DB 인스턴스의 정확한 요금을 보기 위해서는 **리전**을 선택해야 합니다. 여기서는 **아시아 태평양(서울)**을 선택했습니다. 그 아래에 db.t4g.micro와 같이 돼 있는 것은 컴퓨터의 사양입니다. 각각의 이름들이 어느 정도의 사양인지 EC2 페이지에서 확인할 수 있습니다. **시간당 요금**이라고 적힌 부분은, 예를 들어 db.t3.micro인 경우 1시간에 0.036USD를 쓰게 된다는 것입니다. 요금에 대해 좀 더 자세히 파악하려면 1시간인 단위를 30일로 환산해 보면 됩니다. 30일에 얼마를 내는지 보면 가격에 대한 감이 좀 더 생길 것입니다. 왜냐하면 이러한 서비스를 사용할 때 월간으로 돈을 내는 데 익숙하기 때문에 숫자 감각이 월간에 집중돼 있거든요.

예약 인스턴스

이번에는 예약 인스턴스의 **단일 AZ 배포** 탭을 살펴보겠습니다. 이 부분이 꽤 복잡한데, **표준 1년 계약**에 대한 표를 보면 한 번에 1년치를 계약해서 사용하는 서비스라 훨씬 가격이 저렴합니다. 그리고 3년을 계약하면 이보다 더 저렴하죠? 그래서 '1년 동안 내가 이만큼을 쓰겠다'라고 사전에 구매하는 것입니다. 1년, 3년짜리 상품이 있고 각 상품은 **결제 옵션**으로 구분돼 있습니다. 이 결제 옵션에 대해 살펴봅시다.

페이지 콘텐츠	단일 AZ 배포	다중 AZ 배포				
온디맨드 DB 인스턴스						
예약 인스턴스	리전: 아시아 태평양(서울) ⬍					
데이터베이스 스토리지						
백업 스토리지	**db.t3.micro**					
스냅샷 내보내기						
데이터 전송						
추가적인 요금 리소스						

	표준 1년 계약				온 디맨드 시간당
결제 옵션	선결제 금액	매월*	실질 시간당**	온 디맨드 대비 절감액	
선결제 없음	0 USD	14.746 USD	0.020 USD	22%	0.0260 USD
부분 선결제	84 USD	7.008 USD	0.019 USD	26%	
전체 선결제	165 USD	0.000 USD	0.019 USD	28%	

	표준 3년 계약				온 디맨드 시간당
결제 옵션	선결제 금액	매월*	실질 시간당**	온 디맨드 대비 절감액	
부분 선결제	171 USD	4.745 USD	0.013 USD	50%	0.0260 USD
전체 선결제	335 USD	0.000 USD	0.013 USD	51%	

전체 선결제

전체 선결제가 제일 단순한 결제 옵션입니다. db.t3.micro의 경우 한 번에 165USD를 내면 이 사양의 컴퓨터를 1년 동안 사용할 수 있습니다. **온 디맨드 대비 절감액**이라는 것은 온디맨드로 1년 동안 끄지 않고 항상 켜놓았을 때 낼 돈보다 28%가 저렴하다는 뜻이에요. 3년을 계약하면 51%나 저렴해진다는 것이죠. 가장 저렴한 결제 옵션입니다.

선결제 없음

선결제 없음이라고 하는 것은 정액제와 비슷하게 생각하면 됩니다. 가정용 인터넷은 정액제죠? 우리집에서 인터넷 회사랑 약정을 걸잖아요. 예를 들면 '난 1년 동안 쓰겠다'라고 약정을 걸면 한 달 동안 인터넷을 쓰지 않거나 엄청나게 많이 써도 내는 금액은 동일합니다. 이를 정액제라고 하는데, 정액제와 동일한 요금제 유형이 **선결제 없음**입니다. 그래서 인스턴스를 쓰든 안 쓰든 매월 14.746USD를 내야 하고 온디맨드와 비교했을 때 22%가 저렴합니다. **선결제 없음**과 **전체 선결제**를 비교하면 **전체 선결제**는 돈을 내고 사용하고, **선결제 없음**은 사용한 다음에 한 달 단위로 낸다는 점에서 차이가 있습니다. 공통적으로 양쪽 다 1년치 요금을 무조건 내야 합니다.

부분 선결제

부분 선결제는 할인쿠폰을 사는 것으로 생각하면 됩니다. **부분 선결제**를 구매하면 당장 84USD를 지불하고 컴퓨터가 항상 켜져 있다면 한 달 동안 7.008USD를 내면 됩니다. 그래서 대부분 켜져 있는데 끄는 경우가 있을 수 있다면 부분 선결제를 선택하면 되겠죠?

이렇게 해서 아주 중요한 요금인 온디맨드와 예약 DB 인스턴스에 대해 살펴봤습니다.

데이터베이스 스토리지

데이터베이스 스토리지는 스토리지 타입에 따라 다릅니다. **범용(SSD) 스토리지, 프로비저닝 IOPS(SSD) 스토리지**, 그리고 **마그네틱 스토리지**라는 것이 있습니다. 요즘은 새로운 데이터베이스를 사용할 때 마그네틱 스토리지는 사용하지 않으므로 무시하셔도 됩니다.

범용(SSD) 스토리지는 처음 시작하는 분들이 사용하기에 좋습니다. 범용 스토리지 같은 경우 빌리는 저장장치가 클수록 저장장치의 속도가 빨라지지만 돈을 더 지불해야 한다는 특징이 있어요. 즉, 여러분이 저장장치의 속도를 지정할 수는 없지만 저장장치의 크기를 키우면 속도가 자동으로 빨라지고 요금도 당연히 더 비싸집니다. 범용 스토리지는 이러한 스토리지 타입이고 대체로 저렴하면서 느립니다.

프로비저닝 IOPS(SSD) 스토리지는 저장 공간의 크기와 저장장치의 속도를 모두 지정할 수 있습니다. 그래서 속도라는 요소가 아주 중요한 데이터베이스라면 프로비저닝을 통해 속도를 직접 튜닝하는 것이 좋습니다. 하지만 접속자가 많지 않고 동시에 사용자들이 넓게 분산된 데이터베이스라면 속도는 별로 중요하지 않으므로 범용(SSD) 스토리지가 더 좋은 선택입니다.

백업 스토리지

백업 스토리지는 데이터를 백업할 때, 즉 자동 백업이나 스냅샷으로 백업할 때의 용량에 대한 금액입니다. 만약 10GB의 데이터베이스 저장장치를 구매했다면 백업 데이터를 보관했을 때 10GB까지는 무료입니다.

그런데 백업 데이터가 10GB보다 늘어나면 비용이 발생하기 시작해요. 그런데 여러분은 10GB의 저장장치를 구매했는데 그것을 꽉 채우나요? 아니죠, 그럴 리가 없죠. 저장장치가 꽉 찼다는 것은 데이터를 더 이상 저장하지 못하는 사고가 난 것입니다. 10GB를 샀다면 보통 실제로는 1GB 정도의 데이터를 사용하기 때문에 여러분이 백업한다고 하면 그 1GB를 대상으로 백업이 진행되는 거겠죠? 그러다 보니 페이지에 '대다수 데이터베이스에서는 백업에 필요한 원시 스토리지가 기본 데이터 세트에 필요한 원시 스토리지보다 적습니다'라고 적혀 있습니다. 여러분이 실제로 사용하는 데이터가 그 저장소의 전체 크기보다 적다는 뜻입니다. 그래서 '대부분의 고객들은 백업 스토리지에 대한 비용을 지불할 일이 없을 것입니다'라고 적혀 있습니다. 구체적인 요금에 대한 이야기는 아래 내용을 살펴보면 됩니다.

백업 스토리지는 자동 데이터베이스 백업 및 사용자가 생성한 모든 DB 스냅샷과 연결되어 있습니다. 백업 보존 기간을 연장하거나 DB 스냅샷을 생성하면 데이터베이스가 사용하는 백업 스토리지가 증가합니다.

- 백업 스토리지는 리전별로 할당됩니다. 전체 백업 스토리지 공간은 해당 리전에 있는 모든 백업용 스토리지의 합계와 같습니다.
- DB 스냅샷을 다른 리전으로 이동하면 대상 리전의 백업 스토리지가 증가합니다. DB 스냅샷 복사를 사용하여 YDB 스냅샷을 수동으로 다른 리전으로 이동하거나 교차 리전 자동 백업을 사용하여 자동으로 이동할 수 있습니다.
- 리전의 전체 데이터베이스 스토리지의 최대 100%에 해당하는 백업 스토리지에 대해서는 추가 비용이 부과되지 않습니다. (데이터베이스 관리자로서의 경험에 비추어 보건대, 대다수 대형 데이터베이스에서는 백업에 필요한 원시 스토리지가 기본 데이터 세트에 필요한 원시 스토리지보다 적습니다. 즉, 고객 대부분은 백업 스토리지에 대한 비용을 지불하는 일이 없을 것입니다).
  - 예를 들어 월 500GiB의 데이터베이스 스토리지가 프로비저닝된 활성 MySQL DB 인스턴스가 1개와 월 200GiB의 데이터베이스 스토리지가 프로비저닝된 활성 PostgreSQL DB 인스턴스가 1개 있는 경우, AWS에서는 월 최대 700GiB의 백업 스토리지를 추가 비용 없이 제공합니다.
  - 다중 AZ 및 단일 AZ 구성은 백업 스토리지 관점에서 동일하게 처리됩니다.
- 프로비저닝된 데이터베이스 스토리지에 대한 추가 백업 스토리지에는 월별 GiB당 0.095 USD의 요금이 청구됩니다.
- DB 인스턴스가 종료된 후에는 백업 스토리지에 월별 GiB당 0.095 USD의 요금이 청구됩니다.

스냅샷 내보내기

스냅샷 내보내기는 RDS 내에서 데이터, 즉 스냅샷을 S3에 내보낼 때 드는 비용입니다. 내보낸 데이터를 S3에 저장할 때, 그리고 S3 버킷에 PUT 요청을 제출할 때 요금이 부과됩니다. 동일한 스냅샷에서 추가로 데이터를 내보내는 것에는 요금이 부과되지 않습니다.

Amazon Relational Database Service(RDS) 스냅샷 내보내기는 RDS 내에서 데이터를 내보내거나 Aurora 스냅샷을 Parquet 형식으로 Amazon S3에 내보내기 위한 자동화된 방식을 제공합니다. Parquet 형식은 텍스트 형식에 비해 언로드 속도가 최대 2배 빠르고 Amazon S3에서 스토리지 사용량이 최대 6배 적습니다. Amazon Athena, Amazon EMR, Amazon SageMaker 등의 기타 AWS 서비스를 사용하여 내보낸 데이터를 분석할 수 있습니다.

리전:	아시아 태평양(서울) ⇕

스냅샷 크기 GB당 요금:	0.011 USD

데이터 전송 요금

데이터를 수신받는 것, 즉 데이터베이스 클라이언트에서 데이터베이스 서버 쪽으로 들어온 요청은 돈을 내지 않습니다. 하지만 데이터베이스 서버가 응답할 때는 다음과 같은 기준에 따라 돈을 내는데, 1GB까지는 무료고 1GB부터 다음 9.999TB까지는 GB당 0.126USD를 낸다는 뜻입니다.

페이지 콘텐츠	아래의 요금은 Amazon RDS에서 "수신"하거나 "송신"한 데이터를 기준으로 책정된 것입니다.	
온디맨드 DB 인스턴스		
예약 인스턴스	리전: 아시아 태평양(서울) ⇕	
데이터베이스 스토리지		
백업 스토리지		요금
스냅샷 내보내기	인터넷에서 Amazon RDS로 데이터 수신	
데이터 전송	수신되는 모든 데이터	GB당 0.00 USD
추가적인 요금 리소스	Amazon RDS에서 인터넷으로 데이터 송신	
	최대 1GB/월	GB당 0.00 USD
	다음 9.999TB/월	GB당 0.126 USD

그리고 그 아래를 보면 **AWS RDS에서 데이터 송신**이라고 데이터 송신이 또 있는데, 이름이 비슷해서 헷갈리죠? 제 생각에 앞에서 본 **AWS RDS에서 인터넷으로 데이터 송신**이라는 것은 데이터베이스 서버의 데이터를 AWS의 다른 서비스로 송신하는 것이 아닌 그냥 AWS 밖으로 송신할 때의 금액입니다.

페이지 콘텐츠	Amazon RDS에서 데이터 송신	
온디맨드 DB 인스턴스	Amazon CloudFront	GB당 0.00 USD
예약 인스턴스	AWS GovCloud(미국 서부)	GB당 0.08 USD
데이터베이스 스토리지	AWS GovCloud(미국 동부)	GB당 0.08 USD
백업 스토리지	아프리카(케이프타운)	GB당 0.08 USD
스냅샷 내보내기	아시아 태평양(홍콩)	GB당 0.08 USD
데이터 전송	아시아 태평양(뭄바이)	GB당 0.08 USD
추가적인 요금 리소스	아시아 태평양(오사카)	GB당 0.08 USD

AWS RDS에서 데이터 송신을 영문으로 바꾸면 'Data Transfer OUT From Amazon RDS To'가 되는데, 이는 RDS 데이터를 AWS의 다른 서비스로 전송할 때 드는 비용을 의미합니다. 이 표를 자세

히 보면 CloudFront로는 아무리 데이터를 많이 보내도 비용이 무료인 것을 알 수 있고, 그 외의 다른 AWS 서비스로 보낼 때는 지역을 불문하고 GB당 0.08USD를 내야 한다고 적혀 있습니다.

PAGE CONTENT	Data Transfer OUT From Amazon RDS To Internet	
On-Demand DB Instances	Up to 1 GB / Month	$0.00 per GB
Reserved Instances	Next 9.999 TB / Month	$0.126 per GB
Database Storage	Next 40 TB / Month	$0.122 per GB
Backup Storage	Next 100 TB / Month	$0.117 per GB
Snapshot Export	Greater than 150 TB / Month	$0.108 per GB
Data Transfer		
Additional Pricing Resources	Data Transfer OUT From Amazon RDS To	
	Amazon CloudFront	$0.00 per GB
	AWS GovCloud (US-West)	$0.08 per GB

그리고 표 하단을 보면 자세한 설명이 나와 있는데, 여러 서비스의 성격에 따라, 그리고 데이터 전송과 관련해서 여러 가지 예외적인 규정이 있으니 읽어보면 됩니다. 대체로 큰돈이 들어가는 것들은 이곳에 나오지 않으니까 이 부분은 아주 많이 신경 쓰지는 않아도 괜찮을 것 같습니다. 중요한 것은 프리 티어를 사용하는 분들은 AWS의 모든 서비스를 합산해서 데이터를 15GB 이상 전송할 때까지는 돈을 내지 않아도 된다는 점입니다.

페이지 콘텐츠	
온디맨드 DB 인스턴스	• 동일한 가용 영역에서 Amazon RDS와 Amazon EC2 인스턴스 간에 전송된 데이터는 무료입니다.
예약 인스턴스	• 다중 AZ 배포 복제를 위해 가용 영역 간에 전송된 데이터는 무료입니다.
데이터베이스 스토리지	• VPC 외부의 Amazon RDS DB 인스턴스: 같은 리전의 서로 다른 가용 영역에서 Amazon EC2 인스턴스와 Amazon RDS DB 인스턴스 간에 전송된 데이터의 경우, Amazon RDS DB 인스턴스에서 수신 또는 송신 트래픽에 대한 데이터 전송 요금은 없습니다. Amazon EC2 인스턴스에서 수신 또는 송신된 데이터 전송에 대해서만 요금이 청구되며, 표준 Amazon EC2 리전 데이터 전송 요금이 적용됩니다(수신/송신 GB당 0.01 USD).
백업 스토리지	• VPC 내부의 Amazon RDS DB 인스턴스: 같은 리전의 서로 다른 가용 영역에서 Amazon EC2 인스턴스와 Amazon RDS DB 인스턴스 간에 전송된 데이터의 경우, 양쪽 모두에 Amazon EC2 리전 데이터 전송 요금이 청구됩니다.
스냅샷 내보내기	• DB 스냅샷 복사의 경우, 리전 간에 스냅샷 데이터를 복사하기 위해 전송된 데이터에 대한 요금이 부과됩니다. 스냅샷이 복사되면 스냅샷을 대상 리전에 저장할 때 표준 데이터베이스 스냅샷 요금이 적용됩니다.
데이터 전송	• 교차 리전 자동 백업의 경우, 리전 간에 DB 스냅샷 및 DB 트랜잭션 로그를 복사하기 위해 전송된 데이터에 대해 요금이 부과됩니다. 스냅샷이 복사되면 스냅샷을 대상 리전에 저장할 때 표준 데이터베이스 스냅샷 요금이 적용됩니다. DB 트랜잭션 로그의 저장에 대해서는 추가 비용이 부과되지 않습니다.
추가적인 요금 리소스	• AWS의 프리 티어를 사용하는 신규 AWS 고객은 모든 AWS 서비스를 합산해 1년 동안 매달 15GB의 데이터 전송을 무료로 제공받게 됩니다.
	• 요금 티어는 Amazon EC2, Amazon EBS, Amazon S3, Amazon Glacier, Amazon RDS, Amazon SimpleDB, Amazon SQS, Amazon SNS, AWS Storage Gateway, Amazon DynamoDB 및 Amazon VPC 전체에서 집계된 데이터 전송량을 합하여 계산합니다.

이렇게 해서 RDS의 가격 체계를 살펴봤습니다.

지금까지 RDS의 요모조모를 충분히 살펴봤습니다. 이 정도가 처음 시작하는 분들에게는 건전한 깊이가 아니었을까, 라고 생각합니다. 수업을 마치기 전에 여러분에게 필요할 만한 것들을 몇 가지 짚고 저는 물러나겠습니다.

인스턴스 삭제하기

첫 번째로 꼭 해야 할 것은 지금까지 실습을 위해서 만들어둔 인스턴스를 삭제하는 것입니다. 안 그러면 나중에 요금 폭탄을 맞을 수 있기 때문에 꼭 인스턴스를 삭제해야 합니다. 한번 같이 인스턴스를 삭제해 보죠. RDS의 데이터베이스 페이지에서 인스턴스를 선택한 후 **작업**에서 **삭제**를 선택합니다.

하지만 삭제 보호 옵션이 활성화돼 있다는 창이 나오는데, 안전장치로서 삭제가 안 되도록 해놨기 때문에 지금은 데이터베이스를 삭제할 수 없습니다. **닫기**를 클릭해 주세요.

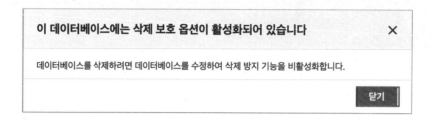

aws2-rds를 클릭해 해당 인스턴스의 상세 페이지로 들어갑니다.

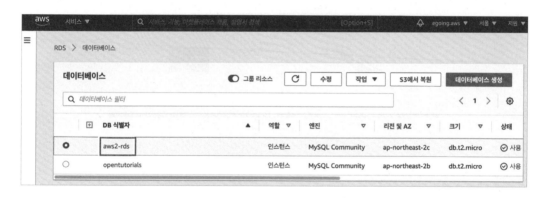

그런 다음 우측 상단의 **수정** 버튼을 누릅니다.

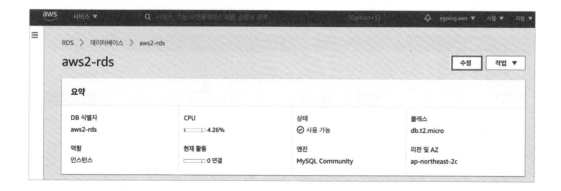

수정 페이지의 맨 밑으로 내려가 보면,

삭제 방지 활성화 옵션이 켜져 있습니다. 이를 체크 해제한 후 **계속** 버튼을 누릅니다.

다음 페이지에서 **즉시 적용**을 선택하고 **DB 인스턴스 수정** 버튼을 클릭해야 인스턴스를 삭제할 수 있는 상태가 됩니다.

그러고 나서 이전과 같이 다시 **작업**을 선택한 후 **삭제**를 클릭합니다.

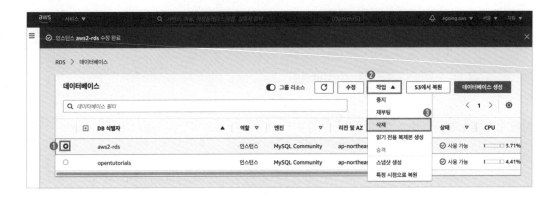

그럼 삭제와 관련된 창이 나타나고 두 가지 옵션이 표시됩니다.

첫 번째 **최종 스냅샷 생성 여부**라고 돼 있는 것은 다음과 같습니다. 이 인스턴스를 삭제하면 지금까지 자동으로 백업해 놨던 데이터까지 전부 삭제됩니다. 즉, 여러분이 명시적으로 만든 스냅샷만 살아남기 때문에 인스턴스를 삭제하기 전에 안전장치로서 스냅샷을 만들고 삭제하는 옵션입니다. 가급적이면 항상 이 옵션을 활성화하는 것을 권장합니다. 항상 우리는 우리의 사용자를 위해 우리 자신을 불신해야 합니다.

다음으로 **Retain automated backups** 옵션은 체크가 돼 있으면 이 인스턴스의 자동 백업은 삭제되지 않는다는 뜻이고, 체크가 해제돼 있으면 자동 백업도 삭제된다는 뜻입니다. 저는 이 옵션을 체크 해제하겠습니다. 마지막으로 정말로 삭제를 진행할지 물어보는데, 'delete me'라는 문구를 입력하고 **삭제** 버튼을 누르면 삭제가 시작됩니다.

그러면 다음과 같이 aws2-rds 인스턴스가 삭제 중인 상태로 표시되는 것을 확인할 수 있습니다.

다중 AZ

다음으로 여러분이 꼭 관심을 가질 만한 주제는 다중 AZ, 즉 다중 가용성 지역이라는 것입니다. 앞의 다른 수업에서 간접적으로 여러 번에 걸쳐 말씀드렸었죠? 데이터베이스는 매우 중요한 시스템이라서 데이터를 안전하게 보관하는 것은 중요한 일입니다. 그래서 서로 다른 건물에 데이터가 저장돼 있다면 훨씬 더 안전하겠죠? 예산이 허락된다면 다중 AZ 옵션을 꼭 사용할 것을 권합니다.

스케일 업과 스케일 아웃

서비스가 흥행해서 데이터베이스가 바빠지면 데이터베이스의 사양을 높이는 것이 과거에는 힘들었습니다. 왜냐하면 이미 컴퓨터의 데이터베이스가 세팅돼 있었기 때문에 컴퓨터 자체를 업그레이드한다는 것이 쉬운 일이 아니었습니다.

하지만 RDS 같은 서비스를 이용하면 컴퓨터의 사양을 높이는 것은 전혀 어렵지 않은 일입니다. 클라우드 콘솔에서 몇 번의 클릭만으로 몇 분 만에 더 좋은 사양의 컴퓨터로 교체할 수 있거든요. 이처럼 컴퓨터의 사양을 높이는 것을 통해 성능을 향상시키는 방법을 스케일을 높인다는 의미로 **스케일 업(Scale Up)**이라고 합니다.

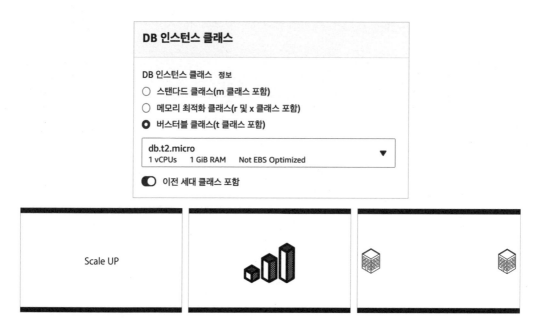

하지만 스케일 업은 한계가 있어요. 왜냐하면 한 대의 컴퓨터가 가질 수 있는 강력함은 결국에 한계가 있거든요. 그럼 어떻게 하면 될까요? 인간이 사회를 이루듯이 여러 대의 컴퓨터가 서로 협력할 수 있도록 여러분의 애플리케이션을 변경하면 됩니다.

그렇게 하기 위한 첫 번째 방법은 쓰기와 관련된 작업을 전문적으로 수행하는 컴퓨터와 읽기를 전문적으로 수행하는 컴퓨터를 구분해 놓는 것입니다. 그래도 컴퓨터가 부족한 경우에는 읽기를 전문으로 하는 컴퓨터를 여러 대 붙여서 굉장히 많은 부하를 견딜 수 있게 합니다. 이러한 기법을 가리켜 '스케일을 옆으로 확장시킨다'라는 의미에서 **스케일 아웃(Scale Out)**이라고 합니다. AWS에서는 읽기 전용 데이터베이스를 쉽게 만들어서 붙일 수 있는 방법을 제공하기 때문에 만약 이 같은 상황에 처한다면 이러한 솔루션을 적용하면 되겠습니다. 이렇게 여러 대의 컴퓨터로 분산해야 할 만큼 성공한 서비스를 갖게 되기를 진심으로 기원합니다.

Scale Out

AWS Aurora

마지막으로 여러분이 주목해 볼 만한 주제로 RDS의 여러 데이터 제품 중 **Aurora**라고 하는 제품이 있습니다. Aurora는 AWS가 만든 데이터베이스입니다. 특이한 점은 MySQL과 PostgreSQL과 호환된다는 것입니다. 즉, MySQL 또는 PostgreSQL로 만들어진 애플리케이션이라면 그대로 Aurora로 전환할 수 있습니다. 중요한 것은 어떤 장점이 있냐는 것이겠죠? AWS 측에 따르면 Aurora는 MySQL보다는 5배 빠르고 PostgreSQL보다는 3배 빠르다고 합니다. 그러면서도 오라클이나 SQL 서버와 같은 고가의 상용 데이터베이스보다 10분의 1 수준의 저렴한 비용으로 이러한 상용 서비스 수준의 보안과 안정성을 제공한다고 홍보하고 있습니다.

MySQL   PostgreSQL

한 가지 재미난 점은 스토리지 용량을 최소 10GB부터 시작할 수 있는데, 10GB로 세팅해 놓으면 10GB가 꽉 찼을 때 자동으로 10GB가 늘어나는 식으로 64TB까지 자동으로 늘어난다고 합니다. 그러므로 '용량이 꽉 차면 어떡하지' 같은 걱정은 하지 않아도 됩니다.

10GB - 64TB

특히나 최근에는 **Aurora Serverless**라는 버전이 출시됐는데, 이것을 사용하면 데이터베이스를 쓰고 있지 않은 동안은 컴퓨터가 꺼져 있어 이에 대해 과금이 되지 않습니다. 그리고 데이터베이스를 사용하는 그 시점에 순간적으로 컴퓨터가 켜지면서 여러분이 사용한 만큼 요금을 내면 되는 독특한 기능을 갖고 있는 서비스입니다. 관계형 데이터베이스에서 이렇게 한다는 것은 대단히 높은 기술적인 혁신이라고 생각합니다.

또 사용량이 많아지면 더 높은 사양의 컴퓨터로 자동으로 교체되는, 이른바 **오토 스케일링**이 적용된 제품이기도 합니다. 데이터베이스의 사용량을 예측하기 어려운 분들에게는 아주 좋은 솔루션이 되겠네요.

자, 여기까지입니다. 즐거운 시간이 되셨나요? 이제 여러분은 데이터베이스 관리라는 본질적이지는 않지만 가장 어렵고 너무나 중요한 작업을 AWS에 맡기고 데이터 자체와 애플리케이션을 구현하는 데 집중할 수 있는 중요한 도구를 갖게 됐습니다. 이 수업은 AWS를 기준으로 설명했지만 다른 클라우드 서비스도 이와 크게 다르지 않기 때문에 여러분은 많은 것을 할 수 있는 역량을 자신도 모르게 갖추게 된 것입니다. 고생하셨고, 축하합니다.

vi 편집기의 명령어

vi 편집기에는 명령 모드, 입력 모드, 마지막 행 모드로 3가지 모드가 있다.

- **명령 모드**(command mode): vi 편집기로 들어가면 명령 모드로 시작한다.

- **입력 모드**(insert mode): 명령 모드에서 i 또는 a 명령을 입력하면 입력 모드가 된다. 입력 모드에서는 자유롭게 문서를 작성할 수 있다. 명령 모드로 돌아갈 때는 ESC 키를 누른다.

- **마지막 행 모드**(line mode): 명령 모드에서 콜론(:)을 입력하면 마지막 행 모드가 된다. 마지막 행 모드에서는 vi를 종료(q, q!)하거나 저장(w)하거나 저장 후 종료(wq)할 수 있다.

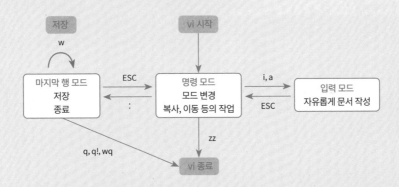

잊지 마세요!

실습 중에 프리 티어를 이용해 RDS를 만들었지만, 프리 티어는 일정 기간(시간)만 무료로 사용할 수 있습니다. 따라서 RDS를 사용하지 않는다면 비용이 발생하지 않도록 꼭 삭제해주세요.

나의 첫
프로그래밍 교과서
**LEARNING
SCHOOL人**

핵심 서비스만 쏙쏙 배우는 AWS 10일 완성

생활코딩!
아마존 웹 서비스

9일차
Route 53 – 1

01 수업 소개

지금부터 AWS의 도메인 관리 서비스인 **Route 53** 수업을 시작하겠습니다. 이 수업은 AWS의 기본 사용법 수업[1]과 Domain Name System(DNS) 수업[2]에 의존하는 수업입니다. AWS와 DNS가 무엇인지 잘 모른다면 해당 수업을 먼저 보시고 이 수업에 참여할 것을 권하고요, 이미 알고 있다면 여기서부터 출발하면 되겠습니다.

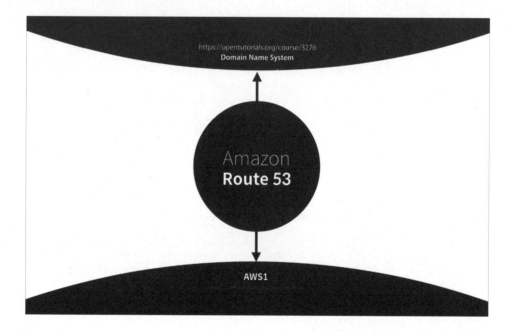

---

1   https://opentutorials.org/module/3814
2   https://opentutorials.org/course/3276

컴퓨터는 숫자로 된 **IP 주소**를 이용해서 통신합니다. 하지만 IP 주소를 기억하기는 쉽지 않은 일이죠.

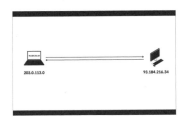

이 같은 어려움을 극복하기 위해 IP 주소에 **도메인 이름**을 붙여서 쉽게 기억할 수 있도록 고안된 시스템이 바로 **도메인 네임 시스템**(Domain Name System), 줄여서 DNS입니다.

AWS의 Route 53은 바로 이 DNS를 서비스화한 것입니다. 이 서비스를 통해 여러분은 도메인 네임을 구입할 수 있고, 새로 구입한 도메인 네임 혹은 이미 가지고 있는 도메인 네임에 IP 주소를 매칭시키는 관리 작업을 할 수도 있습니다. 특히 Route 53은 AWS의 여러 서비스 중 S3나 EC2와 같이 서버의 성격을 가진 서비스와 쉽게 연동됩니다.

또한 고급 기능을 이용하면 도메인을 통해 여러 개의 서비스로 부하를 분산하는 **로드 밸런싱** 작업도 저렴하고 손쉽게 할 수 있습니다. 자, 준비됐나요? 출발합시다.

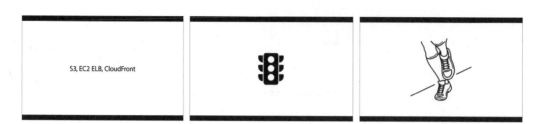

02 | DNS의 원리

https://youtu.be/0ehG45150Ns (11분 13초)

DNS가 돌아가는 전체적인 모습을 한번 살펴보죠. 크게 3가지 파트로 나닙니다. 첫 번째 파트는 서버를 운영하는 사람이 도메인을 구매하는 것입니다. 두 번째 파트는 구매한 도메인에 IP 주소를 연결해서 그 도메인으로 들어오는 사람이 그 IP 주소로 접속할 수 있게 하는 것입니다. 세 번째는 클라이언트가 어떤 도메인으로 접속하려고 했을 때 그 도메인의 IP 주소를 알아내는 것입니다. DNS는 이렇게 세 가지 파트로 이뤄져 있습니다.

하나씩 따져가면서 전체적으로 어떻게 동작하는지 보겠습니다. 어렵게 하면 끝도 없는데 의인화해서 생각해 보면 그렇게 어려울 것도 없어요. 이해하지 못한다고 여러분이 못 하는 것이 아니에요. 도메인을 쓰는 수많은 엔지니어들이 이 내용을 모르고도 도메인을 사용하고 있습니다. 하지만 이것을 모른다면 이해가 잘 가지 않을 수도 있고 트러블슈팅이 어렵겠죠? 몰라도 되지만 알고자 노력해 보는 것을 권장합니다.

서버 운영자가 도메인을 구매

첫 번째로 도메인을 구입하는 것부터 시작해 봅시다.

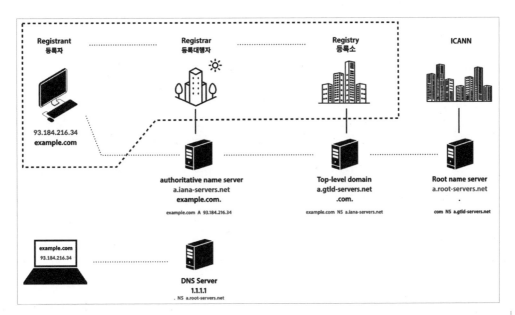

등록자(Registrant)라는 컴퓨터는 서버고, 이 컴퓨터의 IP 주소는 93.184.216.34입니다. 우리는 이 컴퓨터에 example.com이라는 도메인을 연결하고 싶습니다.

그러면 우리는 일단 도메인부터 사야 돼요. 도메인 구매를 대행하는 회사인 **등록대행자(Registrar)**를 찾아가서 'example.com 도메인을 사고 싶어요'라고 이야기해야 합니다. 한국에서는 닷네임코리아, 가비아 등의 회사가 있고, 전 세계적으로는 GoDaddy와 지금 공부하고 있는 AWS Route 53이 도메인 구매 대행업체예요.

.com, .net, .kr, .org처럼 도메인 끝에 있는 주소를 **탑 레벨 도메인(Top-level domian)**이라고 합니다. 각각의 탑 레벨 도메인마다 관리하는 기관이 다릅니다. .com의 경우를 보겠습니다. 그림을 보면 **Registry(등록소)**라는 것이 있는데요, 이것은 탑 레벨 도메인을 담당하는 기관입니다. 그림의 등록소가 .com을 담당하는 기관이라고 가정하겠습니다.

첫 번째 단계에서는 .com의 등록소에게 등록대행자가 'example.com 도메인을 이 사람(등록자)이 사려고 합니다. 팔아주세요'라고 합니다. 그럼 .com의 등록소에서는 수수료를 받고 그 도메인을 사용할 수 있는 권리를 등록자에게 줍니다. 즉, 첫 번째로 알아야 할 것은 도메인은 등록대행자를 통해 등록소에게서 사야 한다는 것입니다.

구매한 도메인에 IP 주소 연결하기

도메인을 샀으면 이제 뭘 해야 할까요? 도메인에 IP 주소를 연결해야 합니다. 전 세계 사람들에게 특정 도메인의 IP 주소가 무엇인지를 서비스하려면 **도메인 네임 서버**를 가지고 있어야 합니다. 여러분이 직접 컴퓨터 한 대를 장만해서 그곳에다 도메인 네임 서버라는 것을 설치해도 되고요, 아니면 그것을 서비스로 제공하는 회사의 도메인 네임 서버를 써도 되겠죠? Route 53은 여러분에게 도메인 네임 서버를 임대하는 일도 합니다. Route 53의 핵심 기능이에요.

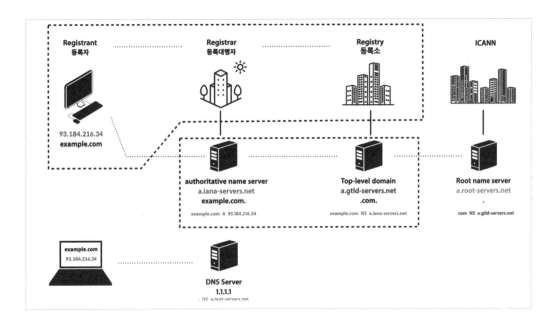

도메인 네임 서버를 장만했다면 이 서버에다가 세팅해야 합니다. 'example.com의 주소는 93.184.216.34이다'라고 세팅해놓으면 끝일까요? 이것으로만 끝나는 것이 아니라 .com의 등록소에 게 example.com이라는 도메인을 관리하는 도메인 네임 서버가 a.iana-servers.net라는 사실을 알려줘야 합니다. 등록대행자가 등록소에게 'example.com에 대한 정보는 a.iana에 저장돼 있습니다'라고 알려주면 등록소가 갖고 있는 도메인 네임 서버에 example.com의 네임서버는 a.iana이라고 기록해 둡니다. 이를 통해 등록 과정이 끝납니다. 즉, 도메인과 IP 주소를 매칭하는 작업이 끝나게 됩니다.

만약 example.com 도메인의 IP 주소가 다른 것으로 바뀌었다면 여러분은 a.iana인 도메인 네임 서버에서 example.com에 매칭되는 IP 주소만 바꿔주면 돼요. 어렵죠? 몰라도 괜찮아요.

도메인의 IP 주소를 클라이언트가 알아내는 것

마지막으로 우리의 서버에 접속하려고 하는 클라이언트가 example.com이라고 검색했을 때 어떻게 93.184.216.34를 알아낼 수 있는가에 대한 이야기를 하고 마치겠습니다. 컴퓨터를 쓰는 사람이 검색을 하려면 인터넷에 연결돼야겠죠? 인터넷에 연결하려고 랜선을 꽂거나 와이파이에 접속하는 순간, 마법 같은 일이 벌어집니다. 통신을 제공하는 사업자가 클라이언트의 컴퓨터가 사용할 도메인 네임 서버의 주소를 자동으로 세팅해줘요. 예를 들어, 1.1.1.1이라고 하는 IP 주소를 가지고 있는 도메인 네임 서버가 세팅됐다고 생각해 봅시다. 그러면 다음 그림의 클라이언트는 어떤 도메인에 접속하려고 할 때마다 언제나 이 도메인의 IP 주소를 알아내야 하고, 그 IP 주소를 매번 1.1.1.1의 도메인 네임 서버에 물어봅니다.

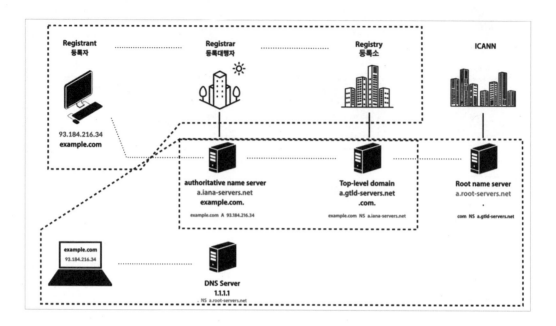

그러면 이제 example.com의 IP 주소를 알아내는 과정을 이야기해 봅시다. 웹 브라우저의 주소창에서 example.com을 검색하면 굉장히 빠른 속도로 1.1.1.1에 해당하는 도메인 네임 서버에게 'example.com의 IP 주소가 뭐냐?'라고 물어봅니다. 그런데 이 DNS 서버가 지금 알고 있나요? 모르겠죠. 자신에게 기록돼 있는 것이 아니라 a.iana에 기록돼 있으니까요. 하지만 모른다고 하면 안 되잖아요. 그럼 이제 묻고 물어서 알아내는 겁니다.

제일 먼저 **루트 네임 서버(root name server)**에게 물어보라고 약속돼 있습니다. 이 세상 모든 네임 서버에 루트 네임 서버에 대한 정보는 적혀 있습니다. 루트 네임 서버는 상수인 것이죠. 쉽게 말하자면 상수는 박혀있는 값으로서 루트 네임 서버만큼은 바뀌면 안 되는 거예요. DNS 서버는 a.root-servers.net이라고 하는 주소에 해당하는 컴퓨터에게 'example.com의 IP 주소가 어떻게 돼요?'라고 물어봐요.

루트 네임 서버는 그것을 모르지만, 대신에 .com이라고 하는 주소를 관리하는 등록소가 어떤 네임 서버를 운영하는지는 알 수 있거든요. 등록소의 네임 서버를 아는 것은 약속이기 때문에 알아야 합니다. 그러면 루트 네임 서버는 자신에게 기록된 '.com의 네임 서버가 a.gtld-servers.net이다'라는 정보를 보고, '그것은 a.gtld한테 물어봐요'라고 응답해 줍니다.

그러면 이 DNS 서버는 다시 a.gtld 서버에게 'example.com의 IP 주소가 뭐예요?'라고 물어봐요. a.gtld 서버 또한 이에 대해 모르지만, 대신에 example.com의 도메인 네임 서버가 a.iana인 것을 압니다. 따라서 1.1.1.1의 DNS 서버에게 '잘 모르는데 a.iana라는 네임 서버에게 물어보세요'라고 응답해 줍니다.

그러면 이 DNS 서버는 a.iana에 접속해서 'example.com의 IP 주소가 뭐예요?'라고 물어봅니다. 그럼 a.iana는 자신에게 적혀 있는 정보를 보고, '93.18.216.34에요'라고 응답해 줍니다. example.com의 IP 주소가 93.18.216.34라고 우리의 클라이언트에게 알려주면서 모든 과정이 끝나고 우리의 클라이언트는 이렇게 해서 알아낸 IP 주소를 통해 example.com에 접속할 수 있게 되는 것입니다.

이 과정에서 Route 53은 두 가지 역할을 합니다. 첫 번째 등록대행자와 두 번째 네임서버를 임대하는 역할을 하는 것이 Route 53의 핵심 기능이에요.

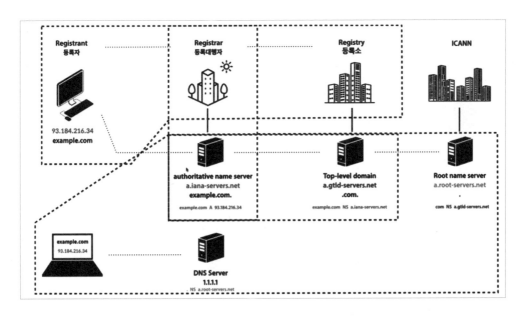

지금부터 Route 53을 이용하는 법을 살펴보겠습니다. 이를 위해서는 첫 번째로 도메인이 필요합니다. 여러분이 도메인을 장만하는 데는 두 가지 방법이 있습니다. 이미 도메인을 가진 경우에는 어떻게 해야 하는지, 혹은 AWS에서 도메인을 구입하는 경우에는 어떻게 해야 하는지, 이 두 가지에 대해 살펴보겠습니다.

▶ https://youtu.be/4HBFozkJUeU (6분 12초) ○

03 Route 53으로 도메인 구입

지금부터 Route 53을 이용해 도메인을 제어해 볼 텐데요. 제일 먼저 도메인을 구매하는 모습을 보여드리겠습니다. 여러분이 도메인이 없는 상태라면 Route 53에서 도메인을 구매할 수 있습니다. '구매한다'라고 하는 행위는 Route 53을 등록대행자(Registrar)로 사용해서 어떤 도메인을 내가 갖겠다는 것입니다. 돈을 쓰는 것이 문제지만요. 그래서 지금 도메인을 구입할 필요가 없거나 도메인을 이미 가지고 있는 분들은 그냥 읽기만 하면 됩니다. 이미 가지고 있는 도메인을 세팅하는 방법은 뒤에서 소개하겠습니다.

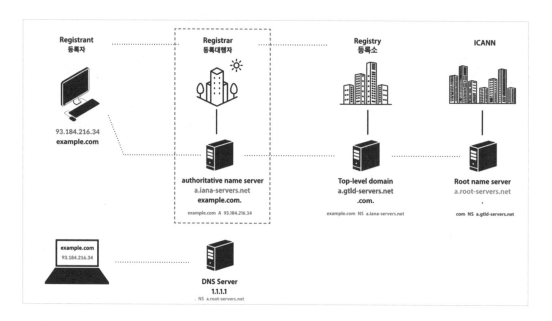

상단바의 **서비스**에서 Route 53을 찾아봅시다.

네트워킹 및 콘텐츠 전송이라고 돼 있는 섹션에서 **Route 53**이라는 항목이 있죠? 이것을 클릭해 봅시다.

Route 53 페이지의 좌측 메뉴바를 보면 **등록된 도메인**이라는 것이 있는데, 이는 도메인을 등록하는 메뉴입니다. 이 메뉴를 클릭해 봅시다.

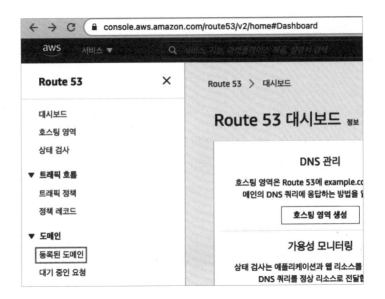

등록된 도메인 페이지를 보면 **도메인 등록, 도메인 이전**이라는 두 가지 버튼이 있습니다. **도메인 이전**은 여러분이 갖고 있는 어떤 도메인을 이전하고 싶을 때, 이를 통해 소유권과 같은 것을 이전할 수 있습니다. **도메인 등록**을 통해서는 여러분이 새로운 도메인을 가지고 올 수 있어요. **도메인 등록**을 클릭해 봅시다.

1: 도메인 검색

여러분이 사용하고 싶은 도메인을 찾는 검색창인데요, 이미 누군가가 사용하고 있으면 쓸 수 없어요. 아무도 쓰고 있지 않은 도메인만을 가질 수 있습니다. 'dns4u.com'이라는 도메인을 누군가가 사용하고 있는지 검색해 보겠습니다. 'dns4u'를 입력하고 **확인** 버튼을 누릅니다.

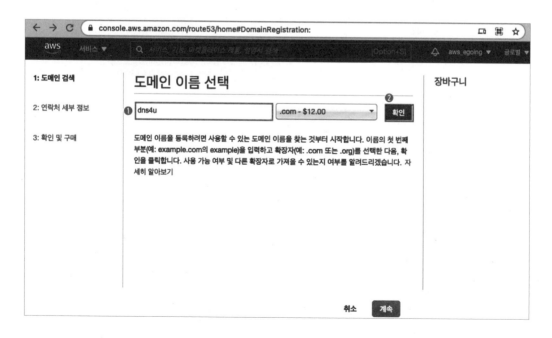

검색 결과 화면을 보면 dns4u.com은 누군가가 사용하고 있기 때문에 쓸 수 없다고 나옵니다. 그 아래를 보면 다른 여러 추천 도메인이이 나오는데, 보니까 dns4an.net은 사용할 수가 있네요. 1년 동안 $11를 내면 사용할 수 있다고 적혀있습니다. dns4an.net의 **장바구니에 추가** 버튼을 누르면 우측에 얼마 동안 사용할지 지정하는 창이 나옵니다.

	도메인 이름 선택			장바구니
1: 도메인 검색				
2: 연락처 세부 정보	dns4u	.com - $12.00 ▾	확인	
3: 확인 및 구매	**'dns4u.com' 가용성**			

도메인 이름	상태	가격/1년	작업
dns4u.com	✕ 사용할 수 없음		

관련 도메인 제안

도메인 이름	상태	가격/1년	작업
dns4an.com	✓ 사용 가능	$12.00	장바구니에 추가
dns4an.net	✓ 사용 가능	$11.00	장바구니에 추가
dns4h.com	✓ 사용 가능	$12.00	장바구니에 추가
dns4h.net	✓ 사용 가능	$11.00	장바구니에 추가
dns4k.net	✓ 사용 가능	$11.00	장바구니에 추가
dns4u.ninja	✓ 사용 가능	$18.00	장바구니에 추가
dns4u.tv	✓ 사용 가능	$32.00	장바구니에 추가
dns4u168.com	✓ 사용 가능	$12.00	장바구니에 추가
dns4u168.net	✓ 사용 가능	$11.00	장바구니에 추가
dns4u365.com	✓ 사용 가능	$12.00	장바구니에 추가
securedns4u.com	✓ 사용 가능	$12.00	장바구니에 추가
wwwdns4u.com	✓ 사용 가능	$12.00	장바구니에 추가

취소　계속

도메인이 만료되는 것은 마치 이름이 없어지는 것과 똑같기 때문에 굉장히 곤란한 상황이 됩니다. 도메인이 만료되는 기간을 캘린더 같은 곳에 꼭 적어 놔야 합니다. 기간을 설정한 후 우측 하단의 **계속** 버튼을 누릅니다.

2: 연락처 세부 정보

다음으로 도메인을 사려고 하는 사람을 의미하는 Registrant(등록자)의 여러 가지 정보를 적는 페이지가 나옵니다.

이때 페이지 상단에서 **아니요**를 선택하면 화면이 다음과 같이 바뀌는데, 이는 역할에 따라 정보 담당자가 다를 수 있기 때문에 그것을 구분하는 옵션입니다. 여기서는 이를 구분하지 않을 예정이니 **예**를 선택하고 필요한 정보를 기입해주세요.

이 페이지의 맨 밑을 보면 **개인 정보 보호**라고 돼 있는 부분이 있습니다. 이는 다른 사람에게 자신의 정보를 공개할 것인지 지정하는 것입니다. 우리가 도메인을 구매하게 되면 누구나 그 도메인의 소유자가 누구인지, 그리고 그 도메인에 대한 여러 가지 정보를 볼 수가 있어요. 따라서 남들이 보는 것을 원하지 않는다면 개인 정보 보호를 활성화하는 게 좋습니다. 이것을 활성화했다고 모든 정보가 감춰지는 게 아니라 여러 가지 이유로 인해 달라질 수 있어요. 자신의 프라이버시가 중요하다면 'Privacy Protection'이라고 하는 검색어로 Route 53의 사용 설명서를 찾아 보는 것을 권장합니다. 여러 가지 상황들이 잘 설명돼 있어요. 필요한 정보를 모두 입력한 후 **계속** 버튼을 누릅니다.

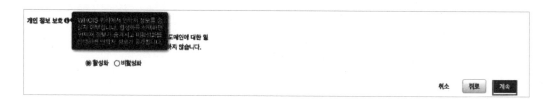

다음 단계로 넘어가기 전에, 앞서 기입한 이메일 주소로 확인 메일이 전송될 예정이라는 안내가 나옵니다. 유의 사항을 읽고 **다음을 이해합니다** 버튼을 클릭해 주세요.

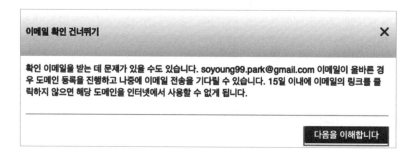

잠시 후 여러분의 이메일 주소로 메일이 도착하고, 메일에 있는 링크를 클릭해 이메일 검증을 하면 다음과 같은 확인 페이지가 나옵니다..

3: 확인 및 구매

AWS로 돌아와서 **연락처 세부 정보 확인** 페이지를 보면 여러분이 입력했던 정보를 검증하는 부분이 나오니 한번 확인해 보세요. 그 아래의 **새 도메인의 DNS 관리**라는 것은 여러분이 Route 53을 통해서 도메인을 샀으므로 이제 Route 53에서 도메인을 쉽게 관리할 수 있도록 DNS 서버까지 자동으로 세팅해 주겠다는 뜻입니다(원한다면 나중에 지우면 됩니다). **도메인을 자동 갱신하시겠습니까?**에서 저는 도메인을 1년 후에도 계속 사용할 계획이 아니기 때문에 **비활성화**에 체크하겠습니다. 마지막으로 약관에 체크한 다음 **주문 완료** 버튼을 클릭합니다. 이메일 주소 확인은 완료했기 때문에 넘어가겠습니다.

그러면 팝업 창이 나타나고 구매가 시작됩니다. 확인 후 **닫기** 버튼을 클릭합니다.

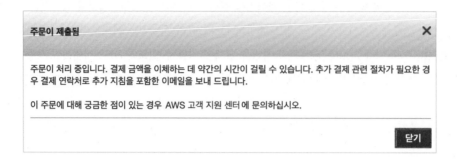

결과 화면에는 3일 정도 후에 등록 작업이 끝나면 이메일을 보내준다는 것과 Route 53 콘솔에서 현재 상태를 확인할 수 있다는 등의 내용이 나옵니다. **도메인으로 이동** 버튼을 클릭합니다.

대기 중인 요청이라는 페이지가 나옵니다. dns4an.net의 현재 **상태**를 보니 도메인을 구입하는 과정이 현재 진행 중이라고 돼 있습니다. 이곳에서 방금 구입한 도메인을 확인할 수 있습니다.

나중에 **등록된 도메인** 메뉴에서 구매가 완료된 도메인을 확인할 수 있습니다.

Route 53을 통해 도메인을 구입하면 자동으로 네임서버까지 세팅해준다는 것을 도메인을 등록하는 과정에서 확인했는데, **호스팅 영역** 메뉴의 페이지에서 dns4an.net라는 도메인 이름을 클릭해 봅시다.

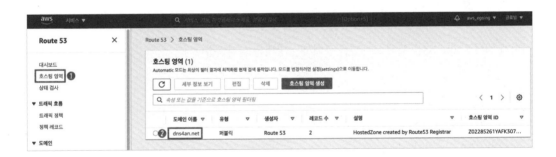

그러면 여러분의 도메인 네임 서버가 만들어지고, 자동으로 필요한 정보가 세팅된 화면을 볼 수 있습니다.

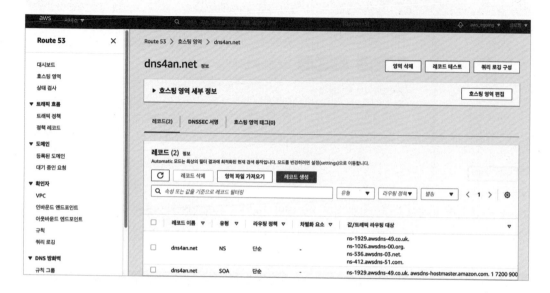

이렇게 해서 Route 53을 통해 도메인을 구매하는 방법을 살펴봤습니다.

▶ https://youtu.be/KSUGmbYCYwk (3분 20초)

04 도메인 네임 서버 생성

이번 시간에는 도메인을 가지고 있는 상태에서 Route 53을 네임 서버로 이용해 어떤 특정 도메인과 어떠한 서버를 서로 매칭시키는 방법을 살펴보겠습니다. 이를 위해서는 도메인이 있어야겠죠? AWS를 통해 구매할 수도 있지만 이 방법은 돈이 듭니다. 대신 다음 URL로 들어가면 '나의 도메인 이름 장만하기'라는 수업이 있는데, **Freenom**이라는 서비스를 이용해 무료로 도메인을 구하는 방법이 나와 있습니다. 이 수업을 보시는 것을 권장합니다.

- 나의 도메인 이름 장만하기: https://opentutorials.org/course/3276/20311

도메인을 세팅하기 위해 필요한 것은 도메인에 대한 정보(예: 내가 갖고 있는 도메인의 IP 주소 정보)를 갖고 있는 **네임서버를 운영**하는 것입니다. 우리가 직접 컴퓨터 한 대를 장만해서 여기에 바인더 같은 네임 서버를 설치해서 운영하는 것도 가능하지만 쉽지 않겠죠? 그렇기 때문에 Route 53과 같은 서비스가 있는 거에요. 이런 서비스를 이용하면 몇 번의 클릭만으로 서버가 만들어지고, 소프트웨어가 설치되고, 세팅까지도 쉽게 할 수 있습니다. 굉장히 성능이 좋기 때문에 엄청나게 많은 사용자가 몰려도 '서버가 죽으면 어떡하지' 같은 걱정을 할 필요가 전혀 없습니다. 이처럼 완전히 관리되는 서비스가 AWS Route 53의 효용이겠죠?

이번 시간의 주인공은 다음 그림의 **authoritative name server**에요. 이를 위해서는 일단 네임 서버를 마련해야 합니다. Route 53을 통해 네임 서버를 만들어 봅시다.

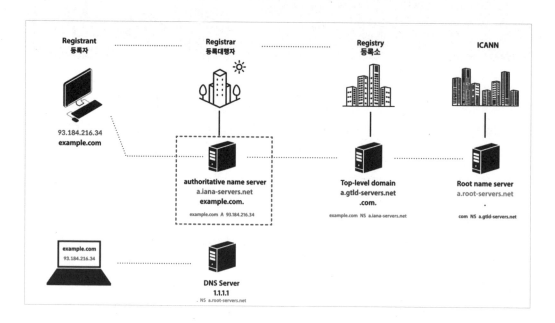

Route 53에서 도메인 네임 서버를 만들고 싶을 때는 좌측 메뉴 바에서 **호스팅 영역**을 클릭하면 됩니다. 이 메뉴의 페이지를 보면 현재 항목이 두 개가 있는데, 이 이야기는 도메인 두 개를 관리하는 네임 서버 두 대가 있다고 생각하면 됩니다. 이때 Route 53을 통해 도메인을 구매했다면 자동으로 만들어진 것이 있을 겁니다. 저 같은 경우는 dns4an.net가 자동으로 생성됐습니다. **설명**을 보면 'HostedZone created by Route53 Registrar', 즉 Route 53이 만들었다고 돼 있죠? **호스팅 영역 생성** 버튼을 클릭해 봅시다.

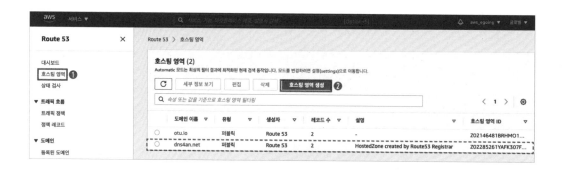

호스팅 영역 생성이라는 페이지가 나오고, 이곳에 여러분이 사용하고 싶은 호스팅 영역, 즉 도메인 네임 서버를 만들면 됩니다. Freenom에서 도메인을 구입하신 분들은 이것을 이용하세요.

Route 53을 통해 도메인을 구입하신 분들은 호스팅 영역 페이지에서 dns4an.net를 삭제한 다음에 다시 따라와도 되겠습니다. 'dns4an.net'을 선택한 후 **삭제** 버튼을 누릅니다.

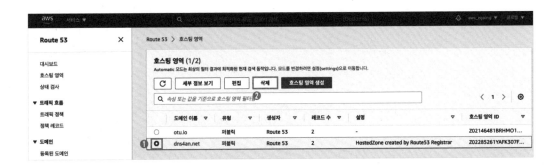

다음과 같은 팝업창이 나타나면 '삭제'라고 입력하고 **삭제** 버튼을 클릭하면 삭제가 진행됩니다.

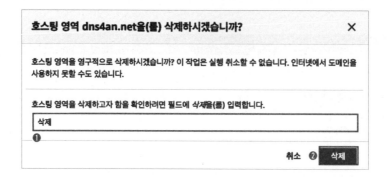

dns4an.net를 삭제했으니 다시 **호스팅 영역 생성** 버튼을 클릭하겠습니다.

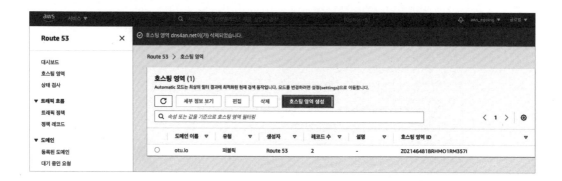

도메인 이름에 저는 'dns4an.tk'라고 하는 도메인을 세팅하겠습니다. 저는 Freenom에서 dns4an.tk 라는 도메인을 장만했습니다. 여러분은 자신의 도메인의 주소, 즉 도메인 이름을 적으면 됩니다. 그러 고 나서 **호스팅 영역 생성** 버튼을 눌러주세요.

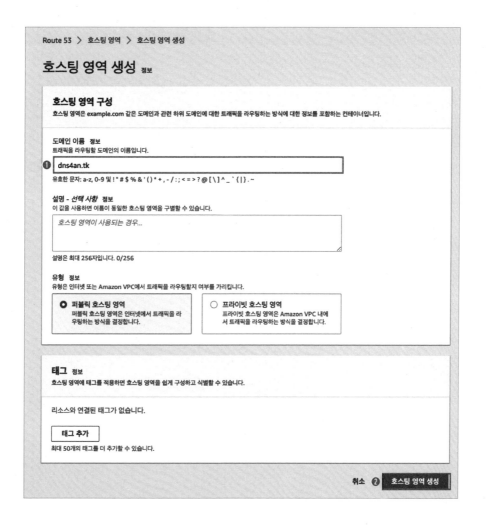

그러면 네임서버가 만들어진 것을 볼 수 있습니다. 기본적으로 다음 화면에 적힌 정보들은 꼭 필요한 정보이기 때문에 건드리지 않아도 됩니다.

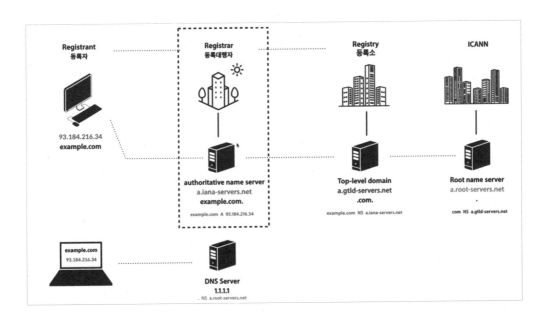

05 | 네임 서버 등록

https://youtu.be/4fjVQ5WhEgc (5분 7초)

이전 시간에는 네임 서버를 장만했습니다. example.com이 우리의 도메인이라고 하면 그다음에 해야 할 일은 **그 도메인을 a.iana라는 네임 서버가 관리한다**라는 사실을 전 세계에 알려야 합니다. 만약 AWS에서 도메인을 구매했다면 특별히 해야 할 일이 없습니다.

하지만 다른 등록대행자를 통해 도메인을 구매했다면 등록대행자에게 'example.com의 네임 서버는 이것입니다'라는 것을 알려줘야 합니다. 그러면 등록대행자는 이 도메인의 탑 레벨 도메인인 .com의 관리자인 등록소에게 'example.com에 대한 정보를 가지고 있는 네임 서버는 이것입니다'라는 것을 알려줍니다.

이를 통해 전 세계의 사용자가 example.com으로 접속했을 때 루트 네임 서버를 통해서, 또 탑 레벨 도메인 관리자의 네임 서버를 통해 우리의 네임 서버에 접속하게 할 수 있습니다. 그래서 지금부터는 Route 53에서 도메인을 구매하지 않은 분들이 어떻게 네임 서버를 세팅하는가에 대해 살펴보겠습니다.

저는 AWS가 아닌 다른 서비스를 통해 도메인을 구입했는데요, 예를 들어 **Freenom**이라고 하는 서비스를 통해 도메인을 구입했다고 하겠습니다. Freenom 홈페이지로 들어가서 로그인한 다음 저의 도메인 리스트를 클릭해 보겠습니다. 상단 메뉴의 **Services**를 선택하고 **My Domains**를 클릭해주세요.

그럼 제가 구매한 도메인이 보이는데요, dns4an.tk를 관리하는 페이지로 들어가 보겠습니다(UI는 조금씩 다르겠지만 다른 서비스도 구성은 비슷비슷해서 도메인 관리 페이지로 이동하시면 됩니다). dns4an.tk의 **Manage Domain** 버튼을 클릭합니다.

다음으로 서비스마다 'Nameservers'라고 적힌 메뉴가 어딘가에 있을 겁니다. Freenom에서는 **Management Tools**를 선택한 후 **Nameservers**를 클릭하면 됩니다.

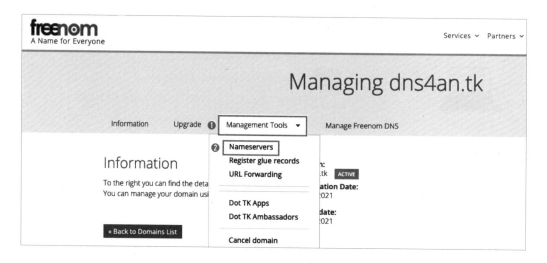

그럼 다음과 같은 정보가 나오는데, **Use default nameservers (Freenom Nameservers)**이라는 옵션이 있습니다. 이는 Freenom이라는 등록대행자(Registrar)가 서비스 차원에서 기본적으로 제공해주는 네임 서버를 쓰겠다라는 의미입니다. 이건 마치 AWS에서 도메인을 구입하면 AWS가 Hosted Zone이라는 것을 기본적으로 만들어주는 것과 똑같은 이치입니다.

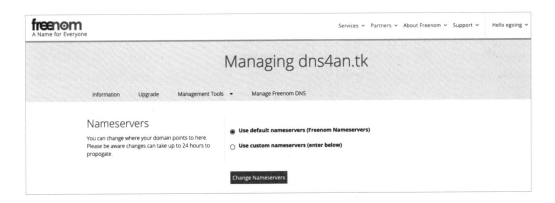

그런데 저는 이제 더 이상 Freenom을 통해 도메인을 관리하지 않고 Route 53을 통해 관리하고 싶습니다. 그러면 **Use custom nameservers (enter below)** 옵션에 체크하면 됩니다. 그리고 나서 **Nameserver**라고 적힌 빈칸에는 Route 53의 주소를 적으면 돼요. 주솟값을 알아내기 위해 다시 AWS로 가보겠습니다.

Route 53의 **호스팅 영역** 페이지로 가서, 이미 만들어 놓은 호스팅 영역이 있으면 그냥 사용해도 되고, 새로 생성해도 됩니다. 저는 이전 시간에 생성한 'dns4an.tk'라는 호스팅 영역을 클릭해 들어가 보겠습니다.

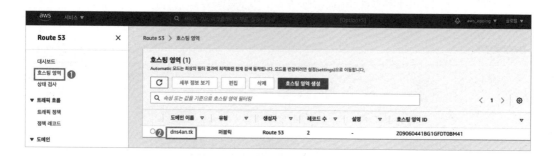

레코드의 **유형**을 보면 NS라는 것이 있는데, 바로 네임 서버의 약자입니다. 그 옆에 적혀 있는 주소들이 바로 AWS에서 운영하고 있는 네임 서버인데, 엄청나게 많은 네임 서버를 운영하고 있기 때문에 이 주소는 모두 다를 것입니다. **유형**이 'NS'인 레코드의 모든 주소를 적혀 있는 대로 사용해야 합니다.

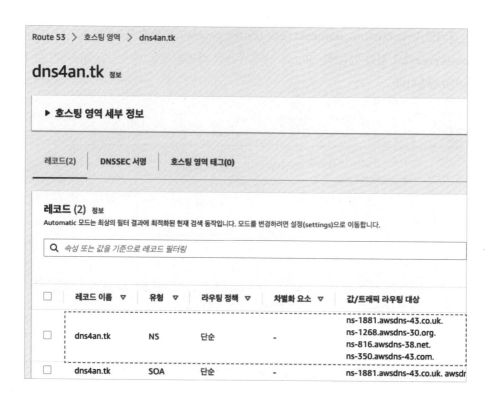

다시 Freenom 페이지로 돌아와서 AWS의 각 주소를 붙여넣습니다. 모든 주소를 붙여넣은 후 하단의
Change Nameservers 버튼을 클릭합니다.

이렇게 해서 등록대행자를 통해 다음과 같은 작업을 끝냈습니다. 즉, 누군가가 우리의 도메인을 조회할
때 탑 레벨 도메인 관리자인 등록소의 네임 서버가 '등록대행자의 네임 서버한테 물어보세요'라고 알려
줄 수 있게 됐습니다. 그런데 이번 시간에 다룬 내용이 어렵죠? 원래 어려운 거예요. 이번 시간은 여기
까지 하겠습니다.

핵심 서비스만 쏙쏙 배우는 AWS 10일 완성

생활코딩!
아마존 웹 서비스

10일차
Route 53 – 2

06 | DNS 디버그(Dig)

지금까지 배운 내용을 잘 진행했는지 확인할 수 있어야 여러분이 덜 힘들 수 있겠죠? 도메인이라는 게 굉장히 막연하거든요. 그래서 이번 시간에는 우리가 잘했는지 확인하는 방법을 살펴볼게요.

Dig라고 하는 도구가 있습니다. Dig는 리눅스, 유닉스, macOS 같은 POSIX 계열에서 쓸 수 있는 명령어입니다. 윈도우에서는 Dig를 사용할 수 없으므로 웹을 통해서 할 수 있는 방법을 알려 드리겠습니다. 검색 엔진에서 'dig web interface'를 검색해 아래 URL로 들어가 봅시다.

- https://www.digwebinterface.com/

Hostnames or IP addresses에 여러분의 도메인을 입력하고 Options에서 Colorize output, Trace를 선택한 후 하단의 Dig 버튼을 눌러 실행합니다. Colorize ouput은 실행 결과를 보기 좋게 컬러로 표시하는 옵션이고, Trace도 꼭 체크해 주세요.

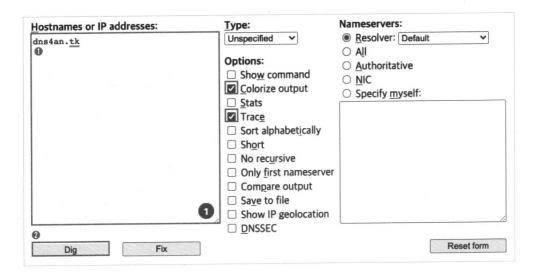

그럼 다음과 같은 결과가 화면 아래에 출력됩니다.

```
dns4an.tk@8.8.4.4 (Default):
.                       86707   IN      NS      a.root-servers.net.
.                       86707   IN      NS      b.root-servers.net.
.                       86707   IN      NS      c.root-servers.net.
.                       86707   IN      NS      d.root-servers.net.
.                       86707   IN      NS      e.root-servers.net.
.                       86707   IN      NS      f.root-servers.net.
.                       86707   IN      NS      g.root-servers.net.
.                       86707   IN      NS      h.root-servers.net.
.                       86707   IN      NS      i.root-servers.net.
.                       86707   IN      NS      j.root-servers.net.
.                       86707   IN      NS      k.root-servers.net.
.                       86707   IN      NS      l.root-servers.net.
.                       86707   IN      NS      m.root-servers.net.
;; Received 228 bytes from 8.8.4.4#53(8.8.4.4) in 85 ms

tk.                     172800  IN      NS      a.ns.tk.
tk.                     172800  IN      NS      b.ns.tk.
tk.                     172800  IN      NS      c.ns.tk.
tk.                     172800  IN      NS      d.ns.tk.
;; Received 270 bytes from 198.41.0.4#53(198.41.0.4) in 529 ms

dns4an.tk.              300     IN      NS      ns-1881.awsdns-43.co.uk.
dns4an.tk.              300     IN      NS      ns-1268.awsdns-30.org.
dns4an.tk.              300     IN      NS      ns-816.awsdns-38.net.
dns4an.tk.              300     IN      NS      ns-350.awsdns-43.com.
;; Received 167 bytes from 194.0.40.1#53(194.0.40.1) in 278 ms

dns4an.tk.              900     IN      SOA     ns-1881.awsdns-43.co.uk. awsdns-hostmaster.amazon.com. 1 7200 900 1209600 86400
;; Received 114 bytes from 205.251.193.94#53(205.251.193.94) in 1 ms
```

저는 지금 윈도우를 쓰고 있지 않기 때문에 터미널을 열고 명령어를 통해 Dig를 실행해 보겠습니다. 이 때 macOS에서는 .tk, .ga 같은 탑 레벨 도메인은 trace 옵션으로 Dig를 실행하면 오류가 발생하기 때문에 우분투 인스턴스의 터미널에서 Dig를 실행하겠습니다.

Terminal

```
dig +trace dns4an.tk
```

그럼 다음과 같이 결과가 나오는데, 내용은 웹에서 한 것과 똑같습니다.

위 그림을 보면서 의미를 한번 따져 보겠습니다. 클라이언트가 어떤 도메인을 브라우저에 입력하고 접속을 시작하면 그 도메인의 IP 주소를 구하는 과정이 오른쪽에 나온 것입니다. 맨 먼저 **클라이언트** 는 자신의 컴퓨터에 연결돼 있는 DNS 서버에 조회합니다. 예를 들어, 이 클라이언트에 연결돼 있는 DNS 서버가 127.0.0.53이라고 합시다. dns4an.tk를 조회하려고 했더니 **DNS 서버(127.0.0.53)**가 'dns4an.tk의 주소는 제가 모르지만 최상위 루트 네임서버 중 하나에 접속하시면 됩니다'라고 저한테 응답해 줍니다. 즉, 클라이언트의 컴퓨터에 연결돼 있는 DNS 서버(127.0.0.53)는 이러한 루트 네임서 버에 대한 정보를 기본적으로 가지고 있다는 사실을 알 수 있습니다.

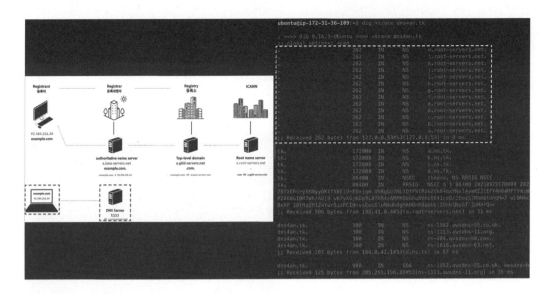

그리고 나서 **저의 DNS 서버**가 위에서 출력된 루트 네임서버 중 하나에 접속해서 dns4an.tk의 정보가 어떻게 되는지 물어봅니다. 출력된 결과를 보면 **a.root-servers.net**이 'dns4an.tk에 대한 정확한 내용은 잘 모르지만 dns4an.tk가 tk로 끝나니까 tk는 이 네임서버들에게 물어보면 되겠네요'라고 응답한 것을 알 수 있죠?

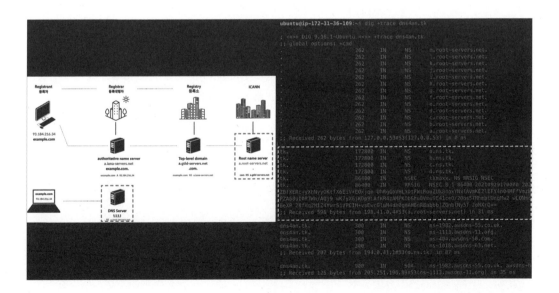

그러면 **DNS 서버**가 이 중 한 서버에게 또다시 물어봐요. 'dns4an.tk를 누가 관리하고 있나요?'. 그러면 앞서와 같이 위에서 출력된 네임서버 중에서 누군가가 대답한 결과가 밑에 출력됩니다. 'dns4an.tk는 이러한 네임 서버들이 관리하고 있으니까 저 중 하나한테 물어보세요'라고 **d.ns.tk**가 우리에게 응답해 준 것을 볼 수 있죠?

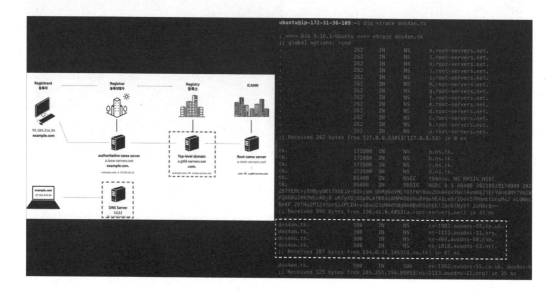

그러면 그다음 작업은 뭐겠어요? 위에서 출력된 네임 서버 중 하나에게 'dns4an.tk의 IP 주소가 뭐냐?'고 클라이언트의 DNS 서버가 물어보겠죠? 그런데 아직 우리는 dns4an.tk를 완벽하게 세팅하지 않았기 때문에 더 이상 응답하지는 않습니다. 최종적으로 위의 d.ns.tk가 응답해 준 정보가 출력되는 것을 봤다면 여러분은 네임 서버까지는 잘 세팅하신 거라고 볼 수 있습니다.

여기까지 해서 우리의 네임 서버를 디버깅하는 방법을 살펴봤습니다.

07 도메인 이름과 IP 주소 연결

이제 우리 도메인과 IP 주소를 연결하는 작업을 해보겠습니다. 우리 수업의 클라이막스죠. dns4u.tk로 접속했을 때 다음 그림의 IP 주소로 사용자들이 접속할 수 있게 할 거예요.

그럼 어떻게 해야 할까요? 우리가 장만한 네임 서버에 도메인을 dns4an.tk로 놓고, '그것의 IP 주소는 ~다'라는 것을 지정해 주면 됩니다. Route 53의 호스팅 영역 페이지에서 'dns4an.tk'를 클릭해서 들어 갑니다.

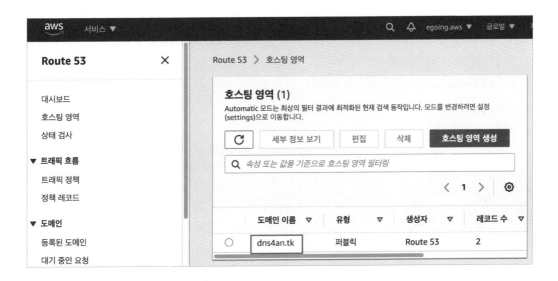

이 네임 서버의 정보 한 건을 **레코드**라고 하는데, 그럼 dns4an.tk의 레코드는 몇 개인 건가요? 바로 2개입니다. **레코드 생성** 버튼을 클릭해 세 번째 레코드를 만들겠습니다.

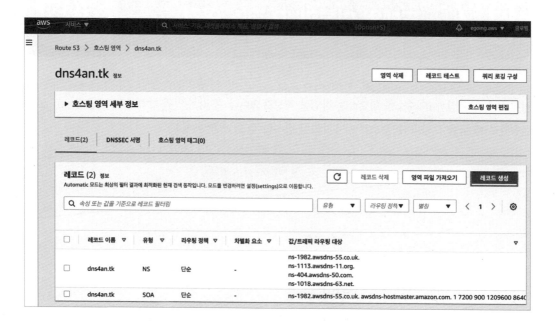

레코드의 정보를 입력하는 페이지가 나옵니다. 여기서는 **빠른 레코드 생성**으로 레코드를 생성하겠습니다.

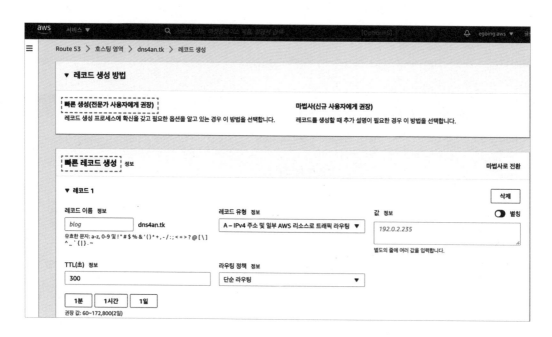

레코드 이름 항목에서 'www'를 입력하면 www.dns4an.tk가 되고, 아무것도 적지 않으면 그냥 dns4an.tk가 됩니다. 저는 도메인의 앞에 www를 적겠습니다.

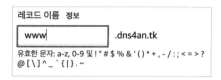

다음으로 **레코드 유형**을 선택하겠습니다. 현재 기본값으로 A 레코드가 설정돼 있는데, 이것은 IP 주소와 이름을 매칭시킨다는 의미입니다. CNAME은 어떤 도메인네임과 도메인네임을 매칭시키고 싶을 때 사용합니다. 이메일과 관련된 유형은 MX입니다. 제가 갖고 있는 52.78.232.78 같은 IP 주소는 IPv4라는 버전의 주소 체계인데, IPv6라는 최신 주소 체계를 쓰고 싶으면 AAAA를 쓰면 됩니다. 이 밖에도 이것저것 많죠? 저는 가장 중요한 A를 선택하겠습니다.

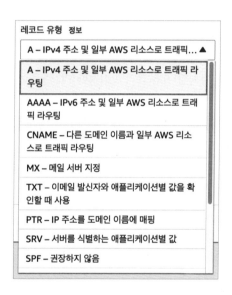

TTL(초) 에서 TTL은 Time To Leave의 약자입니다. 이전 시간에 실행한 Dig 명령어의 결과처럼, DNS 서버가 어떤 도메인의 IP 주소가 무엇인지에 대한 정보들을 네임 서버 간에 서로 조회할 거 아니에요? 그런데 요청할 때마다 그것을 조회하면 얼마나 느리겠어요. 그래서 우리의 DNS 서버도, 여러분의 클라이언트 컴퓨터도, 모두 깨알같이 각자가 **캐싱**이란 것을 합니다. 그 캐싱 기간이 TTL입니다. 그래서 TTL을 길게 잡으면 조회가 줄어들기 때문에 훨씬 빠르게 사용할 수 있게 됩니다. 하지만 이것은 또한 여러분이 네임 서버(도메인)의 정보를 바꾸게 된다면 이 캐시 타임이 끝날 때까지는 계속 불편함을 감수해야 한다는 말과도 같습니다. 그렇기 때문에 도메인과 관련된 어떤 작업을 하기 전에는 미리 TTL을 값을 확 낮추는 겁니다. 300초는 5분이죠? 1분 혹은 5분과 같이 값을 낮춰 놓고, 네임 서버가 안정화되면 TTL을 하루 또는 1시간으로 설정해 성능이 향상된 효과를 얻게 되는 겁니다.

마지막으로 **값**에다가 웹 서버의 IP 주솟값을 입력합니다.

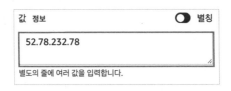

그러고 나서 **레코드 생성** 버튼을 클릭합니다. 그리고 설정한 TTL만큼 기다리는 거예요.

한번 디버깅해 볼까요? macOS 혹은 리눅스의 터미널에서 다음 명령어를 실행해 주세요.

```
dig +trace www.dns4an.tk
```

그럼 다음과 같이 'www.dns4an.tk는 TTL이 300초이고 A 레코드이며, IP 주소는 52.78.232.78이다'
라는 것이 잘 세팅돼 있음을 Dig를 통해 알아낼 수 있습니다.

```
ubuntu@ip-172-31-4-82:~$ dig +trace www.dns4an.tk

; <<>> DiG 9.16.1-Ubuntu <<>> +trace www.dns4an.tk
;; global options: +cmd
.                       206     IN      NS      a.root-servers.net.
.                       206     IN      NS      m.root-servers.net.
.                       206     IN      NS      l.root-servers.net.
.                       206     IN      NS      k.root-servers.net.
.                       206     IN      NS      j.root-servers.net.
.                       206     IN      NS      i.root-servers.net.
.                       206     IN      NS      h.root-servers.net.
.                       206     IN      NS      g.root-servers.net.
.                       206     IN      NS      f.root-servers.net.
.                       206     IN      NS      e.root-servers.net.
.                       206     IN      NS      d.root-servers.net.
.                       206     IN      NS      c.root-servers.net.
.                       206     IN      NS      b.root-servers.net.
;; Received 262 bytes from 127.0.0.53#53(127.0.0.53) in 0 ms

tk.                     172800  IN      NS      a.ns.tk.
tk.                     172800  IN      NS      b.ns.tk.
tk.                     172800  IN      NS      c.ns.tk.
tk.                     172800  IN      NS      d.ns.tk.
tk.                     86400   IN      NSEC    tkmaxx. NS RRSIG NSEC
tk.                     86400   IN      RRSIG   NSEC 8 1 86400 20211023050000 202
11010040000 14748 . RMYVv+zE3cfola0MPoeFNMxssosJPTOoLESk5rPRREaIIwSVFlF280+7 jILm
Qf7rLM5XwbgyHqzo+reuDCi0lUyzqZTi/DPBkK2Bw07+TKa0dqoF 96aC94aVp3PCaZieARnpicqlbysf
RiEQf1Zz+EerQMGKDaOHJnG0m1/R 2150rPTfCuqcvSO8xkjMf3cYq59JM6eo910bR8noFmaNoFRXzeHD
DCDz 9UPZBdSTME3BHRz84Cl+8ClKIwxgZTl3ZJLZCqy7PfG/m0Fx1H+XWGzn vBerozySrVAMmv6Hgps
beEVe+bUXTV6Qh1WflCbml7IxnbEXHHBBb7KZ uhkTyw==
;; Received 600 bytes from 198.97.190.53#53(h.root-servers.net) in 55 ms

dns4an.tk.              300     IN      NS      ns-396.awsdns-49.com.
dns4an.tk.              300     IN      NS      ns-527.awsdns-01.net.
dns4an.tk.              300     IN      NS      ns-1876.awsdns-42.co.uk.
dns4an.tk.              300     IN      NS      ns-1506.awsdns-60.org.
;; Received 210 bytes from 194.0.40.1#53(c.ns.tk) in 83 ms

www.dns4an.tk.          300     IN      A       52.78.232.78
dns4an.tk.              172800  IN      NS      ns-1506.awsdns-60.org.
dns4an.tk.              172800  IN      NS      ns-1876.awsdns-42.co.uk.
dns4an.tk.              172800  IN      NS      ns-396.awsdns-49.com.
dns4an.tk.              172800  IN      NS      ns-527.awsdns-01.net.
;; Received 198 bytes from 205.251.193.140#53(ns-396.awsdns-49.com) in 0 ms

ubuntu@ip-172-31-4-82:~$
```

이번에는 웹 브라우저에서 한번 접속해 보겠습니다. 주소창에 'www.dns4an.tk'를 입력하고 엔터를 쳤을 때 웹 페이지에 잘 접속되는 것을 볼 수 있습니다.

그런데 이때 접속이 안 되는 분이 있을지도 모릅니다. 왜냐하면 캐시 때문에 저장된 정보들이 갱신되는데 시간이 오래 걸릴 수 있거든요. 하루가 걸릴 수도 있습니다. 여러분이 지금 작업하고 있었던, 혹은한 번이라도 접속했던 컴퓨터 또는 우리 집에 있는 공유기 등 모든 것이 다 영향을 줄 수가 있어요. 이런 경우에는 스마트폰 같은 완전히 독립된 네트워크에서(와이파이에 접속하지 않은 채로) 접속해 보는것도 한 가지 방법이고, 컴퓨터를 껐다 켜는 것도 방법이에요. 그리고 아주 중요한 것은 Dig를 통해 IP주소가 잘 세팅됐는지 여러분이 직접 눈으로 확인하는 것입니다.

그럼 이제 www.dns4an.tk가 52.78.232.78을 사용한다면, study.dns4an.tk는 '52.78.232.87'을 쓰도록 할 수 있습니다. 앞에서 한 것과 같이 다시 레코드를 생성해 봅시다. 레코드 생성 페이지로 들어간 후 **다른 레코드 추가** 버튼을 선택합니다.

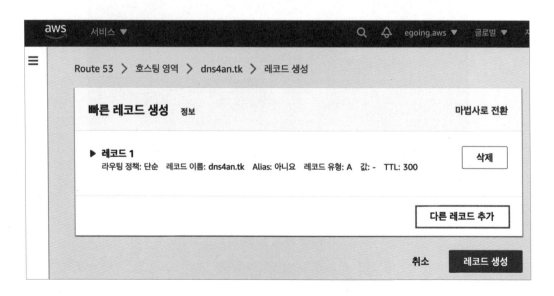

study.dns4an.tk의 레코드를 다음과 같이 추가하겠습니다.

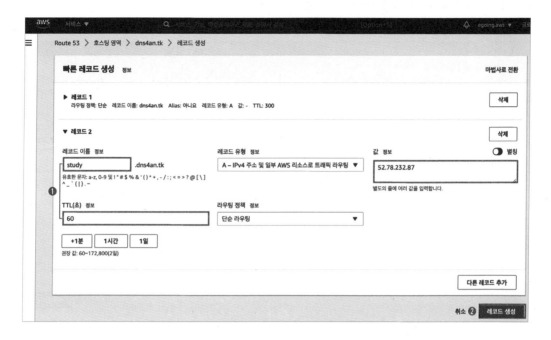

그러면 study.dns4an.tk로 접속하는 사람은 '52.78.232.87'로 가게 하고 www.dns4an.tk로 접속하는 사람은 '52.78.232.78'로 가게 됩니다. 이때 www나 study 같은 것을 **서브도메인**이라고 합니다.

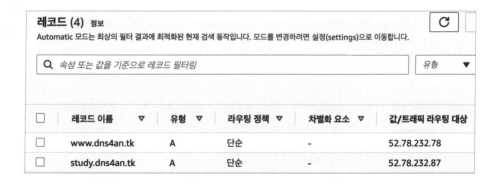

서브도메인이 없어도 www.dns4an.tk의 IP 주소로 가게 하려면 다음 그림과 같이 Name 부분을 비우고 dns4an.tk로 레코드를 생성하면 됩니다.

따라서 앞에 서브도메인이 없는 주소도, www가 있는 주소도 52.78.232.78로 가고, study가 있으면 52.78.232.87로 오게 할 수 있게 됐습니다. 이해되셨나요?

이렇게 해서 A 레코드, 즉 IPv4 방식의 주소와 도메인을 연결하는 방법을 살펴봤습니다.

08 | Alias를 이용해서 AWS의 다른 서비스와 연동

AWS2 Route 53 ▶ https://youtu.be/MW7L9PWKRNk (5분 35초)

이번 시간에는 **Alias(별명)**라고 하는 레코드 타입을 살펴보겠습니다(정확하게는 레코드 타입은 아니라는 점을 참고해 주세요). Route 53은 AWS 내의 서비스이고, AWS 안에는 서버의 성격을 가진 서비스들이 있습니다. 파일 서버 역할을 하는 S3가 대표적이고, 여러 대의 EC2 인스턴스 웹 서버를 로드밸런싱하는 ELP, 그리고 CloudFront 등이 있습니다. 이러한 서비스를 이용하게 되면 아주 손쉽게 **Route 53과 서버를 연결**할 수 있습니다. 다른 서비스들도 과정은 비슷하기 때문에 여기서는 S3로 진행해 보겠습니다(참고로 S3를 한 번도 사용해보지 않은 분들은 이 수업을 이해하기 어려울 수 있으니 앞의 S3 수업을 읽고 오는 것을 권장합니다).

먼저 S3 페이지에 접속합니다. 버킷을 만듦으로써 새로운 파일 서버를 만든다고 생각하면 되겠습니다. **버킷 만들기** 버튼을 클릭합니다.

버킷의 이름과 세팅하려고 하는 도메인의 이름은 동일해야 하므로 **버킷 이름**에 우리의 도메인인 'dns4an.tk'를 입력합니다. 그리고 서울 지역에 파일 서버를 만들 예정이므로 **AWS 리전**을 서울로 선택합니다.

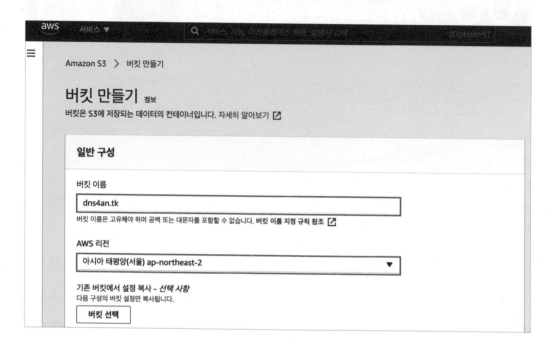

S3를 웹 서버로 사용하려면 **이 버킷의 퍼블릭 액세스 차단 설정**에서 다음과 같이 설정해야 합니다. 그 이유는 앞의 S3 수업에서 다룬 적이 있으니 참고해주세요.

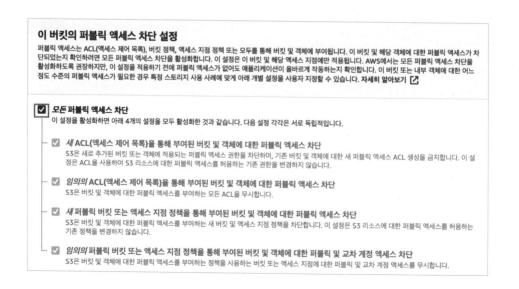

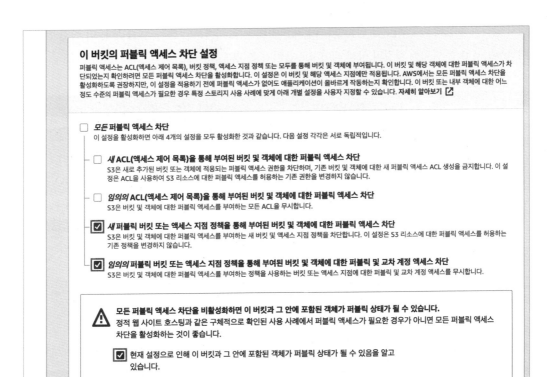

그리고 페이지의 맨 밑으로 내려가 **버킷 만들기** 버튼을 클릭합니다.

ⓘ 버킷을 생성한 후 파일과 폴더를 해당 버킷에 업로드할 수 있고, 추가 버킷 설정도 구성할 수 있습니다.

취소   **버킷 만들기**

의견   한국어 ▼   © 2008 - 2021, Amazon Web Services, Inc. 또는 계열사. All

버킷 만들기를 통해 파일 서버를 만들었고 이 파일 서버는 웹 서버로도 쓸 수 있습니다. 이 버킷의 이름 인 **dns4an.tk**를 클릭해 버킷의 상세 페이지로 들어가 봅시다.

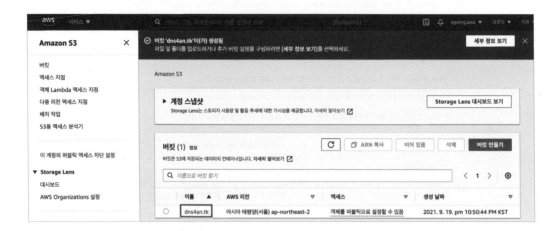

다음으로 이곳에 파일을 업로드하기 위해 **업로드** 버튼을 클릭합니다.

파일 추가 버튼을 클릭해 웹 페이지가 들어가 있는 index.html 파일을 업로드하겠습니다.

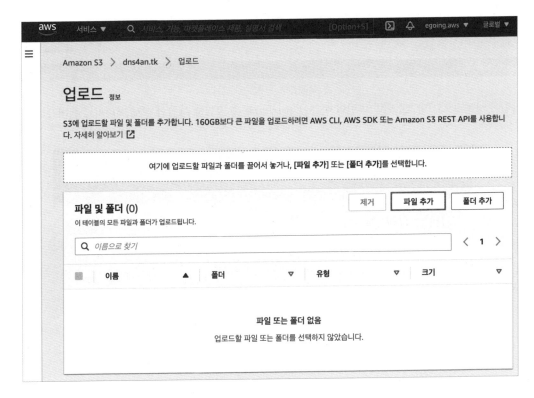

다음 페이지가 나오면 업로드할 파일을 선택해 추가합니다.

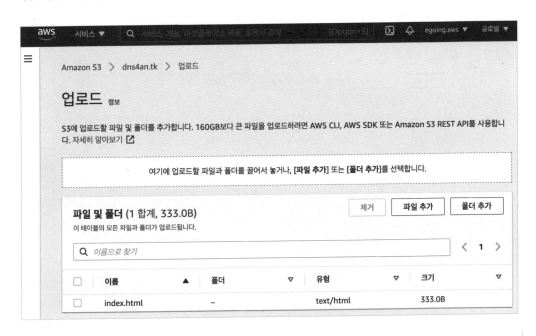

그러고 나서 페이지의 밑으로 내려가 **업로드** 버튼을 클릭합니다.

파일이 성공적으로 업로드되면 파일의 이름인 'index.html'을 클릭해 파일의 상세 페이지로 들어갑니다.

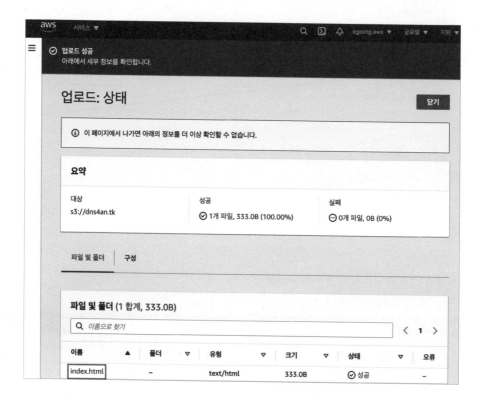

파일의 상세 페이지에서 **권한** 탭으로 들어가 **편집**을 클릭합니다.

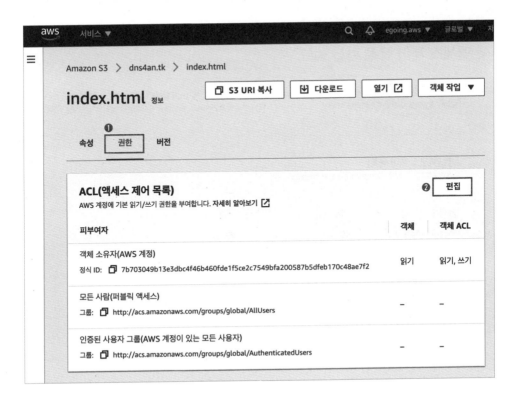

모든 사람(퍼블릭 액세스) 항목에서 **객체**의 **읽기**에 체크하면 index.html이라는 파일에 누구나 접근하게 할 수 있습니다. 여기서는 index.html을 웹 페이지로 만들려고 하기 때문에 이 항목을 체크합니다.

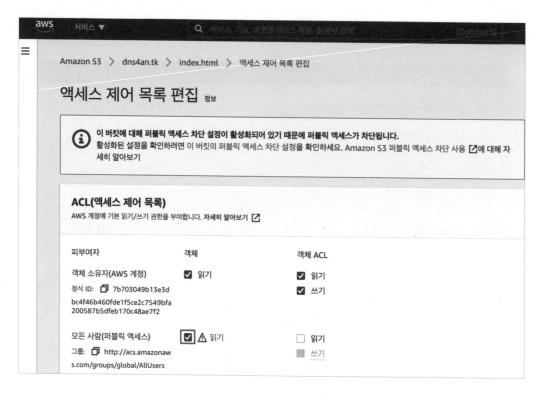

위의 변경사항에 대한 확인란을 체크한 뒤,

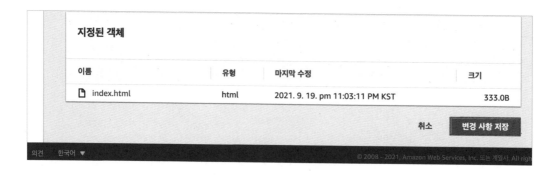

페이지 밑으로 내려가 **변경 사항 저장** 버튼을 클릭합니다.

지정된 객체			
이름	유형	마지막 수정	크기
index.html	html	2021. 9. 19. pm 11:03:11 PM KST	333.0B

취소　　**변경 사항 저장**

이제 index.html은 누구나 볼 수 있는 상태가 됐습니다. 다음으로 dns4an.tk라고 하는 파일 서버 자체를 웹 서버로 바꿔보겠습니다. 페이지 상단에서 'dns4an.tk'를 클릭해 이 버킷의 페이지로 이동하겠습니다.

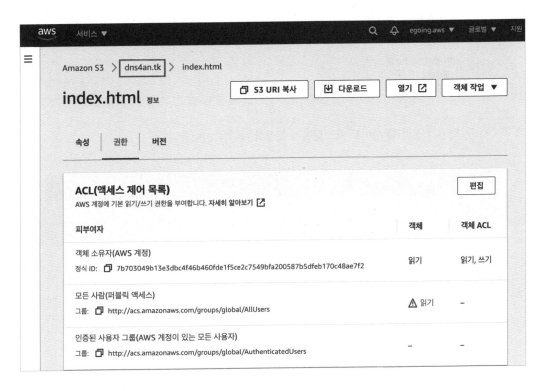

dns4an.tk의 상세 페이지에서 **속성** 탭으로 들어갑니다.

정적 웹 사이트 호스팅 섹션의 **편집**을 클릭합니다.

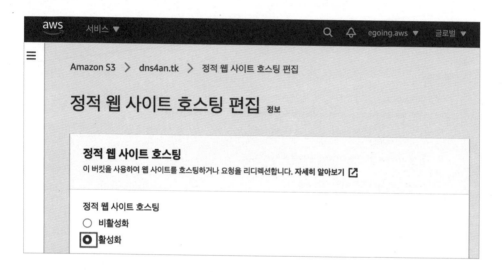

그 후 나오는 화면의 **정적 웹 사이트 호스팅**에서 **활성화** 옵션을 선택합니다.

그리고 스크롤을 내리다 보면 **인덱스 문서**라는 것이 있습니다. 사용자가 우리의 S3 주소로 들어왔을 때 파일 서버가 웹 서버로서 동작하는데, 이때 파일의 이름을 경로에 적지 않으면 인덱스 문서인 index. html 파일을 홈페이지로 설정한다는 뜻입니다.

그런 다음 페이지 끝으로 내려가 **변경 사항 저장** 버튼을 클릭합니다.

다시 **속성** 탭으로 들어갑니다.

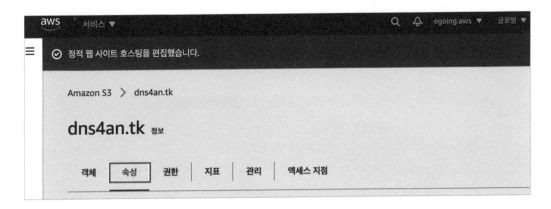

정적 웹 사이트 호스팅을 보면 **버킷 웹 사이트 엔드포인트** 항목에 URL이 나오는데, 이 주소가 바로 웹 서버의 주소가 됩니다. 이 주소를 클릭해 봅시다.

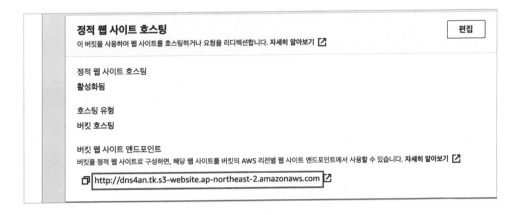

그럼 앞에서 업로드한 파일의 내용이 보입니다.

주소에 index.html을 붙여도 파일에 접속되고 붙이지 않아도 접속되는 상태가 된 겁니다.

그런데 이 주소를 보기가 너무 힘들지 않나요? 저는 깔끔하게 dns4an.tk로 접속했을 때 이 주소로 사용자가 들어올 수 있게 하고 싶습니다. 그럼 어떻게 해야 할까요?

Route 53의 호스팅 영역 페이지로 가서 'dns4an.tk' 페이지로 이동해 봅시다.

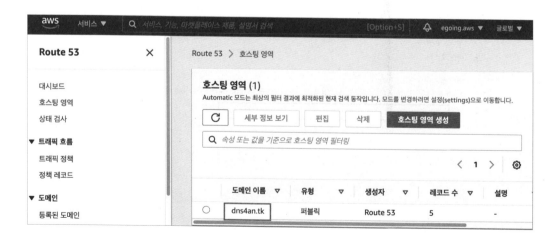

우리가 원하는 것이 무엇이었나요? 바로 dns4u.tk를 IP 주소(52.79.242.111)가 아니라 **S3의 도메인 주소**(dns4an.tk.s3-website.ap-northeast-2.amazonaws.com)로 오게 하고 싶은 거예요. 그러면 이전 시간에 생성했던 dns4an.tk 레코드를 지웠다가 다시 만들어 보겠습니다. 해당 레코드를 선택하고 **레코드 삭제** 버튼을 클릭합니다.

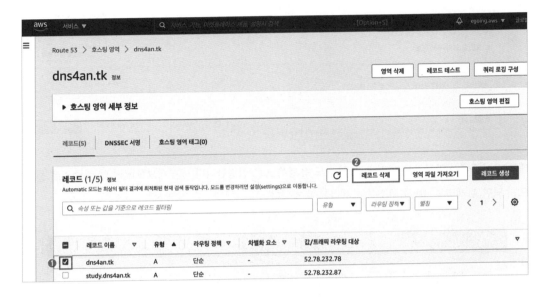

그리고 확인 창이 나타나면 **삭제** 버튼을 클릭합니다.

다시 레코드를 생성해 봅시다. **레코드 생성** 버튼을 클릭합니다.

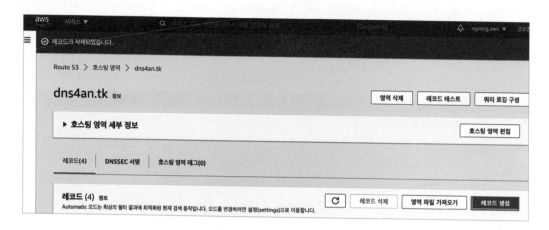

레코드 이름에서 앞부분은 비워 놓고 **레코드 유형**은 A로 설정합니다. 즉, 서브도메인 없는 주소로 들어오게 되면 A 레코드, IPv4 주소를 쓰겠다는 뜻입니다.

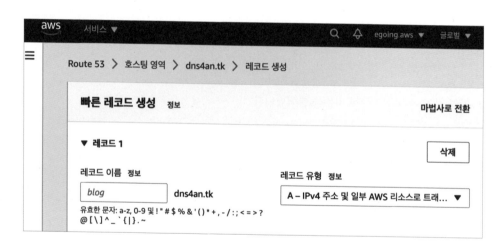

그리고 **별칭**을 활성화하면 이에 관한 정보를 입력하는 칸이 나옵니다.

이때 **트래픽 라우팅 대상**의 빈칸을 클릭하면 나오는 목록에서 S3를 선택한 후, 또 나오는 빈칸에서 리전을 '서울'로 선택하고 앞에서 만든 S3 버킷인 dns4an.tk를 클릭합니다.

그런 다음 **레코드 생성** 버튼을 클릭합니다.

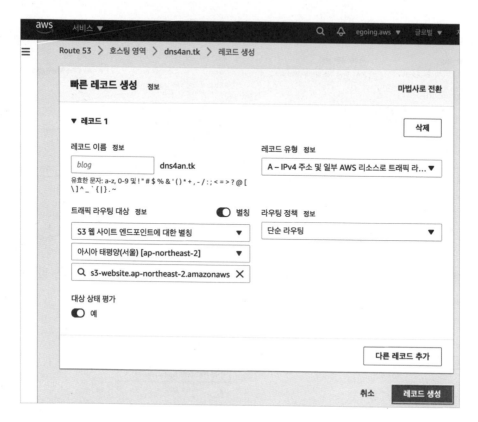

그러면 다음과 같이 dns4an.tk는 이 긴 주소의 별칭이 되는 것입니다.

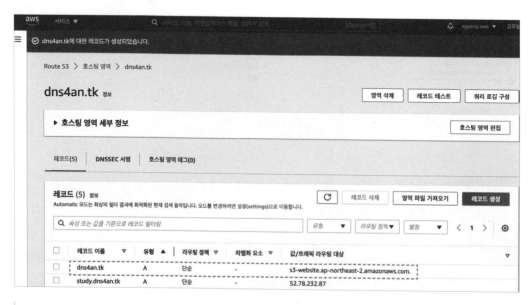

웹 브라우저에서 dns4an.tk를 방문했을 때 나오는 이 페이지는 S3의 index.html 파일을 사용자에게 서비스하는 것입니다.

이렇게 해서 Route 53과 AWS의 다른 서비스를 쉽게 연동하는 방법을 살펴봤습니다.

09 │ 수업을 마치며

지금까지 AWS Route 53에 대해 충분히 많은 내용을 살펴봤습니다. 이제 여러분이 흥미를 가질 만한 주제를 몇 가지 소개하고 물러나겠습니다.

이 수업에서는 IPv4 주소 체계에 대한 레코드인 A 레코드와 서버의 성격을 가진 AWS 서비스와 쉽게 연동할 수 있는 별명 기능인 **Alias**에 대해 살펴봤습니다. 이 밖에도 여러 방식의 레코드들이 있습니다. IP 주소가 아닌 도메인 이름에 대해 다른 도메인 이름을 부여하는 CNAME 레코드, 이메일과 관련된 MX 레코드, IPv6 주소와 관련된 AAA 레코드 등 여러 유형의 레코드가 있습니다. 각 레코드가 어떠한 용도인지 미리 알아뒀다가 필요할 때 깊게 연구해 보면 좋겠습니다.

AWS Route 53을 이용했을 때 좋은 점 중 하나는 Route 53이 우리가 운영하는 서버의 건강 상태를 체크해 준다는 점입니다. 이러한 기능을 활용하면 Route 53에게 '특정 IP 주소에게 안녕한지를 확인하는 신호를 특정 시간 간격으로 보내고, 응답을 몇 번 이상 하지 않으면 나에게 알려줘'라고 이야기할 수 있습니다. 그러면 Route 53이 SMS라는 또 다른 AWS의 서비스를 이용해 모바일, 푸시, 이메일 같은 수단을 이용해 우리에게 서버 상태에 대해 경고해줄 수 있습니다.

또 Route 53을 이용하면 여러 대의 서버를 전 세계에 분산시킨 후에 사용자가 접속했을 때 Route 53이 사용자의 지리적 위치와 가까운 곳에 있는 서버의 IP 주소를 접속자에게 제공하는 방식으로 접속자가 **자신과 가까운 서버에 접속**하게 할 수 있습니다. 이뿐만 아니라 하나의 도메인에 여러 대의 서버 IP를 연결한 후 서버마다 가중치를 둬서 가중치가 높은 서버에 좀 더 많은 트래픽이 몰리도록 서비스를 운영하는 것도 가능합니다. 일종의 **부하를 분산하는 장치**로서 Route 53을 사용하는 것이죠. 이 밖에도 Route 53은 정말 많은 기능들을 가지고 있습니다. 한번 쭉 살펴보면 좋을 것 같습니다.

이번 수업은 여기까지입니다. 이제 여러분은 Route 53을 이용해 자신의 도메인을 생성하고 설정할 수 있게 됐습니다. 이름이 있는 서비스를 갖게 되신 것을 진심으로 축하합니다. 고맙습니다.

Key Point

9일차, 10일차 수업에서 배운 주요 용어를 살펴보겠습니다.

- **Route 53:** Amazon에서 제공하는 DNS(도메인 이름 시스템) 웹 서비스로 도메인 등록, DNS 라우팅, 리소스의 상태 확인 서비스를 제공한다.

- **IP 주소:** Internet Protocol address의 약자로, 인터넷에 연결된 장치(컴퓨터, 스마트폰, 태블릿, 서버 등)들이 서로를 인식하고 통신할 수 있도록 부여된 각 장치의 주소를 말한다.

- **도메인:** 12자리의 숫자로 이뤄진 IP 주소는 사람이 이해하고 기억하기 어렵기 때문에 이를 쉽게 기억하고 입력할 수 있도록 문자로 만든 주소를 말한다.

- **DNS(Domain Name System):** 도메인을 IP 주소로 변환해서 그 경로를 안내해주는 시스템을 말한다.

- **로드 밸런싱(Load balancing):** 컴퓨터 네트워크 기술의 일종으로 둘 이상의 네트워크 또는 서버로 부하를 나누는 것을 말한다.

▪ **Dig:** Domain Information Groper의 약자로, 네임 서버로부터 정보를 가져올 수 있는 도구를 말한다.

```
dig  [@server] [domain] [query type] [optiond]
```

Domain Information Groper의 약자로 네임 서버로부터 정보를 가져올 수 있는 유틸리티다.
도메인 네임에 대한 DNS 질의응답이 정상적으로 이뤄지는지 점검하는 데 활용한다.

```
@server
    조회할 네임 서버의 이름 또는 IP 주소.
    지정하지 않으면 /etc/resolv.conf에 등록된 네임 서버를 이용해 루트 서버를 조회한다.

domain
    정보를 요청할 도메인 네임.

query type
    요청한 정보에 대한 정보의 타입(ANY, A, MX, SIG 등).
    생략하면 기본값은 a.

options
    +trace: DNS 질의 과정을 Root DNS부터 모두 표시해준다.
```

나의 첫
프로그래밍 교과서
LEARNING
SCHOOL

핵심 서비스만 쏙쏙 배우는 AWS 10일 완성

생활코딩!

아마존 웹 서비스

AWS
부록

부록 01 | AWS CLI

AWS CLI(AWS Command Line Interface)는 명령줄 셸의 명령을 사용해 AWS 서비스와 상호 작용할 수 있는 오픈 소스 도구입니다. AWS CLI를 사용하면 터미널 프로그램에 있는 명령 프롬프트에서 브라우저 기반 AWS Management Console에서 제공하는 것과 동일한 기능을 구현하는 명령을 실행할 수 있습니다.

이번 장에서는 AWS CLI를 설치하고 구성한 다음 AWS CLI를 사용하는 방법을 살펴보겠습니다.

AWS CLI 설치하기

AWS CLI는 두 가지 버전이 있습니다. 버전 1.x는 이전 버전과의 호환성을 위해 제공되는 AWS CLI의 이전 버전으로, 이 책에서는 최신 버전인 버전 2.x를 사용하겠습니다.

macOS에서 AWS CLI 버전 2 설치하기

먼저 macOS 환경에서 AWS CLI 버전 2를 설치하는 방법을 살펴보겠습니다.

브라우저에서 다음 macOS pkg 파일을 다운로드합니다.

- AWS CLI의 최신 버전 내려받기: https://a/awscli.amazonaws.com/AWSCLIV2.pkg

다운로드한 파일을 더블 클릭해 설치 관리자를 시작합니다. 설치 관리자가 실행되면 계속 버튼을 클릭해 AWS CLI를 설치합니다.

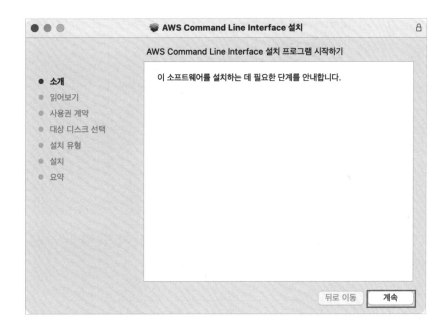

터미널을 열고 `aws --version` 명령을 입력해 AWS CLI2가 잘 설치됐는지 확인합니다. 다음과 같이 버전이 출력되면 잘 설치된 것입니다.

윈도우에서 AWS CLI 버전 2 설치하기

윈도우 환경에서 AWS CLI 버전 2를 설치하는 방법을 살펴보겠습니다.

브라우저에서 AWS CLI MSI 설치 관리자를 내려받습니다.

- AWS CLI의 최신 버전 내려받기: https://awscli.amazonaws.com/AWSCLIV2.msi

다운로드한 파일을 더블 클릭해 설치 관리자를 시작합니다. 설치 관리자가 실행되면 계속 버튼을 클릭해 AWS CLI를 설치합니다.

터미널을 열고 aws --version 명령을 입력해 AWS CLI2가 잘 설치됐는지 확인합니다. 다음과 같이 버전이 출력되면 잘 설치된 것입니다.

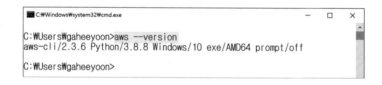

만약 프로그램을 찾을 수 없다고 나오면 다음과 같이 환경 변수를 추가합니다. **내 PC**에서 마우스 오른쪽 버튼을 클릭하고 **속성**을 클릭합니다.

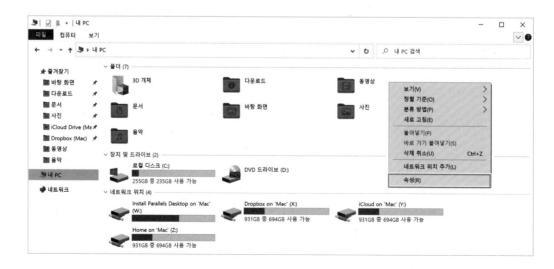

시스템 창이 나오면 왼쪽 목록에서 **고급 시스템 설정**을 클릭합니다.

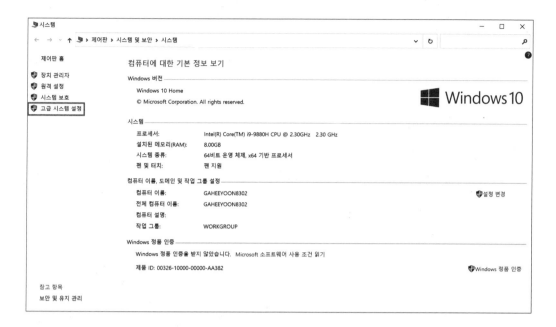

시스템 속성 창이 나오면 **고급** 탭을 선택한 다음 **환경 변수** 버튼을 클릭합니다.

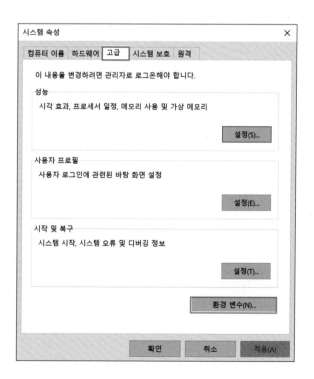

Path를 선택한 다음 **편집** 버튼을 클릭합니다.

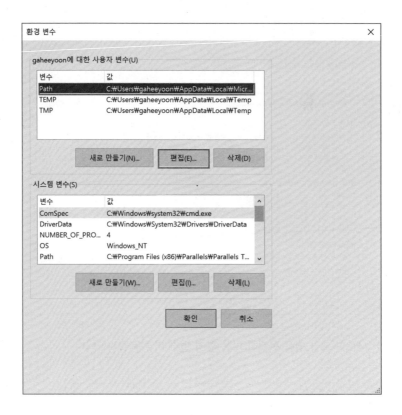

새로 만들기 버튼을 클릭하고 aws가 설치된 경로를 작성합니다. aws가 설치된 경로는 where aws 명령
으로 알 수 있습니다.

확인 버튼을 누르고 터미널을 재시작합니다.

AWS CLI 구성하기

이 절에서는 aws configure 명령을 이용해 AWS CLI가 AWS와 상호 작용하는 데 사용하는 기본 설정을 구성하는 방법을 설명합니다.

액세스 키 ID와 보안 액세스 키 구하기

AWS CLI를 통해 AWS를 제어하려면 자격 증명이 필요합니다. 즉, AWS CLI를 통해 제어할 때 아무나 제어하면 안 되므로 인증이 필요합니다. 인증을 위한 첫 단계로 IAM이라는 AWS에서의 사용자 인증을 관리하는 시스템에 사용자를 추가하고, 역할을 부여한 다음 인증에 필요한 액세스 키 ID와 보안 액세스 키를 구하는 방법을 살펴보겠습니다.

AWS 콘솔에 접속한 다음 홈페이지의 상단 바에서 **서비스**를 선택하고, 서비스에서 **보안, 자격 증명 및 규정 준수**의 **IAM**를 클릭해서 IAM 페이지로 들어가 봅시다.

사용자를 만들지 않았기 때문에 사용자가 0으로 표시됩니다. 왼쪽 목록에서 **사용자**를 클릭합니다.

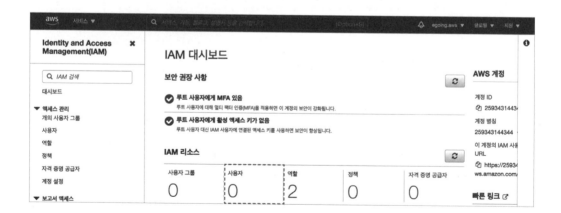

사용자를 만들어 보겠습니다. 오른쪽 상단의 **사용자 추가** 버튼을 클릭합니다.

사용자를 추가하는 페이지가 나타납니다. **사용자 세부 정보 설정**의 **사용자 이름**에서 사용자의 이름을 지정합니다. 저는 egoing-aws로 지정했습니다. 그 다음 **AWS 자격 증명 유형 선택**은 **액세스 키 – 프로그래밍 방식 액세스**를 선택하고 **다음: 권한** 버튼을 클릭합니다.

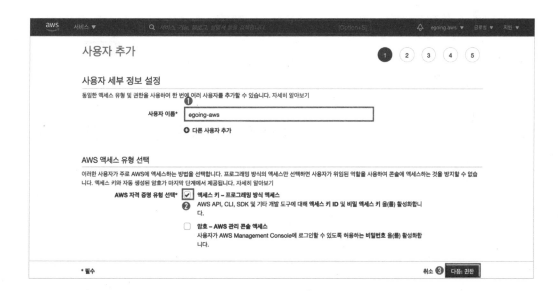

권한 설정 단계에서는 사용자에게 부여할 권한을 지정합니다. 예를 들어, S3를 제어한다고 하면 AmazonS3FullAccess 권한을 부여해야 하고, EC2를 제어한다고 하면 AmazonEC2FullAccess 권한을 부여하는 등 최소한으로 부여해야 안전합니다.

이 책에의 2일차에서는 AWS CLI를 이용해 S3를 제어할 것이므로 **기존 정책 직접 연결**을 선택합니다. **검색창**에 S3라고 검색하면 여러 정책 이름이 나오는데, 이중에서 **AmazonS3FullAccess**를 선택합니다. 이어서 **다음: 태그** 버튼을 클릭합니다.

태그 추가 단계는 선택 사항이므로 **다음: 검토** 버튼을 클릭해 넘어가겠습니다.

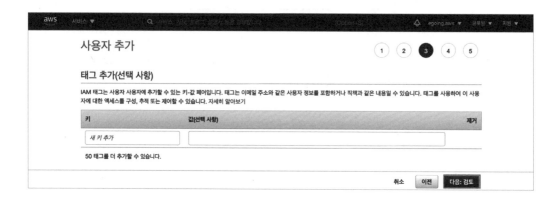

모든 설정을 마친 후 마지막 페이지에서 **사용자 만들기**를 선택하면 사용자가 생성됩니다.

사용자 추가에 성공한 것을 다음과 같이 확인할 수 있습니다. 그리고 이 페이지에서 액세스 키 ID와 비밀 액세스 키를 받을 수 있습니다. 이 키들은 한 번만 받을 수 있고, 잃어버리면 다시 생성해야 하므로 잘 보관합니다.

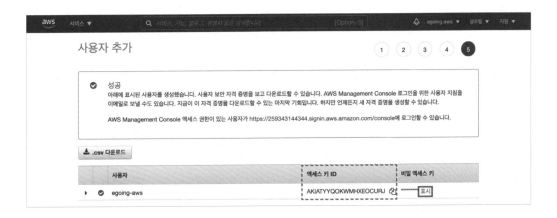

비밀 액세스 키는 **표시**를 누르면 볼 수 있습니다.

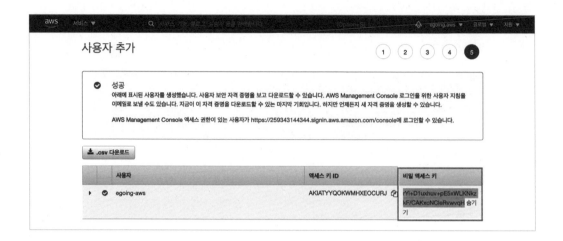

aws configure 명령으로 AWS CLI 구성하기

AWS 콘솔에서 액세스 키 ID와 비밀 액세스 키를 생성했으면 aws configure 명령으로 AWS CLI를 구성합니다.

다시 터미널로 돌아와 aws configure 명령을 입력합니다.

네 개의 항목이 나오는데, AWS Access Key ID에는 앞서 생성한 액세스 키 ID를 입력하고, AWS Secret Access Key에는 앞서 생성한 비밀 액세스 키를 입력합니다. Default region name은 아시아 (서울)로 지정할 것이라면 ap-northeast-2를 입력합니다. 마지막 Default option format은 엔터 키를 눌러 넘어갑니다.

AWS CLI가 잘 구성됐는지 확인하기 위해 계정의 버킷 목록을 가져오겠습니다. 버킷 목록을 가져오는 명령어는 aws s3 ls입니다. 명령어를 입력했을 때 다음과 같이 계정에 있는 버킷 목록이 나온다면 잘 설정된 것입니다.

```
● ● ●                          터미널
[ ~ > aws s3 ls
2021-11-11 20:26:58 egoing-aws-everybody
2021-11-12 20:56:11 egoing-web1-html
 ~ > █
```

CloudFront 실습 환경 준비

부록 2에서는 5일차에서 다루는 CloudFornt를 실습하기 위한 실습 환경을 준비해 보겠습니다. 우선 AWS EC2에서 인스턴스를 생성한 다음, 터미널에서 해당 인스턴스에 접속하는 방법을 살펴보겠습니다.

AWS EC2 인스턴스 생성하기

먼저 AWS 콘솔에 접속한 상태에서 시작합니다. 상단 바에서 **서비스**를 선택한 다음 컴퓨팅의 **EC2**를 클릭하겠습니다.

EC2 페이지에서 좌측 메뉴의 **인스턴스**를 선택합니다.

인스턴스를 만들기 위해 우측 상단의 **인스턴스 시작** 버튼을 클릭합니다.

우분투가 설치된 인스턴스를 생성하기 위해 검색창에 ubuntu라고 입력합니다. ubuntu가 설치된 컴퓨터의 리스트가 나오는데, 그중에서 '프리 티어 사용 가능'이라고 적혀 있는 항목을 **선택**합니다.

다음 단계는 인스턴스의 유형을 선택하는 단계입니다. 프리 티어인 t2.micro를 선택한 다음 **검토 및 시작** 버튼을 클릭합니다.

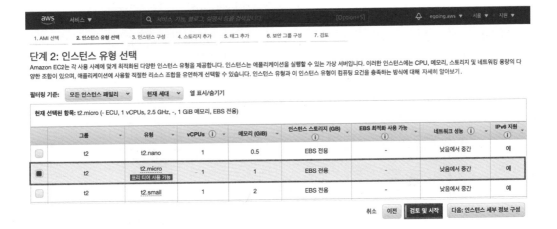

우리가 만들고자 하는 컴퓨터에는 'Ubuntu Server 20.04'가 설치돼 있고, 사양은 't2.mico'라고 나와 있습니다. 세부 사항들을 검토하고 **시작하기** 버튼을 누릅니다.

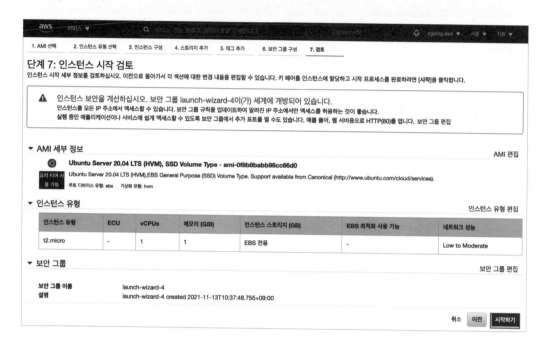

'기존 키 페어 선택 또는 새 키 페어 생성' 창이 나타나면 새로운 키를 생성하기 위해 **새 키 페어 생성**을 선택합니다. 키 페어 이름은 원하는 대로 정해도 됩니다. 이 책에서는 키 페어 이름을 'aws-ubuntu'로 지정했습니다. 그러고 나서 **키 페어 다운로드** 버튼을 클릭합니다.

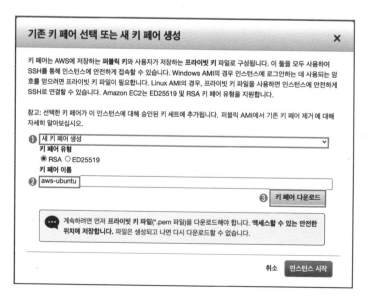

마지막으로 **인스턴스 시작** 버튼을 클릭해 인스턴스를 시작합니다.

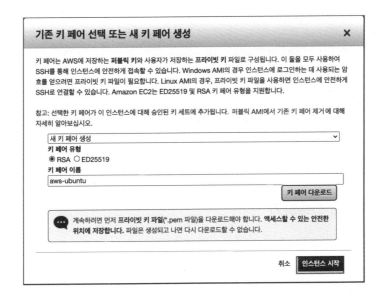

'지금 인스턴스를 시작 중입니다' 문구가 나오고, 조금 기다리면 인스턴스가 생성됩니다. 우측 하단의
인스턴스 보기 버튼을 클릭합니다.

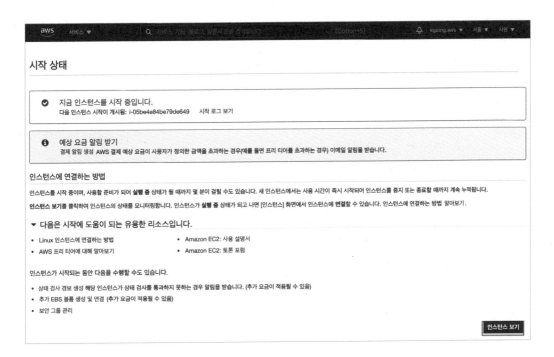

앞서 선택한 컴퓨터가 만들어지고 있고, 잠시 기다리면 '인스턴스 상태'가 '대기 중'에서 '실행 중으로 바뀝니다. '실행 중'은 앞서 생성한 컴퓨터가 실행된 것입니다.

이어서 SSH 클라이언트에서 인스턴스 컴퓨터에 접속하는 방법을 살펴보겠습니다.

SSH로 인스턴스에 접속하기

앞서 만든 컴퓨터(인스턴스)에 SSH를 통해 접속해 보겠습니다.

EC2의 인스턴스 페이지에서 앞서 생성한 인스턴스를 마우스 오른쪽 버튼으로 클릭하면 **연결**이라고 적힌 메뉴가 있습니다. 이 메뉴를 클릭합니다.

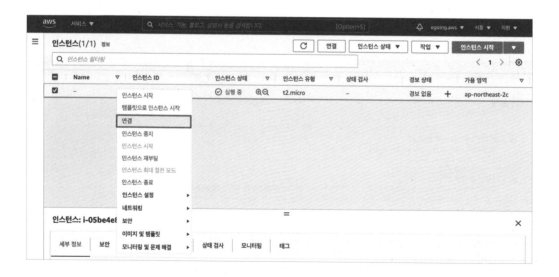

인스턴스에 대한 **인스턴스에 연결** 페이지가 나오는데, 세 번째에 있는 **SSH 클라이언트** 탭을 선택합니다. SSH 클라이언트 탭에 안내된 대로 인스턴스에 접속해 보겠습니다.

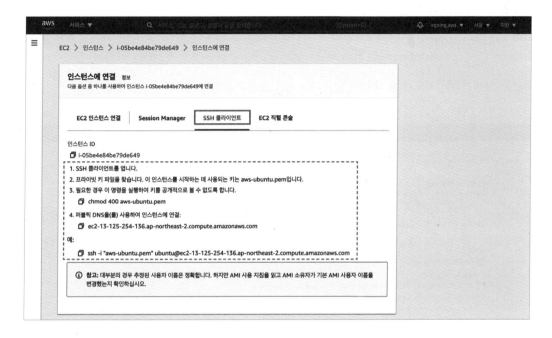

먼저 SSH 클라이언트를 엽니다. 이 책에서는 터미널을 사용했습니다.

인스턴스를 생성할 때 내려받은 키 파일이 있는 경로로 이동합니다. cd 명령어 뒤에 이동할 경로를 입력하면 이동할 수 있습니다.

chmod 400 키 파일 이름 명령어를 실행해 키를 공개적으로 볼 수 없게 설정합니다.

```
● ● ●                          터미널
 ~ > cd ~/Downloads
 ~/Downloads > chmod 400 aws-ubuntu.pem
 ~/Downloads > █
```

인스턴스 연결 페이지에서 **예:** 아래에 있는 명령어를 그대로 복사해 터미널에 붙여 넣습니다.

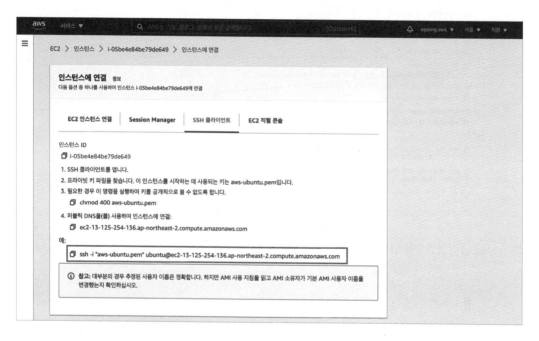

연결을 계속할 것인지 물으면 yes를 입력합니다.

```
● ● ●                    ubuntu@ip-172-31-46-1: ~
 ~/Downloads > ssh -i "aws-ubuntu.pem" ubuntu@ec2-13-125-254-136.ap-northeast-2.compute.amazonaws.com
The authenticity of host 'ec2-13-125-254-136.ap-northeast-2.compute.amazonaws.com (13.125.254.136)' can
't be established.
ECDSA key fingerprint is SHA256:8/hm/0ZK17e+zGeOJTdOsyCDek8XxNafXRUXd9RU7ao.
Are you sure you want to continue connecting (yes/no/[fingerprint])? yes
Warning: Permanently added 'ec2-13-125-254-136.ap-northeast-2.compute.amazonaws.com,13.125.254.136' (EC
DSA) to the list of known hosts.
Welcome to Ubuntu 20.04.3 LTS (GNU/Linux 5.11.0-1020-aws x86_64)

 * Documentation:  https://help.ubuntu.com
 * Management:     https://landscape.canonical.com
 * Support:        https://ubuntu.com/advantage

To run a command as administrator (user "root"), use "sudo <command>".
See "man sudo_root" for details.

ubuntu@ip-172-31-46-1:~$ █
```

리눅스에 웹 서버 설치하기

이 책의 5일차 수업인 ColudFront 수업을 따라하려면 웹 서버가 설치돼 있어야 합니다. 앞서 생성한 웹 서버를 설치하는 방법을 살펴보겠습니다.

SSH를 통해 인스턴스에 접속한 상태에서 다음 명령어를 입력합니다. `apt-get update` 명령어는 운영체제에서 사용 가능한 패키지들과 그 버전에 대한 정보를 업데이트하는 명령어입니다.

```
●●●                        ubuntu@ip-172-31-46-1: ~
ubuntu@ip-172-31-46-1:~$ sudo apt-get update
Hit:1 http://ap-northeast-2.ec2.archive.ubuntu.com/ubuntu focal InRele
ase
Get:2 http://ap-northeast-2.ec2.archive.ubuntu.com/ubuntu focal-update
s InRelease [114 kB]
Get:3 http://ap-northeast-2.ec2.archive.ubuntu.com/ubuntu focal-backpo
```

`apt-get install apache2` 명령어를 입력해 아파치 웹 서버를 설치합니다.

```
●●●                        ubuntu@ip-172-31-46-1: ~
ubuntu@ip-172-31-46-1:~$ sudo apt-get install apache2
Reading package lists... Done
Building dependency tree
Reading state information... Done
The following additional packages will be installed:
  apache2-bin apache2-data apache2-utils libapr1 libaprutil1
  libaprutil1-dbd-sqlite3 libaprutil1-ldap libjansson4 liblua5.2-0
```

설치를 계속할 것인지 물으면 Y를 입력합니다.

```
●●●                        ubuntu@ip-172-31-46-1: ~
Do you want to continue? [Y/n] Y
debconf: unable to initialize frontend: Dialog
debconf: (Dialog frontend requires a screen at least 13 lines tall and
 31 columns wide.)
debconf: falling back to frontend: Readline
Preconfiguring packages ...
Selecting previously unselected package libapr1:amd64.
```

> 웹 서버 설치와 관련한 자세한 내용은 웹 서버 운영:리눅스 수업[1]을 참고해주세요.

---

[1] https://opentutorials.org/course/3084/18895

ubuntu에 php 설치하기

이 책의 5일차 수업인 ColudFront 수업을 따라하려면 php가 설치돼 있어야합니다. 앞서 생성한 ubuntu 인스턴스에 php를 설치하는 방법을 살펴보겠습니다.

인스턴스에 접속한 상태에서 `apt install php php-mysql` 명령어를 입력합니다.

```
●  ●  ●                    ubuntu@ip-172-31-46-1: /var/www/html
ubuntu@ip-172-31-46-1:/var/www/html$ sudo apt install php php-mysql
Reading package lists... Done
Building dependency tree
Reading state information... Done
The following additional packages will be installed:
  libapache2-mod-php7.4 php-common php7.4 php7.4-cli php7.4-common
  php7.4-json php7.4-mysql php7.4-opcache php7.4-readline
Suggested packages:
  php-pear
The following NEW packages will be installed:
  libapache2-mod-php7.4 php php-common php-mysql php7.4 php7.4-cli
```

설치를 계속할 것인지 물으면 Y를 입력합니다.

```
●  ●  ●                    ubuntu@ip-172-31-46-1: /var/www/html
After this operation, 18.5 MB of additional disk space will be used.
Do you want to continue? [Y/n] y
Get:1 http://ap-northeast-2.ec2.archive.ubuntu.com/ubuntu focal/main a
md64 php-common all 2:75 [11.9 kB]
Get:2 http://ap-northeast-2.ec2.archive.ubuntu.com/ubuntu focal-update
s/main amd64 php7.4-common amd64 7.4.3-4ubuntu2.7 [980 kB]
Get:3 http://ap-northeast-2.ec2.archive.ubuntu.com/ubuntu focal-update
s/main amd64 php7.4-json amd64 7.4.3-4ubuntu2.7 [19.2 kB]
Get:4 http://ap-northeast-2.ec2.archive.ubuntu.com/ubuntu focal-update
s/main amd64 php7.4-opcache amd64 7.4.3-4ubuntu2.7 [198 kB]
Get:5 http://ap-northeast-2.ec2.archive.ubuntu.com/ubuntu focal-update
```

웹 서버를 재시작합니다.

```
●  ●  ●                    ubuntu@ip-172-31-46-1: /var/www/html
ubuntu@ip-172-31-46-1:/var/www/html$ sudo service apache2 restart
ubuntu@ip-172-31-46-1:/var/www/html$ █
```

인스턴스의 보안 규칙 설정하기

이 책의 5일차 수업인 ColudFront 수업을 따라하려면 웹 브라우저를 통해 인스턴스에 접속할 수있어야 합니다.

보안 그룹은 아주 중요한 부분으로 보안과 관련된, 인스턴스에 접근하는 권한을 지정하는 항목입니다. 즉, 네트워크를 통해서 누가 이 인스턴스에 접속하는 것을 허용할 것인지, 어떤 방식의 접속을 허용할 것인지 지정할 수 있습니다. 일종의 방화벽 역할을 하는 기능으로 무료로 제공되는 기능입니다.

AWS 콘솔에서 EC2 페이지로 들어간 다음 생성한 인스턴스를 선택합니다.

인스턴스 페이지에서 **보안** 탭을 클릭합니다.

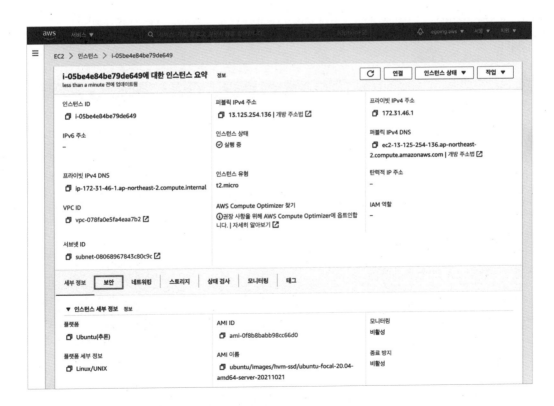

보안 세부 정보에서 보안 그룹 아래에 있는 주소를 클릭해 이동합니다.

인스턴스에 접속하는 규칙을 설정하기 위해 **인바운드 규칙** 탭에 있는 **인바운드 규칙 편집** 버튼을 클릭합니다.

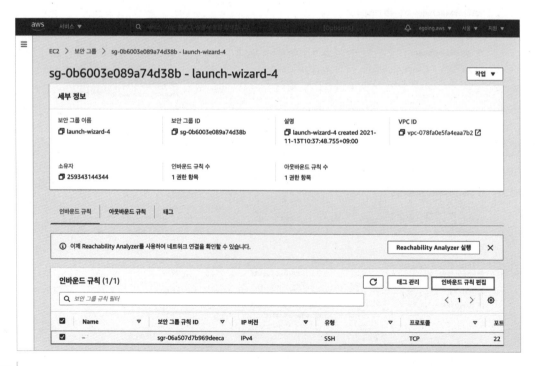

왼쪽 아래에 있는 **규칙 추가** 버튼을 클릭합니다.

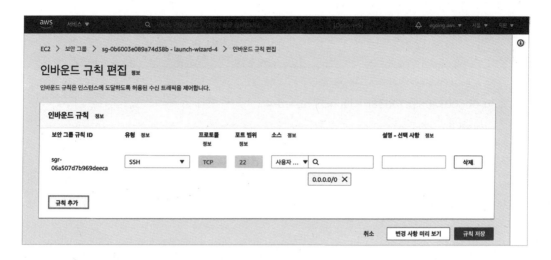

앞서 생성한 인스턴스를 웹 서버로 사용하려면 웹 브라우저를 통해 인스턴스에 접속하는 것을 허용해야 합니다. 웹 브라우저를 통해 인스턴스에 접속할 때 사용하는 프로토콜이 HTTP이므로 **유형**으로 **HTTP**를 선택하고 **규칙 저장** 버튼을 클릭합니다.

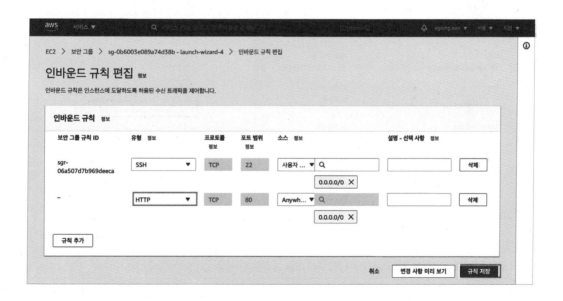

다음과 같이 보안 규칙이 수정됐다는 문구가 나오는 것을 볼 수 있습니다.

다시 인스턴스 페이지로 이동한 다음 퍼블릭 DNS 아래에 있는 주소로 접속해 보면 잘 접속되는 모습을 볼 수 있습니다.

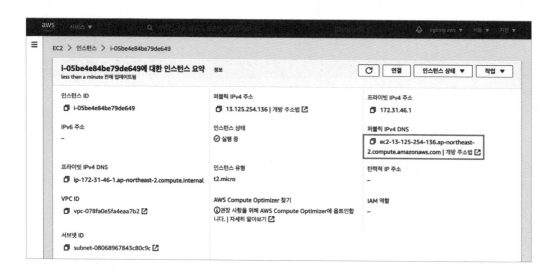

보안 규칙과 관련한 자세한 내용은 EC2 태그와 보안그룹 수업[2]을 참고해주세요.

---

2 https://opentutorials.org/course/2717/11278

ㄱ - ㅁ